U0812419

兰州大学中央高校基本科研业务费校长专项基金项目
（校庆学术丛书出版项目）

互联网金融创新与监管研究

汪振江　著

科学出版社
北　京

内 容 简 介

本书从创新与监管维度，总括介绍了互联网金融与风险监管、互联网金融风险识别及风险防范的基本理论，着重对互联网金融第三方支付、P2P网络借贷、众筹、商业银行网络银行嵌入等主要模式的法律监管体系加以研究，分析了互联网金融投资者保护困境，提出了有效举措，尝试构建多元化纠纷解决机制。

本书可供互联网金融研习者和网络金融理论研究者与实务界相关人士阅读，也可为相关监管部门提供决策参考。

图书在版编目（CIP）数据

互联网金融创新与监管研究 / 汪振江著. —北京：科学出版社，2023.2

ISBN 978-7-03-071557-9

Ⅰ. ①互…　Ⅱ. ①汪…　Ⅲ. ①互联网络-应用-金融-研究　Ⅳ. ①F830.49

中国版本图书馆 CIP 数据核字（2022）第 029950 号

责任编辑：刘英红 / 责任校对：贾娜娜

责任印制：赵　博 / 封面设计：黄华斌

科学出版社出版

北京东黄城根北街 16 号

邮政编码：100717

http://www.sciencep.com

北京厚诚则铭印刷科技有限公司印刷

科学出版社发行　各地新华书店经销

*

2023 年 2 月第　一　版　开本：720 × 1000　1/16

2025 年 2 月第三次印刷　印张：16 1/4

字数：315 000

定价：158.00 元

（如有印装质量问题，我社负责调换）

作者简介

汪振江，江苏徐州人，兰州大学法学院教授，经济学博士，兰州大学民法典研究院院长。2009 年 3 月至 2010 年 3 月，伦敦大学国王学院（King's College London）访问学者。中国商业法研究会常务理事、中国法学会商法学研究会理事、中国法学会民事诉讼法学研究会理事、甘肃省第十二届人大常委会司法监督咨询专家、甘肃省临夏回族自治州第十五届人大常委会立法顾问、兰州市仲裁委仲裁员。

主要研究领域：网络金融、土地制度。主持和参加国家、省部级等项目十余项。主持 2020 年度国家社会科学基金项目“治理整顿背景下网络借贷机构退出机制研究”、2015 年度甘肃省社会科学规划项目“甘肃互联网融资与监管创新研究”。出版《比较公司法学》《农村土地产权与征收补偿问题研究》等多部专著。在《中国法学》《兰州大学学报（社会科学版）》发表论文近四十篇。多次获甘肃省哲学社会科学优秀成果奖三等奖、兰州大学教学新秀奖。

前　　言

随着互联网与信息技术的普及应用，诸多传统行业与之融合并发展出新型业态形式，如电子商务、线上教育等。在金融领域，金融与互联网技术的有机结合使得金融业突破原有传统金融的服务范围，不断开疆拓土，产生了炙手可热的第三方支付、点对点网络借款（peer-to-peer lending，以下简称 P2P 网络借贷）、股权众筹等互联网金融。作为金融领域的新生事物，互联网金融并非起源于我国，但却兴盛于我国，其似乎天然地适应我国这片尚未完全开垦的“金融沃土”，其在我国的爆发性发展已初步显示出其强大的生命力。2007 年，中国第一家网络借贷平台上海拍拍贷金融信息服务有限公司（以下简称拍拍贷）在上海成立，成为中国互联网金融领域的引领者①，2009 年，据拍拍贷首席执行官张俊介绍，拍拍贷注册用户达到 10 万人。2013 年，余额宝的正式上线标志着互联网金融元年的到来，余额宝以迅雷不及掩耳之势在短时间内集资高达 5000 亿元，之后新浪、百度等获得中国人民银行发放的第三方支付牌照②，京东、百度相继进军金融界，微信增加了微信支付功能，阿里巴巴控股的天弘基金管理有限公司成为余额宝的主宰者，传统金融机构也在快速地改变运营模式，纷纷推出一系列互联网电子商务业务，包括 B2B（business to business，企业对企业电子商务）和 B2C（business to consumer，企业对顾客电子商务），如中国建设银行与阿里巴巴合作开发的“善融商务”、中国工商银行的“融 e 购”等，这些都从客观上推动了互联网金融在我国的发展。究其原因，笔者认为有以下两点：第一，从供给层面看，互联网技术的进步与普及为互联网金融的出现提供了基础性条件，大数据、社交网络、搜索引擎、云计算等的发展使信息的获取和处理能力得到了前所未有的提高，进而使金融功能得到升级和创新。第二，从需求层面看，在我国实行金融抑制政策的大背景下，金融体系发展的滞后不能满足经济发展的需求，特别是中小型企业的融资需求得不到满足。而互联网金融的出现，正好可以满足那些长期以来有强烈金

---

① 2005 年，英国的 Zopa 成立，其是全球第一家 P2P 网络借贷平台；美国的 Prosper 和 Lending Club 两家 P2P 网络借贷平台相继成立。

② 支付牌照即《支付业务许可证》。

融服务需求但又被排除在正规金融服务之外的群体的金融服务需求，并给予我国金融领域存在的商业银行垄断局面以沉重一击。

然而，互联网金融在近几年的发展中所暴露出的诸多问题尤其是风险控制问题也预示着其发展所面临的法律、制度、技术等诸多难题。但瑕不掩瑜，我们对互联网金融的发展仍抱有乐观态度。目前关于互联网金融的研究，学者致力于为互联网金融的产生与发展寻找理论依据，以预见其未来发展及其在金融领域所占据的位置与所发挥的作用。其实，互联网金融在我国的发展实践满打满算也就二十年，理论研究亦可以说是刚刚起步，实践依然走在理论之前，若理论不能及时指导实践则是有风险的。在基础理论研究方面，依然从金融中介、金融功能理论、创新金融理论等传统金融基础理论出发来尝试解释互联网金融；在具体研究方面，多集中在互联网金融与传统金融业务模式、效率等的优劣对比之上。目前的研究还没有发现互联网金融的独立基础理论，这也似乎初步预示着互联网金融与传统金融的密切关联性与相似性。即便如此，这种状况并不会阻碍我们对互联网金融发展前途的研究与关注。从国外来看，欧美国家的互联网金融在 20 世纪 90 年代得到快速发展，1995 年，经过美国联邦储备银行管理机构批准，美国安全第一网络银行开始提供网络银行金融服务，这也是世界上第一家互联网银行。此后，欧美迎来了传统银行互联网化的热潮，逐渐地深入到证券、保险等其他金融领域。这得益于欧美国家互联网技术的较早普及和审慎、适度、开放的互联网金融监管环境。总的来看，国外不论是理论还是实践都是以消费者保护为中心展开研究和法律规制的，为此国外强调金融机构的信息披露和资金安全义务以保护消费者权益。就目前的发展来看，相对于得益于人口红利的我国的互联网金融的迅速发展，国外互联网金融的发展稍显逊色，这似乎可能让人们认为欧美国家互联网金融的发展状态就是我国互联网金融的发展前途，互联网金融颠覆性发展前景是不存在的。但我们仍应关注到这样的一个历史事实，在互联网技术快速发展与普及之前，欧美等发达国家的金融体系已发展成熟，金融体系能够满足社会与经济发展需要的各类金融服务需求，金融既得利益集团势力强大，拥有绝对的不对称竞争优势，可以认为其发展已形成路径依赖，给互联网金融留下的发展空间极其狭小。这种静态判断会低估我国互联网金融的发展前景，限制互联网金融的发展。也许正是我国金融体系发展起步晚、不成熟，融资渠道单一为我国互联网金融营造了可能的巨大发展空间。我国互联网金融的发展优势在于没有被传统的金融体系、商业模式和消费者习惯束缚，能够以一个全新的视角来看待传统的商业模式，并且常常能比传统商业模式看得更远，能尽可能地释放互联网金融的发展潜能。互联网金融对我国处于行政垄断经营的金融业来说无疑是一种外部竞争压力，其发展对优化完善我国金融体系有重要意义。

互联网金融是个传统但全新的领域，全新在于它是金融与科技的结合，对此我们依然陌生；传统是因为它依然具有金融的基本功能。本书为笔者主持的国家社会科学基金项目“治理整顿背景下网络借贷机构退出机制研究”（项目批准号：20STA046）的阶段性研究成果。笔者虽努力尝试为读者阐述互联网金融的发展实践及相关理论解释，但仍不免有所不足，谨表歉意。读者能通过本书对互联网金融有所认识与收获，便是笔者之所愿。

目　录

第一章 互联网金融与风险监管的基本理论

第一节 互联网金融的相关理论基础

1971 年美国纳斯达克系统建立，即标志互联网与金融结合进入运营阶段；1995 年，美国安全第一网络银行成立，预示互联网金融的拓展；1998 年第三方支付平台 PayPal 的成立，以及以 Lending Club、Prosper 为代表的 P2P 网络借贷平台和以 Kickstarter①为代表的众筹模式的建立，则标志着互联网金融时代的全面到来。

虽然其金融服务内容与我国互联网金融服务内容并不完全一致，但鉴于互联网金融概念本身的宽泛性与内容外延的模糊性，其仍可以为互联网金融的发展提供参考。国外虽然率先兴起了基于银行业与互联网技术融合且有别于传统银行的创新服务，但国外学者并未提出互联网金融这一概念，也只是将这一创新服务看作对传统金融服务的补充与延伸，态度显得比较理性。

2013 年 6 月余额宝上线，打破了传统金融竞争格局与商业模式，2013 年由此被称为互联网金融元年，甚至有人预言互联网金融将颠覆传统金融格局。互联网金融在中国的发展可以说与世界同步，2005 年 P2P 网络借贷平台在英国首次出现，2007 年拍拍贷随之在中国出现。互联网金融在中国的接受度、规模、发展进程乃至影响力，远超包括金融创新开拓者和领导者的美国在内的其他国家。有学者研究判断，互联网金融在中国还处在初始状态，标准意义上的功能链完整的互联网金融还处在破壳之中。

国内互联网金融的爆发式发展似乎助推了理论界对这一新生事物的研究热情，与国外的理性态度相比，国内兴起了互联网金融研究的热潮。鉴于互联网金

---

① Kickstarter 被视为众筹模式的原型，于 2009 年 4 月在美国纽约成立。

融在国内出现与发展时间尚短，在理论研究方面，国内学者还没有构建起完备且逻辑严谨的理论体系，已有的理论文献大多围绕互联网金融业务模式，对传统金融的影响及监管与风险防范等展开研究。将国内学者现有的研究成果归纳起来，可以发现人们正尝试建立关于互联网金融的理论框架并处于逐步完善中。国内对互联网金融的研究热情，多半是源于互联网金融市场主体与业务量的爆发式增长。如此有潜力的市场，让人不禁认为这是一种异于传统金融的具有原创意义的全新金融业态。毕竟与作为互联网金融起源地的欧美国家相比，这样的业务体量差距明显且巨大，而增长势头依然强劲。互联网金融虽没有明确的定义，但这并不阻碍我们去寻找这一新生事物得以存在的理论依据。在互联网金融没有独立理论的情况下，从传统金融理论来理解互联网金融是个可行的路径。

传统金融理论中，最重要的基础理论是交易成本理论和信息不对称理论。当然，随着金融市场的发展，原有理论已不能完全解释金融中介性，金融中介理论的解释也已不再限于交易成本与信息不对称，开始扩展到风险管理、参与成本、价值增加等方面，而理论的发展是前后相继的。在传统金融理论尤其是金融中介理论不断拓展与延伸的情况下，互联网金融能否被涵盖解释决定其理论空间范围：如果能涵盖解释，为互联网寻找到独立的理论解释的理论空间就比较广阔；如果不能涵盖解释，为互联网金融寻找到独立的理论解释的理论空间就比较狭小。有研究者试图为互联网金融寻求自身独特的与传统金融理论完全不同的理论，但从所提出的理论观点来看，关于互联网金融的理论并没有脱离传统金融理论的范畴，绝大多数理论依旧是站在传统金融理论基础上，对两者在某些方面如交易成本、信息不对称程度等进行比较和阐述，更具体的则表现为围绕互联网金融业务模式、相比传统金融在某些方面的优势及对传统金融的影响等展开研究，无论学者尝试以何种角度来解释互联网金融似乎都离不开金融中介理论。学者用于解释互联网金融的这些理论既有传统金融理论也有新的理论，但没有能够独立支撑互联网金融的全新理论。另外，互联网金融某些理论与传统金融理论体现出高度重合性，这初步预示着互联网金融在本质上与传统金融关系的密切性与相似性。

一、金融中介理论

金融中介理论是指在市场经济中，储蓄—投资转化过程是围绕金融中介展开的，它解决的主要是金融中介为什么存在的问题。金融中介理论从交易成本和信息不对称的角度为传统金融中介的存在提供了理论解释。根据金融中介理论关注内容的变化，可将其发展大致分为古典金融中介理论与新金融中介理论两个阶段。金融中介存在的基础从来都不是固定不变的，从古典金融中介理论关注的信用媒介理论与信用创造理论，到新金融中介理论关注的交易成本与信息不对称，再到现阶段金融中介理论强调的风险管理、参与成本和价值增加的影响，金融中介理论的发展尤其是其关注内容的变化为互联网金融提供了一种可能的理论解释。在逻辑上，甚至依稀可以看到互联网金融产生与发展的必然性。

古典金融中介理论关注的信用媒介理论与信用创造理论，阐述了金融中介的信用功能（陈祖华，2012），从古典金融中介理论的视角我们可以解释互联网金融所具有的信用功能，但互联网金融作为新事物，它一出现就作为一种全新的信息平台对传统金融中介造成冲击，笔者认为金融业吸纳了互联网的技术优势完成了一次华丽的转身，形成了一种新的金融模式即互联网金融，但是其作为投融资方交易的中间商的中介地位还是没有发生改变，这仅仅是对其金融中介功能的锦上添花，因此，在一个全新的金融环境下去理解金融中介理论，应当从新金融中介理论关注的交易成本与信息不对称的视角剖析互联网金融，这也是对金融中介理论的全新理解。毫无疑问，互联网金融的产生使金融对于信息的掌控力得到升级，具体来说，互联网这样一种全新的信息超强载体加盟金融领域会有效地减弱金融领域存在的信息不对称性。信息经济学认为相对应的市场参加者之间存在信息占有量的差异，其或是因为一方掌握专业知识，或是一方处于信息的便利地位。信息的不对称已经成为现代经济学认可的市场基本理论。在金融市场上，往往因信息不对称性而耗费大量的交易成本，也正是基于此，传统金融机构应运而生，传统金融机构作为信息的中间商，从融资者一方获取信息后，转而传递给投资者一方，从市场交易现实来看，投资者一方往往不易获取融资者一方的信息，而在金融机构的参与下，他们就会很快达成交易，从而节约了双方的成本。互联网与金融结合之后，更是强化了金融中介对信息的获取能力、处理能力、传递能力。首先，互联网技术的广泛运用把广大的投资者联结在一条信息链条上，信息在他们之间自由畅通地传递，他们获取信息十分便利，而且彼此之间还可以发出信息、共享信息，他们既是信息的生产者、传播者，又是信息的接收者，每一个个体无时无刻、无处不在地享受着信息带给他们的交易机会，每个人都在伺机而动。其次，随着技术的发展与进步，特别是社交网络、搜索引擎和云计算的发展，可以有针对性地满足投资者对于信息的需求，并通过大数据对信息加以处理，金融中介能够快速确定交易，转移资金，以适应金融市场的灵活性和变动性，并且这种网络快捷式的操作，提高了金融中介的服务效率，也极大地降低了交易成本。最后，金融市场千变万化，因此对信息的获取速度要求甚高，这也就涉及信息的传递。互联网金融环境下，信息的传递得到了前所未有的改善，信息的发布者可以实现意志与命令下达的同步，信息的接收者可以实现接收与决策的同步，传播速度极快。

总而言之，互联网金融中介作为传统信息服务的升级版，它本身具有现实的逻辑性。互联网作为传统金融服务方式的技术手段，对传统金融本身的任何内涵都没有本质影响。互联网金融机构在本质上可被视为一种在信息技术推动下而产生的新金融中介（皮天雷和赵铁，2014）。在金融中介理论适用的基础上，互联网金融能够迅猛发展，在于借助互联网与信息技术高效地收集处理海量信息，进而降低信息不对称程度并减少交易成本，即互联网金融主要是利用技术上的规模经济和范围经济降低信息不对称程度与交易成本，进而在与利用互联网技术相对较少的传统金融的竞争中获取优势，以更多拓展金融服务的可能性边界。但这种服务拓展并不一定是互联网的创造，而是传统金融服务因为自身制度缺陷或缺乏技术，或两者兼而有之而无法触及的服务盲区。在一定程度上，互联网金融的发展得益于制度红利。正如研究者所言，中国的互联网金融有着特定的制度红利内涵①。

从另一个角度来看，互联网金融又具有去中介化的特征，在互联网金融中，资金供求的期限、数量和风险的匹配不一定需要通过银行、证券公司和交易所等传统金融中介和市场，可以通过互联网直接匹配。按照理论界的通说观点，随着证券市场的出现，融资方可以通过发行证券实现直接融资，这是金融市场的第一次去中介化；如今，互联网金融的出现，使融资方可以直接通过互联网金融平台获取资金，这是金融市场的第二次去中介化。互联网金融的去中介化过程，也在深刻影响着传统金融业。其在互联网技术的支撑下，去中介化速度更快，互联网精神，即平等、开放、共享、自由选择和去中心化在金融领域表现得尤为突出。具有这种精神的互联网金融满足了很多在传统金融模式下不能享受金融服务的群体的金融服务需求，如 P2P 网络借贷平台，就为传统金融忽视的中小企业提供了一条低门槛、低成本、高效率的融资渠道，我国传统金融的服务对象存在巨大的群体漏洞，也为我国金融市场的第二次去中介化提供了重要动力。

交易成本与信息不对称理论作为金融中介存在的基础性依据，在金融交易技术贫乏的传统金融发展时期用于解释金融中介的存在，在逻辑与现实上可以得到相互的印证。但互联网金融基于互联网与信息技术的发展而来，现有的理论文献也大都围绕互联网金融在减少交易成本与降低信息不对称方面拥有的显著优势进行对比与阐释。笔者认为，现有的文献过分强调中介在减少交易成本和信息不对称方面的作用。如果在传统金融发展时期，交易成本与信息不对称作为金融中介存在的理论依据，在逻辑上具有很强的关联度，那么在这两项因素被互联网与信息技术削弱的背景下，这种关联度则已经变得很微弱了。一个直观的现象就是，在交易成本降低，信息变得更廉价与易获得的背景下，金融中介不但没有减少反

① 该制度红利表现为：我国传统金融由国家控制，主要流向国有资本主导的正规部门，这导致非正规部门的金融需求得不到满足。而随着非正规部门经济的快速发展，非正规金融供给却长期滞后，供需的严重不匹配导致严重的“金融配给”矛盾，这客观上为互联网金融的发展带来了市场契机。具体可参见关伟，蒋逸. 2014. 互联网金融的理论解释与中国现实[J]. 金融理论与实践，（12）：8-11.

而随着金融市场广度与深度的扩展不断增加，金融市场上人们对金融中介的依赖程度不但没有降低，反而更加依赖于通过各种金融中介参与金融市场，在事物得以存在的因素不断被削弱的情况下，这一事物的发展却愈益加快，这不符合逻辑，那么必然有新的存在逻辑。因此，互联网金融能否被金融中介理论涵盖，其是否为新的金融中介，需要关联度更强的理论依据。事实上，理论界已注意到并提出金融中介发展到现在已突破了交易成本、信息不对称的范式约束，开始强调风险管理、参与成本和价值增加的影响，使金融中介理论从消极观点（中介把储蓄转化为投资）向积极观点转变（在转换资产的过程中，中介为最终储蓄者和投资者提供了增加值）。如此，金融中介理论依据的扩展为互联网金融提供了理论上的可能性。新扩展的理论依据主要有两方面。其一，Allen 和 Santomero（1997）认为原有的金融中介理论视野过于狭窄，需要用风险管理和参与成本来解释现代金融中介的存在，并提出金融中介通过业务活动、风险转移、风险管理的方式对风险进行处理，并且金融中介通过创造稳健的金融产品，减少参与成本来吸引投资者，这实际上达到了为投资者降低风险的目的，可见减少参与成本与风险管理是殊途同归的。金融中介的主要增值能力在于，它们具有以最低成本有效地分配风险的功能，可以实现风险的合理与有效配置。其二，Scholtens 和 Wensveen（2000）则认为金融中介能够创造金融产品，并通过转换财务风险、期限、规模、地点和流动性而为客户提供增加值。从互联网金融的爆发式发展来看，交易成本与信息不对称是金融市场扩展的抑制因素，互联网与信息技术显著削弱了这两个因素的作用。但事物的发展突破了原有的发展矛盾后，原来已存在的微弱矛盾会发展而成为新的主要矛盾，市场的扩张会将更多的风险囊括进来，不再是单一或少数的种类的风险而是种类繁多的风险都混合在一起了。互联网金融在挣脱交易成本与信息不对称的束缚后，其风险特性表现得更为上层，如法律风险、监管风险、交易风险、技术风险。风险的防范也不再是传统的被动防御所能应对的，主动的风险配置成为必然选择。因此，按照新增的金融中介解释依据，风险配置成为金融中介存在的依据，进而从风险配置角度来解释互联网金融，在逻辑关联度上有较强说服力。如此解释，互联网金融似乎依然在金融中介理论的范畴之内。

二、金融功能理论

金融中介理论受限于中介这一逻辑起点与实体，其解释范围有限，金融功能理论则更为开放，范围涵盖更广，互联网金融的出现和蓬勃发展，一方面使金融功能的实现逐渐脱离特定的金融组织和金融机构，另一方面又使金融功能的效率大幅提升，而成本却在降低，金融功能的内涵得以深化，金融服务的对象大大拓展（吴晓求，2015）。因此可以站在金融功能理论视角来理解互联网金融。与传统金融机构的从金融组织或金融机构角度来分析金融问题不同，金融功能理论是从金融机构的职能来探讨金融问题的，因为金融功能理论认为，金融机构的职能比金融机构更稳定，亦即在地域和时间跨度上变化较小；机构形式随着功能变化而变化，机构之间的创新和竞争，最终会导致金融系统执行各项职能的效率的提高。金融功能理论首要关注金融体系需要行使哪些经济功能，首要的是金融服务的可得性及质量，而非金融体系的结构（赵治辉和金雪军，2007），然后去寻求一种最好的组织机构，而一种组织机构是否最好，则又进一步取决于时机和现有的技术（Merton，1995；Bodie and Merton，1999）。国内现阶段互联网金融的繁荣发展，满足了那些被传统金融机构排除在金融服务之外的个人或企业的金融服务需求，充分发挥了金融所应具有的功能。为了发挥这些功能，新的金融机构形式应运而生。新旧机构不断创新和竞争才能最终使金融具有更强的功能和更高的效率。Merton 和 Bodie 提出，金融系统有六大基本的核心职能：一是便利清算和支付的功能。金融体系提供完成商品、服务和资产清算及结算的工具。不同的金融工具在功能上可以相互替代，运作它们的金融机构也可以不同。二是储备资源和分割股份功能。金融机构可以吸收社会闲置资金，形成规模化的资金池，进而通过投资分割股份。三是在时空上转移资源的功能，金融机构为资金在时空上流转提供渠道，使得资金活跃于不同行业、不同地区、不同国家。四是管理和控制风险的功能，金融体系既可以提供管理和控制风险的方法，又是管理和控制风险的核心。五是提供信息的功能，金融机构一开始就是为了减少交易成本和降低信息不对称而出现的，因此，提供信息和信息的处理是金融的核心。六是激励功能，激励功能主要是为了解决信息不对称问题。直观上，互联网金融的第一个功能的发挥似乎比传统金融更为敏捷；第三方支付和移动支付在传统的支付方和收款方之间增加了媒介通道，是传统金融支付手段在互联网条件下的拓展和延伸，提高了全社会传统金融支付的效率与使用范围，这种创新是金融功能得以更好体现的新方式，满足了人们对金融服务便捷的期待。但互联网金融自身并没有创造出一种新的支付工具，其支付模式所使用的交易媒介与机制同传统银行支付并无显著差异。在风险管理功能方面，互联网金融与传统金融相比，更加开放化、共享化。在分散风险方面要比传统金融具有更大的优势，互联网带来的技术优势可以实现多对多的交易模式，这样多笔资金款项可以对冲风险，也可以分散违约风险。在融资与投资功能方面，由于互联网金融具有更有效率的信息生产的方式，可以更低的成本降低信息不对称程度；拥有更多的数据可使互联网金融企业更好地进行风险管控。这些优势为企业和个人提供了投资和融资的新机会和新渠道。总体来看，这些服务所体现的功能与传统金融的功能并没有区别，但是功能发挥的组织结构与方式比传统金融机构更为简单与便捷，并且具有很大的成本优势。这类新的金融机构组织形式与基于互联网而提供的金融服务综合在一起称为互联网金融。从金融功能理论解释互联网金融有其逻辑合理性。事实上，金融功能理论依然在金融中介理论范畴之内，只是在金融功能理论中，组织结构的重要性不及组织功能，在研究路径上不必经过金融组织机构这一环节，理论逻辑更为简单了。但任何金融功能的发挥都需要通过一定的组织结构来实现。无论这类组织机构是复杂的银行体系还是结构更为简单的互联网金融公司，都是金融中介。但无论终端交易如何的便捷化与高效率，信息如何丰富与成本如何低廉，互联网始终未彻底解决也不可能彻底解决信息不对称问题并完全去除交易成本，它只是改善了已存在的金融服务，拓展了新的金融服务可能性边界，以更好地发挥金融的功能。因此，站在金融功能理论角度解释互联网金融，在逻辑上更加清晰与简单。

三、网络经济理论

网络经济是国际互联网与信息技术引发的经济革命，对国家的经济形态、产业结构、企业、居民的生活和消费等方面来说是一次变革。与传统经济相比，网络经济是以互联网为特定方式的经济形式，它有别于传统的农业经济和工业经济，网络经济是知识经济和信息经济的一种具体形态，以电脑、卫星通信、光缆通信和数码技术等为标志，是现代信息技术和全球信息网络爆炸式发展的必然结果。在知识和信息经济条件下，现实经济运行主要表现为信息化。

首先，在互联网与信息技术的融合下，网络经济表现出边际效益递增的显著特征，即人们使用互联网并参与到市场经济中，就很容易形成规模经济，并且对于一个互联网产品的使用，每增加一个使用者并不会增加其成本也不会减少其收益，而且随着用户的增加，其边际成本是呈递减规律的，但用户的不断增加使信息的利用价值越来越大，这就产生了边际效益递增的现象。正如部分学者的论述，互联网在金融领域的摧毁和重构就是利用互联网活动中的边际效益递增规律，逐步使个体金融服务供需模式得到优化，使资金融通的时间、空间和数量边界得以扩展（乔海曙和吕慧敏，2014）。这一方面促使互联网金融机构纷纷推出新的互联网金融服务，尽早地取得竞争优势，另一方面也推动了互联网金融长尾[①]市场的形成。在互联网金融环境下，互联网技术其实节约了巨大的固定成本，互联网改变了人们的消费投资方式，人们可以在线上获取信息并发布命令来完成交易，从而节约了时间成本和资金成本。互联网通过互联方式，把跨越山海的陌生人连接起

① 长尾这一概念最早由 Chris Anderson 在 2004 年的 *The Long Tail* 一文中提出。当商品储存、流通、展示足够便捷、成本极低时，需求极低的产品形成的众多小市场汇聚可产生与主流相匹敌的市场能量。具体可参见乔海曙，吕慧敏. 2014. 中国互联网金融理论研究最新进展[J]. 金融论坛，19（7）：24-29.

来，他们在信息中介平台寻找适合自己的交易对象，这样的交易目的明确，能提高交易的成功率，并且也降低了双方的交易成本。其次，网络经济还具有诸如快捷性、高渗透性、膨胀性、外部经济性、可持续性和直接性等特性。其中，快捷性、可持续性、直接性等特性是在互联网与信息技术的影响下，信息的可复制性、可获得性及快速传播性赋予网络经济的，而高渗透性、膨胀性、外部经济性则并非互联网与信息技术所直接赋予的，只是在一定程度上增强了这些特性。因此，网络可为某些行业的发展推波助澜并赋予相应的特性但并非创造新的行业。金融行业作为传统行业，在网络发展的推动下，展现出新的发展趋势并表现出网络经济的某些特性，显然互联网金融具有网络经济的某些特性。网络经济理论包含三大定律：摩尔定律、梅特卡夫定律及达维多定律①。尽管三大定律揭示了网络经济发展的规律，其中梅特卡夫定律所提出的网络的价值等于网络节点数的平方，这一定律正好揭示了互联网金融的发展速度，网络为金融业带来了前所未有的发展机会，互联网与金融行业的结合乃是“天作之合”，它们都在不遗余力地发挥着各自的优势。例如，2013 年余额宝正式上线运营，截至 2014 年其资金规模就达到了 5400 亿元，其发展速度实为惊人。2007 年，我国第一家 P2P 网络借贷平台产生，截至 2016 年，在 P2P 网络借贷平台上达成的贷款总交易额就达到了 20 638.72 亿元。互联网金融能在短时间内达到如此规模，不得不说网络贡献了极大的力量。正如乌家培所说的，网络经济主要对传统经济学中的生产力要素理论、边际效益递减理论、规模经济理论及经济周期波动等理论产生深刻的影响，当下，网络正在促使传统行业的产业升级改造，各行各业都能够在互联网提供的便利条件下享受成本优势，并且更容易形成规模经济，促进产业的全球化和国际化，而金融行业也正是因互联网带来的一系列便利服务，实现了产业的升级。

四、金融创新理论

在世界金融发展史上，创新始终是金融发展的主要动力源，金融发展进程中的每一次高潮都是由创新推动的。每一次层次上的升级性的金融发展都是在金融

① 摩尔定律内容为：当价格不变时，集成电路上可容纳的晶体管数目，每隔约 18 个月便会增加一倍，性能也将提升一倍，而成本却会成比例地递减。梅特卡夫定律内容为：网络的价值等于网络节点数的平方，网络的价值与互联网的用户数的平方成正比。达维多定律内容为：任何企业在本产业中必须不断更新自己的产品，一家企业如果要在市场上占据主导地位，就必须不断地开发新一代产品，只有这样才能获得较好的市场份额和回报。具体可参见吴晓求. 2014. 中国资本市场研究报告（2014）——互联网金融：理论与现实[M]. 北京：北京大学出版社：31-35.

创新的推动下实现的。当旧的金融体制不能适应社会经济发展的新要求时，便会产生新的矛盾和冲突，这些矛盾和冲突会阻碍经济发展、制约社会进步，当单纯凭借原有层次上数量的扩张不能解决发展中的矛盾时，就只有通过金融创新使之发生质的变化，冲破旧制度的束缚，满足社会经济发展中新的需求，金融业也由此获得了发展的机会和空间。我国金融体系的不成熟与服务的不完善，对比互联网金融的快速发展尤其是在满足低层次金融服务需求方面的作用，在逻辑上似乎验证了这一点。从 20 世纪 50 年代开始，特别是在 20 世纪 70 年代以后，面对西方金融领域大规模和全方位创造或引进新事物并引发金融业巨变的现实，一些西方学者开始把熊彼特创新理论引入金融研究中，对金融创新的成因、利弊和对策发表了各自的见解。西方经济学家在不同的时期、从不同的角度对金融创新的生成机理做出了种种解释，这些解释组成了金融创新理论。金融创新理论有众多金融创新理论流派，具有代表性的有以下几种。

凯恩的规避型金融创新理论，凯恩认为，政府管制本质上是一种隐性税负，这不仅会增加金融机构的经营成本，而且会阻碍金融机构利用管制以外的获利机会，因此金融机构开始通过金融创新来规避管制，进而获取利润。但是，金融管制是为了保持宏观经济稳定而必须采取的措施，而经济个体为了自身利益最大化，又会不断寻求规避，这样就会出现两者相互交替推动的局面，即政府管制——个体规避（通过金融创新回避）——新的管制——新规避（新一轮创新）。单从这个理论来看，我国互联网金融的蓬勃发展可谓顺理成章。正如学者所言，受我国施行的金融抑制政策影响，金融创新滞后于经济发展需要，金融自由与金融服务需求多样化之间呈现一定的冲突。在已固化的金融体系所提供的金融服务不能满足经济发展对金融服务的多样化需求时，金融创新势必会出现来降低金融服务的门槛。在国有银行金融创新迟缓的情形下，强烈的金融服务需求便催生了提供金融创新服务的民间非银行类金融组织，它们不是银行等金融机构却发挥着金融机构的功能。互联网金融在投融资方面的表现充分说明了其对传统金融服务不足的变革。例如，我国资本市场虽然可以满足一些有实力的大企业获取发展所需资金的需求，但其程序之复杂，成本之高昂让这些大企业不堪其累，而有强烈资金需求的中小微企业则根本无法参与这一资本游戏。互联网金融中的 P2P 网络借贷、众筹等投融资模式程序简便、时效性高、门槛低，使那些低层次金融需求主体有机会得到相应的金融服务。这都得益于互联网金融的发展所提供的满足多样化需求的金融服务。如果没有互联网与信息技术的飞速发展，互联网金融不会出现。金融创新理论中的技术推进理论对此给出了回答，科技在金融业的广泛应用为金融创新提供了物质和技术上的保证。例如，信息处理和通信技术的新成果应用于金融业后，加快了资金调拨的速度，降低了资金调拨的成本，使全球金融市场一体化、全天候的全球性金融交易成为现实。另外，技术的创新推动了金融产品的创新，一些低准入门槛的金融产品随着互联网的普及进入了民众的理财生活中。例如，众多的互联网货币基金，大多以 1 元购进，而且购进程序简单，容易操作，受到广大民众的欢迎。互联网金融的爆发式发展紧跟互联网发展，在某种程度上也推动了互联网的发展，两者相互促进。无论从中外互联网金融发展现状的实践角度还是从技术推进理论角度，互联网与信息技术都是我国互联网金融发展的强力推进剂。

金融创新理论中的另外两个理论是约束诱导理论与交易成本理论。约束诱导理论由西尔伯提出，他主要从供给角度来探索金融创新，认为寻求利润最大化是金融公司创新的动力，金融创新实际上是微观金融组织为了寻求最大利润，减轻外部对它的金融压制而采取的“自卫”行为。笔者认为，从政府管制角度来看，约束诱导理论与规避型金融创新理论是一个概念，而交易成本理论事实上完全可以被金融中介理论所涵盖。

笔者认为，金融创新是结果，金融创新理论不能完全解释金融创新的原因。金融创新可以是基于突破原有发展的束缚，但是产生束缚的原因与突破束缚的条件更为基础。因此，金融创新理论只是在某种角度解释了金融创新，而且是表面性的。

五、金融深化理论

金融深化理论的核心要义是利率的自由化、市场化，即政府应当减少对利率的管控。在 20 世纪 70 年代，肖和麦金农①通过对发展中国家存在的金融抑制政策的研究，提出了促进金融深化来推动经济发展的论断，他们是基于这样一种逻辑：利率作为资本的价格，是最能够反映市场上资本需求程度的，通过实现利率的市场化，资本就能够分配到最有需求的人手里，这样就能避免政府盲目的投资造成大量资本的浪费和由此带来的泡沫经济及产能过剩，通过利率的市场化运作，具有资本需求的新型产业就会得到发展，这不仅促进了产业结构的升级，也带来了大量的就业机会，提高了居民的收入水平，进而带动了消费需求的增长，国民经济也会步入良性而健康的发展轨道。

通过上述逻辑的展开，可以发现，金融深化理论旨在通过放松利率的管制达到资本的市场化配置，打破金融垄断和资本低效配置的局面，形成一个有活力、有效率、体现公平的市场金融体系，进而推动经济增长。

---

① 麦金农最早使用货币化指标来比较欧美国家和亚非拉等发展中国家金融深化程度的差异。具体可参见吴晓求. 2014. 中国资本市场研究报告（2014）——互联网金融：理论与现实[M]. 北京：北京大学出版社.

反观上述理论，资本得不到有效配置，一方面是因为利率在政府的管控下，难以反映市场上资本的真正需求和资本的市场价值，导致我国金融体系长期以来主要服务于资产雄厚、有担保的大客户，处在资金不足、缺乏担保能力、风险承受能力较弱的中小企业几乎被挡在金融体系之外，发展受到了限制。另一方面则是因为投融资双方缺乏有效的信息沟通，即信息不对称，致使融资成本高昂，这也使得投资者找不到除了储蓄之外的其他投资渠道，导致货币的流动性较差，阻碍了货币转化为有效的资本服务于实体经济。对于这一问题，除了推动政府进行金融改革之外，互联网金融的出现也为金融深化提供了一条现实可行的路径。互联网金融主要是从第三方支付、降低交易成本、解决信息不对称三方面来为金融深化发力助威的。

首先，第三方支付是互联网金融的重要支柱之一，它是伴随着电子商务出现的，因为电子商务中的虚拟交易必须伴随着资金的支付移转，而互联网金融中投融资双方也必然绕不开资金的移转，可以说，第三方支付的出现解决了互联网领域所有交易模式所面临的瓶颈问题。在互联网融资中，第三方支付不仅作为一种支付渠道，更重要的是为交易双方解决了信用问题和资金安全问题，这是在网上交易中双方不得不考虑的问题，第三方支付作为资金的暂时托管人，提供了一种由于一方的信用问题而退还资金的渠道，这其实为双方的交易提供了一种担保，从而打消了双方的顾虑，这便是第三方支付的贡献。

其次，降低交易成本和解决信息不对称要归功于互联网大数据的应用，通过大数据对用户进行个体行为和信用分析、信息匹配、信息处理，让每一个有投融资需求的个体都能得到最优的匹配，在这过程中，只动用大数据就可以完成过去需要花费巨大成本的工作，成本优势尤为明显，而且互联网信息的获取具有实时性、快捷性，也极大地降低了信息不对称性。

中小企业的融资问题不是货币的总量问题，而是货币的结构问题，归根结底是经济结构的失衡问题（管清友和高伟刚，2015）。我国长期以来依靠投资拉动经济增长的策略导致大量资金投入了房地产业，其后果是，一方面形成了房地产业发展过度和产能过剩，另一方面市场上新型产业融资困难，市场上货币结构失衡，很多学者认为这种货币结构失衡的局面是制约我国经济转型升级的瓶颈所在，如何进一步完善金融体系进而推动经济转型升级是当前亟须解决的问题。早期也有学者指出，中国的金融深化过程，主要表现为金融增长，如金融资产与金融机构的增大，而市场化金融的发展明显滞后（贾春新，2000）。幸运地是，我们发现互联网金融有能力为打破这种局面提供一条路径，互联网金融所具有的自由的精神内核不仅从微观上为中小企业解决了生存难题，融资者能够利用互联网的优势最大限度地聚集社会上的闲散资金，也从宏观上优化了货币结构，促进了产业结构的优化升级，完善了金融体系。互联网金融不断冲破政府对利率所设的堡垒，以实现金融深化为目标，不断推动金融领域的变革，使金融为实体经济服务的理念落地生根。

六、普惠金融理论

普惠金融[①]是指金融服务不能局限于为一部分人服务，而要深入普通民众，实现金融的普遍化、惠民化。普惠金融反映了金融为实体经济服务的金融本质，也反映了金融为人民服务的属性。尤其是在我国这样一个农民占人口绝大多数的国家，金融服务的视野要更加广阔，把真正需要资金扶持的群体纳入普惠金融的领域，金融并不是钱生钱的把戏，而是惠民生、利民生的重要工程。

在传统金融环境下，广大的中小企业由于信用状况不稳定及风险负担能力低下等原因被排除在传统金融服务之外，再加上融资渠道单一，这就使得中小企业可能随时由于资金缺乏而陷入瓶颈期，直接影响到中小企业的生存。反观有着良好信誉和经营状况的大企业，可以轻松得到银行贷款。这样的金融服务实际上阻碍了经济的发展，不利于产业的创新和升级。如今，互联网金融的兴起有望实现金融的普惠化，首先，互联网的产生打破了市场上的信息闭塞状态，在互联网金融出现之前，人们对于金融信息的感知主要来自银行、传统媒介等，不具有实时性、快速性，对金融信息的获取是非常有限的。随着互联网的普及和手机移动端的广泛使用，信息的传递更加便利、自由、通畅，人们可以实时获取成本低廉的信息，也能更自由地选择适合自己的金融服务和产品，如今，信息的闭塞状态被打破之后，一些落后地区也能够享受到金融服务，也可以接受贷款，发展生产。其次，互联网金融降低了民众参与金融活动的门槛，在以前，广大的中等以下的收入群体大多通过银行存款实现资金的保值增值，利息收入微薄，由于其他有较高收益的投资产品门槛较高而被挡在门外，其资金的使用效率非常低下。互联网金融出现之后，很多互联网金融产品不仅收益率高于银行存款利息，最关键的是大多数可以 1 元起投，而且是开放式产品，资金的流动性很强，这吸引了市场上的长尾人群纷纷投资，既使民众获得了较高的收益，也提高了资金的使用效率，实现了普惠金融的理念。最后，互联网金融的出现意味着把高效率和低成本带进了金融领域，以高效率、低成本的方式满足民众的金融需求，客观上刺激了广大民众的财富管理和投资的愿望，拓展了互联网金融服务的规模，更多有金融需求的民众积极地参与到互联网金融服务中，在金融发展升级的同时也带动

① 据世界银行的定义，普惠金融是指能够广泛获得金融服务且没有价格、非价格方面的障碍，能够为社会所有阶层和群体提供合理、便捷、安全的金融服务的一种金融体系。

了普惠金融的实现。

总之，从金融的发展来看，互联网金融确实有能力充当普惠金融的助推器，互联网金融以互联网为平台，以信息整合和云数据计算为基础，开创了一个自由、灵活、便捷、高效、安全、低成本、不问地位高低、不计财富多少、人人可以参与的新的金融运行结构（吴晓求，2015）。但是，这也带来了不稳定收入群体的长尾风险，需要互联网金融领域进一步去克服。

第二节　传统金融监管的理论基础

在金融发展的不同阶段，金融监管理念呈现出不同的内容与特点，这种不同正是由于各个时期金融监管的理论基础不同。社会、经济、金融、计算机及其他学科的发展不断推动着我们深化对金融的认识并形成新的监管理念。20 世纪 30 年代以前，金融监管主要集中在实施货币管理和防止银行挤兑政策层面，对于金融机构经营行为的规制、监管和干预很少论及。这种状况与当时自由市场经济正处于鼎盛时期有关。20 世纪 30 年代的大危机最终扭转了金融监管理论关注的方向和重点。从金融监管诞生之日起，随着时间的推移，产生了以下主要金融监管的理论。

一、经济人假设理论

美国《1933 年银行法》（*Glass-Steagall Act*）的出台和存款保险制度的建立，是现代金融监管体系形成的标志。这一法案和存款保险制度建立的背景，正是 20 世纪初期经济学思潮即新古典派经济学的兴起。该学说的主张是支持自由市场经济、个人理性选择，反对政府过度干预，反对凯恩斯主义经济学并借以实现金融的自由化；同时该学说的基本范式便是一般均衡定理。其中最典型的理论就是经济人假设理论，该理论起源于享受主义哲学和英国经济学家亚当·斯密（Adam Smith）的关于劳动交换的经济理论。“经济人”就是以追求个人效用最大化为目的而进行经济活动的主体，人都希望以尽可能少的付出，获得最大限度的收获，并为此可不择手段。“经济人”作为理性经济人，也可称为“实利人”。这是古典经济学对人的看法，即把人当作“经济动物”来看待，认为人的一切行为都是为了最大限度满足自己的私利，工作的目的只是获得经济报酬。在这一学说的理论基础上，经济人假设理论认为在金融市场里，通过市场竞争实现优胜劣汰，政府的监管不仅没有正面作用，反而会抑制有价值的金融创新。作为市场经济重要组成部分的金融，基于新古典派经济学的基本主张出台了金融监管政策，这一时期的金融监管政策也明显地体现了政府的少监管理念。然而在此监管理念之下，金融危机的不断上演使经济学家明白单纯的理性假设并不能保障金融顺利地发展，绝对的金融深化不可实现。经济人假设理论虽然能够消除浪费和提高效率，促进科学管理体制的建立，对我国金融监管有一定借鉴价值，但经济人假设理论遭到强烈批评，经济人假设理论的利己动机无法解释人类行为和动机的多样性，这是一种狭隘的人性观，回避了人类行为会受到伦理和道德影响的现实基础，而且经济人不择手段的"利己性"特征，否认人的主体精神、自觉性、主动性、创造性与责任心，这种将人的自私性等同于理性并无限放大的观点，并没有关注到"真实的人"，更何况何为理性本身也难以定义，而且经济人假设理论中的完全理性和完全信息也是受到质疑的，再者就是理性在现实中也极易被扭曲。因此，这一理论与马克思主义的人是社会的人，人的本质就是一切社会关系总和的观点相对立的，是错误的人性观。如果在金融领域完全奉行这一监管理念，会与我国的社会发展理念相冲突。基于经济人假设理论的不足，经济学家引入了博弈论、社会学、心理学等分析范式，对基于理性经济人的监管理念进行填补。

基于此，凯恩斯提出了非理性心理与行为，他认为，选择的基础在于未来事件和环境的模糊不确定和容易发生变化的预期。由于这种预期缺乏实际的坚固基础，很容易受他人和外界的作用和影响，最恰当的解释就是从众心理导致的羊群效应。总之，人们有源自理性的经济动机，但客观的外在现实总会扭曲这些理性。个人理性存在的另一个问题就是，个人理性与集体理性的冲突，即每个人都理性行事，但不能保证整体行为也是理性的。每个个体都追求个体利益最大化，但市场上可追求的利益总归是有限的，每个个体无限扩大的利益边界必然会发生利益碰撞。在这样的情况下，若个体仍然奉行自我利益最大化的话，必然引发逆向选择、道德风险等扭曲市场的行为。戴蒙德和戴维格提出的经典的银行挤兑动态模型可以很好地印证这一理论（武长海和涂晟，2016）。正是基于非理性与理性冲突造成的市场扭曲，通过金融市场的监管修正成了必然选择。

二、市场失灵理论

市场失灵理论认为：完全自由竞争的市场结构是资源配置的最佳方式，但完全自由竞争市场结构只是一种理论上的假设，理论上的假设前提条件过于苛刻，现实中不可能全部满足。由于自然垄断、外部性、信息不完全和在公共产品供应不足，仅仅依靠价格机制来配置资源无法实现帕累托最优，于是出现了市场失灵。当市场失灵时，为了实现资源配置效率的最大化，就必须依靠政府的干预。正是因为认识到古典经济学理论的不足，经济学家提出了市场失灵理论模型。相比其他行业，金融行业的自然垄断性、较大的负外部性及高度的信息不对称性，更是大大地增加了金融市场失灵的概率。由于信息不完全性、监管外部性、市场失灵、逆向选择和道德风险等问题和金融市场自身的高风险特点，完全自由竞争的市场状况不利于金融机构风险的规避，因此不完全竞争是金融市场存在的常态。这种不完全竞争的状态也为政府对金融市场进行干预提供了依据（斯蒂格利茨，1998）。基于金融行业的以上三个特征，产生了三个相应的监管理论。

垄断金融监管理论认为，优胜劣汰的自由竞争会导致行业的过分集中并产生垄断，而垄断又会反过来破坏市场竞争机制，进而出现市场失灵。现实中金融行业在一国经济中往往享有垄断经营的合法性，这进一步增大了金融市场失灵发生的概率。政府作为维护市场秩序的代表，为了保障市场秩序，提高经济效益，满足公共需要，有必要对垄断引发的市场失灵进行干预。

负外部性金融监管理论认为，经济活动主体的经济活动会对其他经济主体产生负面的影响。如果基于经济人假设理论，以银行为主的金融行业是具有自然垄断性的行业，逻辑上有通过挤压其他经济主体获取垄断利润的强烈冲动，通过依赖金融机构间的自由竞争或自律管理，无法保证消除负面的影响，因此政府的有效规制与监管防范变得非常必要。

根据金融中介理论，金融中介在解决信息不对称方面的优势，很可能在逆向选择与道德风险中成为金融中介牟取非法利益的工具，长期如此，将会扭曲金融市场，导致虚拟经济过分膨胀并传导而损害实体经济。实体经济的动荡，将引起经济、社会的不稳定并最终成为金融市场产生系统性风险的导火索。在金融机构处于信息垄断的基础上，解决信息不对称的问题成为关键。对此，芝加哥经济学派的领袖人物斯蒂格勒提出“金融监管是医治信息不对称导致金融体系失效的良药”。实践有很好的证明，1997 年亚洲金融危机中中国政府的有效干预对缓解亚洲金融危机的积极作用与 2008 年美国金融危机前美国政府在金融领域监管的滞后，都表明政府不但要对金融进行监管，而且要随着金融的发展不断改革金融监管的方式，以便实现对金融的有效监管。正如加尔布雷思所说：“自由放任政策已不合时宜，管制和调节是当前这个时代的迫切需要。”

随着经济的发展和研究的深入，对市场失灵理论进行不断的更新。目前认为，市场失灵就是指市场失去效率，当市场配置资源出现低效或无效率时，就出现了市场失灵。金融的基本功能是实现金融资源在不同时间与空间上的交易配置。理所当然，这种交易配置是要求效率的，而金融的核心就是需求与供应交易信息的匹配，这种匹配效率越高，金融资源流转与利用效率就越高，为社会创造的经济利益也就越多。基于国家干预经济理论，市场失去效率，政府应给予必要干预，而金融行业对效率的要求相比其他行业而言更高。因此，出于对市场效率的纠正，政府对金融的监管更应强于对其他行业的监管。

三、公共产品与监管失灵理论

公共产品具有两大特性，即非竞争性和非排他性，金融系统作为服务实体经济的融资渠道，明显是服务于公众的，属于典型的公共产品，而公共产品最易导致的就是“搭便车”现象，金融系统作为公共产品由金融机构提供，如果不加以有效监管，金融机构很可能会违背忠实、审慎经营原则而实施风险行为，那样稳定的金融市场就会遭到破坏。基于公共利益的需求，政府作为公共利益的代表就必须出面对金融机构进行监管，从而使金融市场达到帕累托最优。金融市场监管理念认为，政府的监管目的是应对市场失灵，维护金融机构与市场的稳定与安全，实现全体社会成员公共利益的最大化。这一理论的假设前提是，政府是公共利益的忠实代表，其存在目的只是增进社会福利，毫无自身利益考虑。尽管学者为政府的金融监管找出了诸如经济人假设理论、金融脆弱性理论、市场失灵理论及公共产品理论，但现实的情况是，政府的监管始终并未彻底解决金融体系存在的诸多问题，历史上不断上演的金融危机始终质疑着政府监管的有效性。监管失灵理论与前述理论有着完全不同的视角，前述理论产生监管效果的一个前提，就是上文中提到的政府必须是而且理所应当是毫无私利的监督者；而监管失灵理论则将视线引到了被理论研究忽视的监管者身上，并抱有坚决的怀疑态度。后者认为政府是一种利益集团，作为金融监管者也有着自身的利益诉求。因此，在金融监管中存在诸如道德风险、过度监管的问题。监管失灵理论主要包含三个内容。

一是政府掠夺理论，该理论认为，政府是一种利益集团，实施金融监管的目的不是应对市场失灵，防止金融风险，保证金融资源的高效配置，而是从金融市场获取利益（政治利益与经济利益）。二是监管俘获理论，该理论则更加具体地指出，政府建立管制起初，管制机构能独立运用权力公平管制，但在被管制者与管制者的长期共存中，管制机构逐渐被管制对象通过各种手段和方法所俘虏，管制机构最终会被产业所控制，为少数利益集团谋求超额利润，使真正的守法者损失利益，结果使被监管行业更加不公平，整体效率降低。更具哲学逻辑的形象表达就是“管制机构的生命循环开始于有力地保护消费者，而终止于僵化地保护生产者”（江曙霞，1994）。斯蒂格勒在前述理论的基础上，用供求规律来解释金融监管的效率问题并形成了第三种理论，即管制供求理论（武长海和涂晟，2016）。该理论的实质就是，政府同样是一种利益主体，拿产业监管作为保护产业集团利益的工具与产业集团进行交易，是利益分享与转移的具体体现。产业利益集团在政府中寻求政治代理人并付代理费，而监管政策的范围与松紧就取决于二者利益结合的紧密程度。与管制供求理论相近的监管寻租理论，则认为金融监管是监管者利用手中的政治权力从金融市场中换取、强取利益的手段。事实上，管制供求理论中产业利益集团寻求政治保护与监管者换取、强取利益的两种行为在相向寻求中演变为一种互动行为，两者最终结合成利益共同体。从这种利益互动与结合的过程与结果来看，管制供求理论与监管寻租理论是对这一过程的描述，政府掠夺理论与监管俘获理论是对这一结果的描述，并最终导致了监管失灵。

四、法律不完备理论

在当今复杂的法律体系内，立法权及执法权是由不同的机构行使的。但在许多法律领域内尤其是金融领域，除法庭之外，监管者是主要的立法者及执法者，立法权及执法权常由同一机构来行使。法律完备是立法者追求的目标，但由于人的有限理性与客观世界无限性之间的矛盾，法律通常是不完备的。法律不完备理论是由卡塔琳娜·皮斯托和许成钢于21世纪初提出的，该理论认为在法律不完备状态下，需要在监管者和法院之间合理分配剩余立法权及执法权。对于金融市场是否需要政府规制历来存在争议，其赞成者的依据之一就是法律不完备理论。探讨法律不完备理论有助于解释为何立法权及执法权会扩散到立法者和法庭之外，尤其有助于解释在如今大部分经济体中为何监管者会充当如此重要的立法者及执法者的双重角色。理论上认为，金融市场充斥着丑闻和舞弊行为，尽管立法者一直试图通过颁布新的法律和强化执法制度，控制损害行为的发生，但依赖法庭司法的法律并没有对这类舞弊行为产生有效的阻吓。在法律完备的假设下，设计一种最优阻吓来达到最佳效果的法律是有可能的，但学者提出法律的阻吓作用因其内在不完备性而大为削弱。法律的不完备通常被设计为要长期适用于大量的对象，并且要涵盖大量迥然不同的情形，它必然是不完备的。只有当社会经济或技术变革的过程静止时，法律才可能完备。在快速发展与变化的金融领域，这显然不可能。事实上，法律不完备理论是受到不完全契约理论的启发而提出的，后者由奥利弗·哈特（Oliver Hart）等在经济学文献中率先提出。不完全契约理论认为，人们的有限理性、信息不完全性及交易事项的不确定性，使得明晰所有的特殊权力的成本过高，拟定完全契约是不可能的，不完全契约是必然和经常存在的。从逻辑上判断，从契约不完全可以得出法律不完备的必然结论。契约是在特定交易环境下不同合同人之间达成的，而法律在性质上是更广泛的主体所达成的“公共契约”,是法律化的契约。在契约特定的缔结环境与缔约人明确且数量极少的情况下，尚且存在信息不完全性与交易事项的不确定性；在复杂多变的环境下，法律主体的广泛性、法律的不稳定性、信息不完全性与交易事项不确定性则更加突出。契约主体可根据交易信息与事项的不断挖掘而调整契约或另行缔结契约来修正原契约的不足，但法律的稳定性决定了修正法律的漫长与滞后，期待立法来修正法律的不足难以对市场的迅速变化做出及时响应，而司法的事后监督与高成本使得监管得不偿失。在立法与司法难以有效介入的情况下，引入执法介入便是逻辑的必然，这使监管者充当了如此重要的立法者及执法者的双重角色。试图仅靠提高判例法或成文法的完备性来对这类行为进行阻吓，已证实是不成功的，因为法律总是滞后于新的市场发展，包括滞后于那些欺骗投资者的新方法。立法者仅仅依靠制定更完备的法律是无法预防未来的损害行为发生的，最终这一方式不得不让位于监管者的出现，即便这些机构并未使证券监管领域的执法变得尽善尽美，它们仍提高了执法的有效性。同时研究揭示了，监管执法是为了解决法律不完备条件下司法效率低下的问题而出现的，而执法的主动性也可以极大地提高监管的效率。当法律处于不完备的情况下，被动式司法的法庭作为唯一的司法机构也是不够的。这是因为法庭是被动的，并且仅在起诉之后才能行使其司法权。相反，监管者被设计成主动执法者。主动式执法涉及监督各种活动、开展调查、制止损害行为，以及对违法者予以行政制裁等。法庭不能履行这些职能，因为主动式的执法行为会违反法庭的公正性。同时，由于法庭和监管者在行使立法权及执法权的事件方面的不同，也使监管者的存在成为必要。法庭只能在事后司法，而监管者在事前和事后都能够设计执行法律，在预期到足够高的损害程度时，可以利用立法权改写或变更规则，以回应所观察到的社会经济或技术变革。除了法律本身具有的不完备性，法律可能被立法者人为设计为不完备，如此立法者可以保留法律空白，也根据实际司法情况而授予司法权或执法权，进而保留立法与司法解释的主动权，以形成对司法与执法的制约。有消费者说互联网金融是在打政策的擦边球，钻法律的漏洞，这种说法貌似有理，其实极不公允。金融产品从法律上来说是合约的一种，一种金融创新必然是一种金融合约的创新，而法律不完备为金融创新留下了空间。

第三节　互联网金融监管的理论基础

20 世纪 80 年代后，互联网和信息技术的发展及其在金融领域的广泛运用，使得金融业在经营理念与经营模式方面发生显著改变，金融监管及改革也日益成为金融业的重点关注内容。欧美等发达国家基于传统金融体系的成熟、稳定，互联网金融发展显得比较协调与理性，互联网金融的监管在延续传统金融监管的基础上稍做变革即可。2012 年 4 月，美国颁布的《工商初创企业推动法》（Jumpstart Our Business Startups Act，JOBS 法案）是互联网金融方面的首个成文法律，虽然其实施效果仍有待实践检验，但在保障互联网金融发展方面无疑是一个良好的开端。我国互联网金融在互联网与信息技术高速发展和传统金融体系不完备的共同背景下则呈现出爆炸式的发展。但在市场繁荣之中，不断发生的风险事件暴露出互联网金融的风险性。当金融监管机构尝试去监管互联网金融时，却发现在互联网金融机构主体、业务模式、涉众范围、危机传导等方面，现有金融监管制度与方法均难以直接应用于互联网金融。如果说传统金融监管面对的是对象特定的且更具理性的金融精英，而互联网金融监管则已深陷更趋向群体非理性的民众汪洋之中了。在互联网与信息技术的影响下，交易成本降低之后，信息不对称问题或将成为金融业核心风险源头。尽管互联网与信息技术降低了信息不对称程度，但作为信息高度密集的金融业，已经呈现出全新的风险特性。互联网金融并没有改变金融风险隐蔽性、传染性、突发性和较强的负外部性的特征。由于受到互联网某些特性的影响，互联网金融风险波及面更广、扩散速度更快、溢出效应更强。金融市场是高度关联的市场，单个金融机构出现风险就可能引起连锁反应导致系统性风险，而这种市场关联性与风险的连锁反应在互联网与信息技术的作用下将被成倍甚至无限地放大，技术的快速进步可能带来更高的信息壁垒。在传统金融监管理论同样适用于互联网金融的基础上，根据互联网金融的全新风险特性引用新的监管理论是必要的。鉴于互联网金融不同的业务模式，其主要改变了金融信息的产生、传递、处理与匹配的效率，因而其风险特性与相应的监管理论都将基于信息流的特性而展现。信息不对称理论认为信息不对称是市场经济的弊病，要想减轻信息不对称对经济产生的危害，政府应在市场体系中发挥强有力的作用。另外，谢平等提出互联网金融有两个突出的风险，信息技术风险与长尾风险同样值得注意。在互联网与信息技术融合的背景之下，互联网金融监管有了以下新型理论。

一、过度互联理论

过度互联理论的主要内容为，网络使人类的连接更加紧密、方便，但人类社会的过度联结会加快信息的传播速度，使人类社会变得更加脆弱与不稳定，导致风险的高度传染性，以至于发生危机事情时，身处相关环境之中的主体来不及反应就已遭受损害。1970 年英国控制论学家威廉·罗斯·阿什比认为所有庞大复杂的动态系统在达到一个临界互联水平前，都会显示出稳定的特性；之后，随着互联程度不断加深，系统会突然失去稳定性。威廉姆·戴维德在其著作《过度互联：互联网的奇迹与威胁》一书中把互联程度分为四种状态：互联不足状态，这一状态一直延续至 20 世纪；互联状态，当环境逐渐发生变化时，企业、经济制度及政府有充足的时间调整、保持相同的步调；高度互联状态，能够保证一切系统顺利运转；过度互联状态，各种系统发生剧烈变化，以至于其赖以生存的环境难以应付。因工业革命的发展、交通工具的普及与传统通信技术的普及，可以认为 20 世纪 80 年代以前，人类社会处于互联状态；20 世纪 80 年代以后，互联网的兴起则将人类推向了高度互联状态，在某些领域则呈现出过度互联状态。笔者认为，站在信息流通的角度，过度互联理论实际上是论述了信息传递渠道与效率的问题，因为要解决信息不对称问题，解决信息传递渠道是主要方面。市场经济发展了几百年，市场主体信息不对称是常态，传统金融业同样如此。究其原因，信息传递渠道是关键，而传递渠道的畅通与否则受制于技术的进步与发展。信息作为可统计概率、可呈现价格形成之逻辑过程的客观知识，对金融制度构建非常重要（杨东，2015a）。金融业的核心是信息的产生、传递、处理、匹配，而要实现信息的高效处理与匹配，高效的信息传递渠道则不可或缺。互联网与信息技术的兴起则打破了信息高速传递的技术瓶颈，其与金融业的融合打通了金融信息高速传递的渠道。金融服务需求者人人手持终端设备的现实使得金融机构之间、金融机构与金融服务需求者之间、金融服务需求者之间处于高度互联的状态，得益于互联网与信息技术，交易结构可以被迅速地设计并被快速地完成交易。

互联网是信息高速公路，可以瞬时、分布式沟通信息，互联网在减轻信息不对称方面起到不可替代的作用。有人认为互联网与信息技术的出现消灭了信息不对称。但笔者认为这是夸大了互联网与信息技术在解决信息不对称方面的正面作用，互联网只是提供了降低信息不对称的可能性，但也可能会制造更大的信息不对称，因为信息不对称降低的关键不在于信息更多，而在于信息搜寻与匹配效率的提高。在信息增多与传递更快之后，交易的各方主体在获取的信息量与效率方面都将提高，但提高的多少同样存在差别，差别甚至超过以前。举个例子说明，都是步行的情况下，人的步行速度有快有慢，但人与人之间的路程差距不会太大，毕竟大家都是步行。但如果都改成了汽车，各方都高速行驶，速度稍有差别，路程差距就会迅速拉大。互联网在一定程度上确实打破了原先的信息壁垒，但在消除信息不对称的同时，也创造了新的信息壁垒，有了更多的信息之后可能出现更大的信息不对称。人的活动对信息的需求并非越多越好，关键是获取必要且有效的信息，信息过滤就是一个必要的过程。互联网上有海量的信息，这看似是件好事，但如何从这海量信息中获取必要且有效的信息则变得困难。虽然有搜索引擎，但它只是一张能够网罗巨量信息但其网格大小却难以根据人的真正需求来定义的大网，识别与甄选信息仍然得我们自己完成，信息过滤成本十分高昂，这是信息爆炸后的无奈。以P2P网络借贷为例，虽然互联网技术的存在使得大量的潜在贷款人可以通过P2P网络借贷平台的网页直接了解到大量借款人及其项目信息，甚至可以通过互联网搜索引擎查询到大量的关联信息，但这并不意味着信息不对称就可以大幅降低，因为无论互联网上的信息多么丰富，也无法囊括所有实体经济与商业活动的信息。至少到目前为止，绝大部分的实体经济与商业活动的信息仍然存在于线下，而线上的信息虽然高速增长并且规模惊人，但与实体经济和社会所产生及存在的信息量相比却也只是沧海一粟。正如有学者指出，在我国现实金融环境中，互联网金融仅发挥着金融脱媒的功能，在管制型立法之下，既未实现信息对称，也未能降低信用风险。因此，互联网只是增加了信息对称的可能性，信息越多，无效信息越多，有效信息的占比是大幅下降的。信息不对称，在有了更多的信息之后其实是更加不对称的。网络谣言的广泛传播就是一个例子。同时，互联网在传递信息时受到信息干扰的可能性极大增加。因此，在解决信息高速传递的问题之后，信息不对称能否降低的关键在于信息搜寻与匹配的效率是否更高。监管者甚至来不及发现并监管，危机一旦发生，高速度的传染性往往让监管者措手不及。互联网对于金融而言，在信息不对称方面是一把双刃剑，合理利用是增进公共福利的利器，被滥用则是攫取垄断利润的操纵工具，基于此，互联网金融监管成为逻辑的必然。

二、正反馈理论

在控制理论上有两种模型，负反馈模型和正反馈模型。马歇尔的均衡价格论是负反馈模型。负反馈是自我纠正的过程，可以永远地进行下去，如果没有外部的重大变化，最终能够达到均衡状态。负反馈系统每时每刻都指向平衡点，如钟摆和地球系统、弹簧和固定物系统、太阳与行星系统、高温物体向低温物体传热系统等。索罗斯的反身性理论是正反馈模型，与负反馈的积极作用相比，正反馈则具有消极作用，它会使外部变化加剧和放大，而且在高度互联的状态下，这种变化会更加强烈，最终会导致失衡状态。例如，当某人声称某个银行有资信问题，有一万个人开始将信将疑，随后出现争相挤兑，这个过程确实会不断地自我强化并发展下去。负反馈与正反馈一同构成完整的经济学模型。从经济学角度来说，负反馈是自我纠正过程，是市场的自我调节，而正反馈则是对均衡的偏离。索罗斯的反身性理论是经济学领域中比较典型的正反馈模型。反身性理论是指投资者与市场之间的一个互动影响。索罗斯认为，金融市场与投资者的关系是投资者根据掌握的资讯和对市场的了解，来预期市场走势并据此行动，而其行动事实上也反过来影响、改变了市场原来可能出现的走势，二者不断地相互影响。通俗来说，正反馈有恶性与良性之分。恶性的正反馈具有巨大的破坏性乃至毁灭性，金融发展史上因恶性正反馈产生的金融危机乃至经济危机的实践教训值得借鉴。例如，美国的次贷危机是个生动的恶性正反馈。在房价一路追高的过程中，华尔街的金融创新起到了关键作用。房地产企业认准了房价高涨趋势，向缺乏还款能力的购房者贷款，促使购房需求进一步增长，从而进一步推高房价，这就是一种正反馈机制，繁荣导致更加繁荣，直至某一天系统资源不足时而崩溃。其实，正反馈理论在更多地用于解释证券市场，而互联网金融在功能上发挥着与证券市场相同的功能即融资。例如，互联网金融中的众筹同主板市场的功能是一致的，虽然两者在服务领域、融资规模、法律程序与性质上不一样，但从金融角度而言，两者是没有本质差别的。正如疯狂炒股一样，股票价格不可能无限地上涨，一个众筹项目的收益同样不可能无限扩大。正反馈理论在市场中的运作是从事实到观念，再从观念到事实，一旦投资者的观念与事实之间的差距太大，无法得到有效纠正，市场就会剧烈波动，处于不稳定的状态。这似乎是人类认知结构当中所固有的非理性使得金融系统具有内在的脆弱性，事实上这是事物发展的哲学规律。无论是亚当·斯密的经济学还是马克思的经济学，都强调存在着不以人的意志为转移的经济规律，强调经济运行内在的客观必然性。引入正反馈后，同样的市场经济体制，有的产生了良性正反馈，有的产生了恶性正反馈，结果天壤之别，这预示着经济发展的偶然性与不确定性。这种偶然性与不确定性与当事人的选择、想象、意志、道义等密切相关。

基于上述分析，有观点认为，正反馈在市场经济中的广泛而深刻的存在，将使我们认识到非均衡状态才是经济的本质属性。在一般均衡论经济模型中，经济主体都是短期、物质利益的追求者，是理性经济人。但引入正反馈后意味着，经济主体可能追求正反馈的长期效应，即追求长远、整体利益。正反馈本身意味着非均衡，并随着输入信号的加强越来越远离均衡，在过度互联与正反馈融合后，这种远离的速度将被无限放大，正反馈的周期将变得更短。过度互联与正反馈均是随着互联网与信息技术的发展而呈现出来的一种状态，过度互联为正反馈提供了更便捷的通道，过度互联也为金融信息垄断方制造信息不对称优势提供了更快捷的传导通道。在互联网金融领域，信息更不对称，其内在的正反馈发展机制足以危及其稳定性。新自由主义理论都是基于市场的一般均衡模型，忽视了市场内在的种种正反馈机制。市场不能自动均衡与自我调节，调控则不可避免。

三、风险配置理论

新古典经济理论认为市场能实现资源的最优配置，也能实现风险的最优配置，因此政府无须监管风险配置，若监管则会抑制企业的金融创新，故没有监管就是最好的监管。美国金融危机证明市场并不能实现风险的最优配置。政府要承担起监管的责任，不仅要加强微观层次的监管，还要加上宏观层次的监管，即要实行宏观审慎监管。总结以往金融危机与金融监管理论的演化规律，经济学家发现传统金融危机与金融监管之间的关系沿着“危机—监管理论—危机—新监管理论”的基本规律循环前进，这也符合“实践—认识—再实践—再认识”的基本规律。这一规律能够体现在传统金融风险的产生与监管实践中。在信息技术出现并运用到金融领域之前，金融信息的产生与处理、金融资源与金融需求信息的匹配是个缓慢的过程，风险同样在这一缓慢的过程中逐渐积聚，加之监管理念总体趋于宽松，监管者对风险的识别显得迟滞，往往是在危机积累到一定程度并显现之后监管层才察觉并采取应对措施进行补救。金融监管实践与理念的往复变化也印证了这一点。在互联网尤其是信息技术广泛运用并与金融融合发展后，信息的产生与处理、信息的匹配效率迅速提高，产生于这一过程的金融风险急速地积聚。正如谢平指出的互联网的信息发现功能，这也是互联网运用于金融领域最重要的功能之一。互联网与信息技术显著地提升了信息扩散与匹配的效率，同时风险的传染性也被拔高，留给监管者识别并预防金融风险的周期将变得极为短暂。面对这样的金融态势，如果仍保守传统金融“后发性”的监管理念，金融监管效率将大打折扣。互联网金融带来传统金融变革和金融创新的“红利”，但同时具有与传统金融不同的风险特征。互联网金融风险具有不确定性、不可控性、复杂性和多变性，同时具有强传播性、传播瞬时性。另外就是互联网金融的虚拟性和高流动性，使货币供应量的可控性与可测性下降，加剧货币乘数的不稳定，将对货币政策目标和金融市场的运行及传导机制产生影响。更重要的是这些风险具有极强的关联性，进而使互联网金融风险变得更为复杂与多样。以往的金融发展中，处理风险是一对一各个击破的分散监管，也就是“头痛医头脚痛医脚”的方式，当然这种方式并不存在错误，在金融生态比较简单的时期，风险类别有限且简单，这种方式是有效的。但随着金融工具的不断创新，金融生态越来越复杂，风险丛生，类别显著增多，金融风险表现出极强的关联性与聚合性，传统的分散监管已然不能适应。资产组合理论把风险分散化，认为这些分散的风险不会聚合起来形成系统风险。但学者已意识到分散的风险在一定条件下可以聚合起来形成合力，即形成系统风险。金融效率与风险的提高必然要求监管效率的提高。如果传统金融“后发性”的监管不能解决问题，那必然就是事先预防。现代金融数次较为严重的金融危机警示着监管者，金融监管理念需要完成转变。随着经济与金融的逐步发展，经济学家也逐渐意识到：对经济系统而言，将储蓄转化为有效投资，需要资源配置合理；对金融系统而言，将储蓄转化为有效投资，需要对融资进行风险合理配置。为融资配置风险是金融系统的核心功能。金融市场的本质功能是风险配置而不是资源配置。

传统经济理论把资产组合视为资源配置的一种，而风险配置是资产组合的研究内容，没有把风险配置从资源配置中分离出来，构成一个新的范畴。2008 年美国金融危机爆发后，理论界加强了对风险配置理论的研究，开始从宏观经济理论角度研究风险配置问题；同时金融理论在微观经济学研究资产配置的基础上，对风险配置这一特定范畴做了很多研究，提出了许多风险模型和风险配置理论。市场经济运行建立在资源和风险配置两大基石之上，罗开位和连建辉（2004）提出，风险配置是把风险作为一种资源，有计划、有组织、有目的地利用并加以经营的经济活动，这两个配置中任何一个出了问题，市场都不能顺利运行。关于资源和风险配置两者区别与联系，笔者不做细致讨论，笔者概括地认为，风险配置是资源配置的一个制约因素，风险配置则需要通过资源配置体现出来，经济学家要考量的就是如何实现两者的最优配置。突破传统金融风险监管的思维束缚，将风险作为一种资源。监管者不应是矗立于风险之中的一道被动防御的防火墙，而应是风险识别者并致力于实现“风险资源”的优化配置。2008 年的美国金融危机与风险关联和风险聚合有关，而过去的经济理论界完全忽视了风险关联和风险聚合。现在明确区分资源和风险配置，是适应实践的需要，是经济理论发展的必然，风险配置理论正是基于现代金融风险的多样性、聚合性、关联性而提出的。互联网金融是现代金融的一个新的子系统，同样履行着金融的基本功能：跨时空转移配置金融资源，具体而言如下：有风险的资源和无风险的资源的配置、高风险资源和低风险资源的配置、跨时期的风险配置、跨空间的风险配置。但互联网金融服务的金融领域与消费群体不同，所面对的风险也不同。从资源与风险配置的角度而言，互联网金融是一次金融资源与风险的全新配置，因为互联网金融服务的领域大多是传统金融不愿或无法触及的服务领域。金融资源流向的转变，是资源的重新配置，而资源的重新配置必然要求风险的重新配置。金融资源流向的转变是金融创新的结果，同时也可以认为金融创新本质上是风险配置的创新。互联网金融在本质上依然是金融，作为金融体系的一部分，其同样具有传统金融所具有的风险，而其风险的高传染性、复杂性、聚合性、关联性使其能够快速地传递至其他金融领域。如果将风险配置理论应用于互联网金融，那么就不能只站在互联网金融层面来考虑风险配置问题，而应将互联网金融作为整个金融体系的一部分，即金融一盘棋意识。笔者认为，以风险配置取代风险监管，严格来说不是一种新的监管理论，而是监管思路的转变。在传统金融的实践中同样存在风险配置的操作，只是当时的监管视角不一样而没有站在风险配置的角度来思考。在互联网金融中，过度互联的市场参与者、海量信息的产生与处理、高度传染的特性将会使互联网金融风险的积聚与扩散更具突发性，甚至可以借用蝴蝶效应这一理论来形容。这样的风险特性，使得风险识别变得困难，即使识别成功，风险也已成事实。因此，与其选择在风险中被动艰难地维持“防火墙”，不如主动地识别风险并因势利导地加以利用，以实现风险的优化配置。从宏观层面而言，互联网金融作为金融改革的一个突破点，对互联网金融模式要坚持鼓励创新和规范发展并重的理念，要逐步完善互联网金融的法律建设，深化金融监管形式的变革，促进金融监管从“机构监管型”向“功能监管型”的变革，更好地实现金融服务经济发展的功能。

四、激励相容理论

按照经济学理论，每个人都会以自己的利益最大化来主导自己的行为，当你委托别人做一件事的时候，如果他的利益与你的不一致，那就别指望这事能如你所愿——这种现象在经济学上被称为“激励不相容”。此为激励理论的奠基者威廉·维克里和英国著名经济学家詹姆斯·米尔利斯共同提出的，两人因此获得了1996年的诺贝尔经济学奖。笔者认为，激励不相容理论是经济人假设的必然结果之一。那么，用什么办法来改变人的行为、改变激励不相容的现象成了经济学家必然要解答的问题。在2007年获得诺贝尔经济学奖的美国明尼苏达大学经济学名誉教授利奥尼德·赫维茨创立的机制设计理论中，提出了激励相容理论，在市场经济中，每个理性经济人都会有自利的一面，会按自利的规则行动；如果能有一种制度安排，使追求个人利益的行为正好与集体价值最大化的目标相一致，这一制度安排就是激励相容。激励相容是指在存在道德风险的情况下，如何保证拥有信息优势的一方（称为代理人）按照契约的另一方（委托人）的意愿行动，从而使双方都能趋向于效用最大化。激励相容理论解决的是在经济人假设理论的前提下，如何降低市场主体利益冲突以实现各方利益最大化。从经典的委托—代理角度来理解激励相容理论在互联网金融领域的运用会更加形象，在互联网金融中，如何保证拥有信息优势的一方（互联网金融机构）按照契约的另一方（监管者）的意愿行动，从而使双方都能趋向于效用最大化，具体的激励相容制度安排笔者不做讨论，在此笔者仅仅试图为激励相容理论成为互联网金融监管基础理论寻找客观依据。从宏观角度总结金融业的发展脉络，其外在虽然呈现出监管不断加强的趋势，但非监管领域也在不断增加。随着金融的发展，原先需要监管的不再监管，新的监管领域成为监管目标，就像旧的问题解决了会有新的问题等待解决甚至新的问题更加严峻需耗费更大的代价，但通过问题的不断解决，我们已经累积了更多我们所追求的价值。市场自由包括金融自由在内，总体趋势为不断增强。在自由度不断增加的背景下，我们需要重新审视监管者与被监管者的关系，就像市场经济中市场与政府的关系。

金融活动的核心问题是激励问题，基于激励问题而产生的金融制度，其主要功能就是通过确定一个有效的激励结构，克服信息不对称问题，从而为制度所涉及的各个成员提供有效的激励（赵治辉和金雪军，2007）。在传统金融中，监管体现为单向的主动约束行为，被监管者为被动接受者，两者最终的互动行为呈现为“监管—规避—监管—规避”的轨迹，这是一种自由压抑政策的结果，金融监管应该跳出这样的单向循环。如果金融自由是我们设定的追求目标而且在金融自由不断增加的情景下，继续采取监管这一自由压抑政策将与我们追求的目标背道而驰。在互联网金融中，互联网金融机构的信息优势更加明显，监管者的单向监管行为将越发艰难，代价更高。监管互联网金融风险实现金融自由，不应是监管者的单向行为，而应是监管者与被监管者的同向行为，这也正是委托—代理的意义所在。但有一个问题就是，委托代理人模型不能解释经理人在风险配置上的短期行为，这就回到风险配置理论所讨论的范畴了。美国 2008 年金融危机发生原因之一，是经理人只顾短期利益，忽视了长期风险带来的问题，在金融系统的风险配置过程中，产生了严重的道德风险。之后，美国政府机构并没有追究这些人的法律责任。这是利益和责任分离，有人获利，无人担责。

五、金融脆弱性理论

金融脆弱性的概念产生于 20 世纪 80 年代初，该理论最初以银行为主要研究对象并进而扩展到整个金融体系。现在通用的广义的金融脆弱性简称为“金融脆弱”，是指一种趋于高风险的金融状态，泛指一切融资领域中的风险积聚，包括信贷融资和金融市场融资。从时间上看，金融脆弱性理论出现在经济人假设理论之后，可能正是由于在经济人假设理论之下少监管理念的实施，经济学者得以窥见在完全的市场自由之中，金融市场所暴露出的内部脆弱性。尤其是 20 世纪 30 年代的经济危机表明金融市场具有很强的不完全性，“看不见的手”无所不至的能力只是一种神话。在金融市场上，由于市场信息的不完全和金融体系的本身特点，市场的运作有时也会失灵，在 20 世纪 30 年代经济危机中，大批银行及其他金融机构倒闭，自由的银行制度和全能的金融机构具有较强的脆弱性和不稳定性。传统的从外部宏观经济角度来解释金融危机发生的原因，越来越缺乏说服力，这迫使人们放弃传统的思维方式，从内因的角度即从金融制度自身来解释新形势下金融危机发生的根源。

首先是信贷市场的脆弱性。依据海曼·明斯基的金融不稳定假说，经济的基本特征就是金融体系在稳固和脆弱之间摇摆，这一摇摆过程是产生经济周期不可或缺的组成部分；同时经济长时期稳定可能导致债务增加、杠杆比率上升，谨慎融资、冒险融资和庞氏融资[①]增多，进而从内部滋生爆发金融危机和陷入漫长去杠杆化周期的风险。明斯基运用代际遗忘和竞争压力来解释金融危机频繁发生的根源。用通俗的话说就是经济好的时候，投资者倾向于承担更多风险，随着经济向好的时间不断推移，投资者承受的风险水平越大，直到超过收支不平衡点而崩溃，经济繁荣期的乐观行为给金融危机的发生埋下了隐患。这种完全将金融危机解释为人的心理作用难以令人信服。克瑞格则提出了“安全边界说”一说，因为经济向好这个假设条件并没有基础。随着时间的推移，实际情况越来越多地验证甚至超过预期，使投资人对自己当初的投资充满信心，安全边界不断被降低。但这种繁荣不是真实的客观存在，而是一种愿景，仅仅是由于投资在一个扩张的环境中而已。由于是在一个不确定的世界里，扩张期的投资预测错误很难被发现。这种自信心是非理性的。与此相反的情况就是，投资人对未来预期完全失去信心，由于不确定的因素引发挤兑。笔者认为，这实际是由人的非理性心理与行为所引发的金融脆弱性，根据前文提到的凯恩斯的非理性心理与行为，信任是脆弱的，加上信息不对称，很容易出现羊群效应。戴蒙德和戴维格的银行挤兑理论便是建立于这种内在脆弱性。从信息经济角度考察，尽管金融机构的产生可以在一定程度上减少金融市场的信息不对称性，但是信息不对称依然是金融脆弱性的根源，信息不对称的普遍存在仍然会导致逆向选择和道德风险。

其次是金融市场的脆弱性。在虚拟经济与实体经济脱离程度越来越大的背景下，资产价格并不完全依赖实物经济，而是由市场中的众多因素相互决定，而这些因素具有很强的关联性，因而金融资产价格会出现过度波动性，这是金融市场脆弱性的重要根源，如股市和汇市的过度波动。股市作为金融市场融资的主要渠道，与实体经济联系紧密，因此，历史上的经济危机大多是从股市崩盘开始的。

另外，从金融机构内部来看，金融的基本功能是实现金融资源在不同时间与空间的交易配置，金融机构的资源依赖于外部资金并以社会公众的信任为存在基础。基于经济人假设，金融机构及内部人员为追求更高利润与薪酬，金融创新始终未停止，甚至风险奇高的金融工具也出现在金融市场。同时，另一负面影响就是金融高管的激励性薪酬机制也助长了短期与不负责行为。另外，根据边际效益递减原理，当高管薪酬过高时，额外的薪酬激励效果也会大打折扣。这种内部风

---

① 庞氏融资是将后续投资者的本金用来支付前期投资者的本金和利息，造成资产泡沫，一旦资产泡沫破裂，庞氏融资便难以为继。

险的产生与积聚最终将扩散至整个金融系统，并引发金融的系统性风险。金融资源的交易配置的核心是信息的产生与处理，而金融机构内部是信息产生与处理的中心与优势一方。互联网与信息技术是一把双刃剑，可以降低信息不对称程度，却也可能成为信息优势一方强化信息不对称程度的操作工具，甚至可能成为金融机构信息优势绝对方的工具。

事实上，金融脆弱性是金融在各种影响金融稳定性因素的综合作用下表现出来的特性，这些因素可能是经济人假设、信息不对称、人的非理性心理与行为、信贷市场的脆弱性及市场失灵，它们是更为基础的内因。正是这些基础因素塑造了金融本身的脆弱性。为了降低金融这种内在脆弱性，延长稳固与脆弱的摇摆周期，金融的监管尤其是对金融机构及其从业人员的内部监管十分必要。基于金融脆弱性，政府干预与金融监管便具有了理论正当性。

第四节　互联网金融的本质

互联网金融起源于欧美而且发展时间相对较长，但欧美等国并没有“互联网金融”的概念。由于边界的模糊，变化的迅速，目前仍难有一个公允且完备的定义（关伟和蒋逸，2014）。关于互联网金融概念影响较大的是由谢平等提出的。他们认为互联网金融是一个谱系概念，涵盖受互联网技术和互联网精神的影响，从传统银行、证券、保险、交易所等金融中介和市场到瓦尔拉斯一般均衡对应的无金融中介或市场情形之间的所有金融交易和组织形式（谢平等，2015）。这一定义有一定导向意义，但这种排除法得出的定义并无实质结论。总结其他人关于互联网金融概念的描述，基本围绕互联网与金融的结合与结合后产生的新金融组织形式与交易形式展开。尽管互联网金融定义不一，但互联网金融的本质依然是金融，笔者将从以下两个方面论证。

一是从其对传统金融领域的影响来看，并不具有颠覆性，而是对传统金融业务的升级、融合和弥补。首先，互联网技术的引入，使得传统金融更能有效发挥其融资的功能，以最优化的方式服务实体经济，如互联网金融带来的普惠金融就弥补了传统金融的短板，把传统金融无暇顾及的行业、企业纳入金融服务的范围。其次，互联网金融的支付手段并没有摆脱传统的银行支付体系，第三方支付只是从支付服务的角度代替客户与银行支付建立联系，其只是客户与银行支付的代理商，最终支付业务还是离不开银行的服务。至于互联网融资和互联网货币，虽然发展迅猛，但由于高度风险因素的存在，近年来，政府的监管逐渐限制其发展。

二是从互联网金融理论方面来看，其并未突破传统金融理论的边界。首先，从金融中介理论角度而言，互联网金融是单个借贷者在交易中为克服交易成本而寻求规模经济的联合。互联网金融基于大数据和云计算的方式进行信息生产及处理，并在投资者之间共享，将搜寻投资机会的成本分散于众多的投资者之间，而且交易后期的监督成本多由互联网金融平台来承担。这是从信息与数据角度考察，因为所有的金融产品都是不同信息数据的组合。互联网金融是互联网与信息技术和金融功能的有机融合，这种融合赋予了互联网金融普惠、信息化、碎片化等相异于传统金融的典型特征。因此，互联网金融在本质上可被视为一种在信息技术的推动下产生的新金融中介。其次，互联网金融同样履行着金融的核心功能即在不确定环境中进行资源的时间和空间配置，以服务实体经济。但与传统金融不同的是，互联网金融是传统金融通过互联网技术在服务理念、业务方式等方面的延伸、升级与创新。国内互联网金融的发展不是对传统金融的实质颠覆，并没有脱离金融的本质（武长海和涂晟，2016）。这一点目前在理论界应该已基本取得共识。但在互联网金融本质上是金融的共同判断之上，对互联网金融的业态性质判断则存在两种截然不同的观点。一种观点认为，互联网金融是一种新的金融模式和运行结构，能够大幅提高金融运行效率，其代表观点正如谢平所描述的，互联网金融模式是既不同于商业银行间接融资，也不同于资本市场的直接融资的第三种金融融资模式（谢平和邹传伟，2012）。另一种观点认为，互联网金融是通过互联网来运作的金融业务，互联网只是一种技术手段，其优势在于技术创新。互联网金融是具有原创精神的全新金融业态，还是基于对传统金融进行革新而形成的新型金融服务方式与运作组织，依然没有定论。

按照第一种观点，在金融核心功能不改变的基础上，谢平提出互联网金融对传统金融有着巨大的变革，主要是互联网技术渗入。其在《新金融评论》（2012 年第 1 期）上发表的在国内较有影响力的《互联网金融模式研究》一文主要论证了互联网的信息发现功能，这一功能能够显著地降低交易成本与信息不对称程度并拓展金融服务的可能性边界。赞成此观点的学者，同时也认为传统金融专业化程度高，进而成就了金融中介的高价值地位。互联网金融则具有平民气息，专业要求不高，具有摆脱金融中介追求更高价值的诉求，能够融合互联网开放、平等、协作、快速、分享的精神。谢平强调，互联网尽管影响金融交易和组织形式，但不影响金融的两个关键属性即金融功能和金融契约的内涵不变（谢平等，2015）。如果从功能金融理论即金融功能比金融机构更加稳定及金融功能优于组织机构的角度来看，谢平的观点与理论依据依然没有跳出传统金融理论的框架范围。在这样的逻辑下，主张互联网金融是不同于传统直接融资与间接融资的第三种全新金融业态，难有说服力。

另一种观点，一方面依然是从传统金融理论，即金融功能理论与金融中介理论出发来解释互联网金融的出现，并认为基于互联网的金融服务是为更好地实现金融功能而出现的一种新型金融中介，只是与传统金融机构在组织形式上不同。这些金融中介可以是银行、保险、证券机构，也可以是互联网金融公司，即金融机构组织形式可以随着金融服务发展需要而变化；同时结合金融功能理论，互联网金融履行的功能没有改变，但却可以实现交易成本和信息成本的进一步降低。另一方面从我国金融制度的不足，即金融垄断与金融抑制的角度分析，市场活力的强劲涌现并不必然是市场原创举动所创造的，而可能是原有被压抑的市场需要被激发并强烈释放出来。与欧美等金融体制成熟与金融服务发达的国家相比，我国金融一直处于政府的严格管制之下即实行金融抑制政策。在强烈的金融服务需求的推动之下，寻求制度红利便成为市场主体的必然选择。国家控制的金融资源流向国有资本主导的正规部门，而非正规部门的金融需求需要靠非正规金融安排得到满足。中国采取的渐进式改革为市场提供了大量的制度红利，原因在于非正规部门经济快速发展，而非正规金融供给却长期滞后，供需的严重不匹配导致严重的“金融配给”不均衡。（关伟和蒋逸，2014）如果制度本身及时对市场做出响应并改变，制度红利激发的市场活力将减弱甚至消失。随着我国金融体制改革的深入，制度性障碍被清除，互联网金融所依靠的制度红利将不断减弱，欧美国家互联网金融发展是中国互联网金融发展的可预见性状态。互联网金融的发展将是长期的并表现出理性的成长，高速的膨胀是不可持续的。互联网金融是传统金融通过互联网与信息技术的服务延伸，是传统金融的补充而不是全新的金融业态。

第二章　互联网金融风险识别及风险防范

第一节　传统金融风险的借鉴与启示

2013 年被誉为中国互联网金融元年。面对这一新兴的金融运作方式，世界范围内对其风险管控模式的研究仍处于探索阶段，并未出现统一高效的风险预防控制体系。互联网金融作为互联网时代的产物，其特点是运用互联网手段降低了交易成本，提高了资源配置效率。而这些并未完全跳出传统意义对于金融的界定。因此，传统的金融风险防控体系在一定程度上也可以为互联网金融风险的管控提供经验。

在传统的金融体系中，商业银行居于核心地位。传统的金融风险，很大意义上源于商业银行的风险。而商业银行管控风险水平的高低，也决定了金融行业风险控制能力的高低。商业银行最主要的盈利渠道是其信贷业务，随之而产生的就是信贷风险。斯蒂格利茨认为，银行行为具有风险厌恶的特性。

一、传统金融的风险传导机制

风险的产生在金融市场中是不可避免的。在传统金融市场中，风险更是通过资金的流通来扩大影响范围。而风险的产生又依赖于资金的流通，所以风险的传导机制和资本的互动机制是密不可分的，本书通过聚焦资金的流动来展开分析。

1. 传统金融的资金流向与资金流量

如图 2.1 所示，我们可以通过一个流向图来说明，传统金融的资金流向问题。

对传统金融各个市场部门业务活动的特点、业务流程和经营管理进行全面分析后，构成了我们现在看到的流量图。

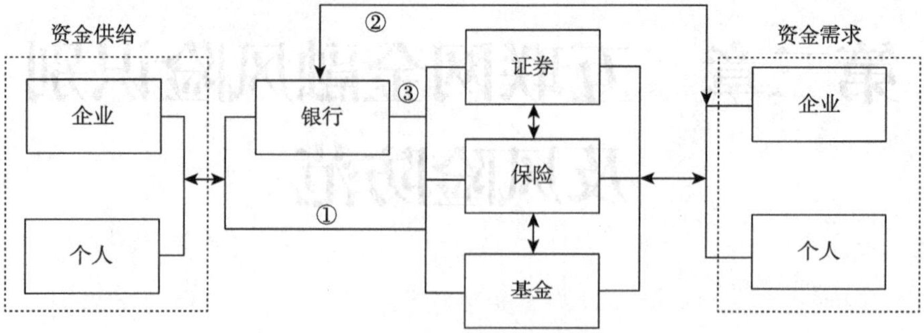

图 2.1　传统金融资金流向图

在整个资金流入金融机构的过程中，银行扮演着一个至关重要的角色。无论是企业还是个人，都与银行有着或浅或深、直接或间接的业务关系。例如，借贷业务，图 2.1 中，流向②和流向③表明，有闲置资金的个人或企业，把钱存入银行或者购买理财产品，同时，资金短缺的个人或企业，可以通过向银行贷款来解燃眉之急。在这种业务关系中，银行发挥着资金媒介的作用，而流向①指的是部分柜台交易。当银行从个人或企业处吸入资金后，把一部分资金用来投资从而进一步服务于实体经济，剩下的部分存入中国人民银行，保证国家的资金储备。此外，银行的另一个作用便是对资金进行结算支付和划转。基金、保险等吸收资金后，可用于证券等投资业务，以此来活跃金融市场，使资金流更快、更有效、更多元地在资本市场发挥作用。所以银行在各种金融往来中至关重要、不可或缺。下面我们来看一组数据，加以佐证。《中国金融发展报告（2015）》数据统计的结果显示，2014 年，银行理财产品余额达 12.65 万亿元，相比 2013 年末增长 23.54%。私人银行客户专属产品增长显著，同比增长 110.21%，占比由 2013 年末的 4.5%上升至 2014 年 6 月末的 5.3%；机构客户专属产品的资金余额为 3.89 万亿元，占比由 2013 年末的 25.88%上升至 2014 年 6 月末的 30.76%。2015 年银行资金流为 2957 亿元，而中国证券业协会统计的结果，到 2014 年第四季度为止，近 120 家证券公司的营业收入实现近百亿元。虽然股票市场时起时伏，很不稳定，但伴随着市场情况转危为安，我国基金行业平稳度过 2014 年，公募基金在 2014 年底交出的资产规模成绩单——这创下了行业自成立以来的最高历史纪录。而在规模崛起的背后，货基的贡献最为明显，1.34 万亿的增量几乎占行业增量的 88%。保险服务业方面，2013 年我国保险深度为 3.03%，保险密度为 1265.7 元/人。由此可见，资金流量和资金流向在传统风险的传导机制下依然可以有可观的成绩。

2. 传统金融的潜在风险

在金融市场中，经常提到的信用风险、流动性风险、市场和政策风险、法律法规风险等，都是基于金融市场外部影响产生的，属于外部传入市场内部的风险，我们称之为外部风险；金融行业的市场环境是业务繁杂、类别多样的，既然外部都有很多因素能产生影响市场内部的风险，那么，金融市场本身，其内部环境自然会产生一些不可避免的风险，如金融结构风险、操作和技术风险等。有果必有因，金融市场外部是一个更为复杂的世界，导致外部产生风险的因素也多种多样，像投资环境的不景气、资金需求的减弱或是增强，又或者经济周期处于萎靡衰退的时期，这些都将导致市场风险，它们进一步累计，达到一定程度便会传入金融市场，导致风险的发生，更严重时，将导致不可估量的金融危机。

如果在上述因素萌芽时期，货币政策再被调整的话，将会影响整个金融市场。假如，中国人民银行上调存款准备金率，无论是银行还是证券股票等行业都会受到冲击。如果受到巨大影响后不及时做出调整，不找出相应对策，则会导致流动性风险和政策风险双重风险叠加效应，其进一步累计扩大，势必会导致更为严重的市场风险产生，由此可以看出，传统金融的外部风险的传导趋势十分迅速，所以，如何有效控制风险的产生及传导是金融领域的重要课题。

以上为外部影响。那么风险是如何在内部市场传递并造成影响的呢？内部风险只能产生于金融市场本身，在各个机构和各相关部门之间产生，在金融业务资金往来之间产生，并在相关当事机构之间传导。如果当事机构部门危机意识薄弱，不能自我调控，不能做出相应的可以吸收风险的措施来积极挽救，那么风险逐步累积，当达到一个峰值的时候势必会溢出金融市场，从而会影响其他行业、其他机构或个人，当继续扩大影响时，其他行业市场秩序也会面临危机。

基于对前文资金流向图的观察和分析，在金融市场中，每个金融机构和个人，并不会脱离这个市场单独存在，他们相互依存、竞争、帮助，同时在他们之间每时每刻都在进行着或者复杂或者简易的金融交易和资金往来，在这种前提下，金融风险就会不可避免地产生并造成影响。而银行作为金融市场中的交易枢纽，如果银行的清算支付系统产生任何问题的话，那么关联企业或个人都无法逃避即将面临的从银行内部产生并传递出去的风险。除了银行本身产生的系统风险，投资人的过分参与也会给股市带来一定的波动。因此，对于金融市场而言，无论是谁，只要参与其中，当危机来临时，都逃不出风险的魔掌。

二、互联网金融的风险传导机制

在互联网金融没有出现之前，企业和个人的几乎所有可流动资金都流入了传统金融市场，而且也只能是流入传统金融市场。但随着互联网业务的大规模开展并渗入各行各业，互联网金融形式开始出现，并在金融大环境中扮演着至关重要的角色。故而，以前流入传统金融市场的资金流会有一部分流入新兴的互联网金融，如图 2.2 所示。

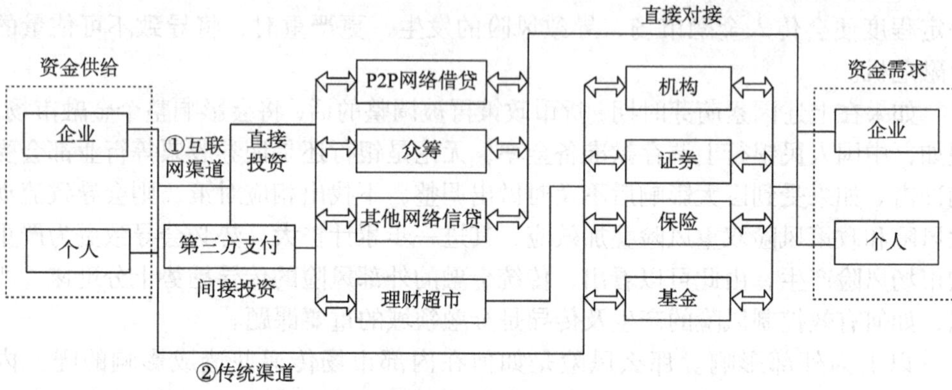

图 2.2　互联网金融资金流向图

这样一来，能够供给资金的机构就不只是传统金融行业中的银行、证券公司、保险和基金等，像阿里巴巴、腾讯、京东等互联网金融企业就很迅速地从传统金融市场中分到一杯羹，并且有别于传统市场，新兴互联网企业通过不断开拓新业务、创新业务形式等手段，还迅速扩大了资金流的流入范围和净流量。不仅如此，互联网金融还降低了准入门槛，使得社会中相对弱势的资金需求者更容易被接受，使他们也能享受到更加方便快捷的金融服务（李有星等，2014）。例如，在互联网金融没有出现之前，由于资产水平达不到银行的评级标准，很多消费能力较弱的人无法申请信用卡和小型贷款，但现在互联网金融的出现改变了这种状况，这无疑是方便了普罗大众。这样，参与金融交易的企业或者是个人的数量就随之增多，我国金融市场的整体规模也随之扩大。

随着互联网金融的出现，产生了新型借贷模式，可以更方便地使提供者与需求资金的企业和个人对接。而像支付宝、百度钱包或者微信这样的第三方支付平台扮演的角色则更特殊。当参与交易的时候，这些第三方支付平台就像一根导线，连接商家和消费大众，提供中介式的服务（胡剑波和丁子格，2014）。不仅如此，这些第三方支付平台还可以整合各方信息，更好地提供给消费者和借贷客户；它们也可以作为一个评判机构，对资金需求者做出信用评价，再把信息传递给资金提供方，降低双方风险的同时，自己也可以从中盈利。可谓是创造了一个三赢的局面。

官方权威的数据显示，仅 2016 年一年，第三方支付的交易额就达到了 58 万亿元，也就是图 2.2 中互联网机构下属的第三方支付的现金流为 58 万亿元；而 P2P 网络借贷业务的成交量则更是达到了 28 049.38 亿元，由于第三方支付还及时推出了手机客户端的支付路径，通过手机支付的资金流达到了 36.8 万亿。

互联网金融从出现到现在不过短短几年时间，从规模的扩大速度和业务量的增加方面，不难想象，互联网金融势必会分走一大部分资金流量，如图 2.3 所示。互联网金融虽然替传统金融行业分担了不少业务，而且分担得越来越多，但也不可避免地对传统金融行业造成一定程度的冲击。

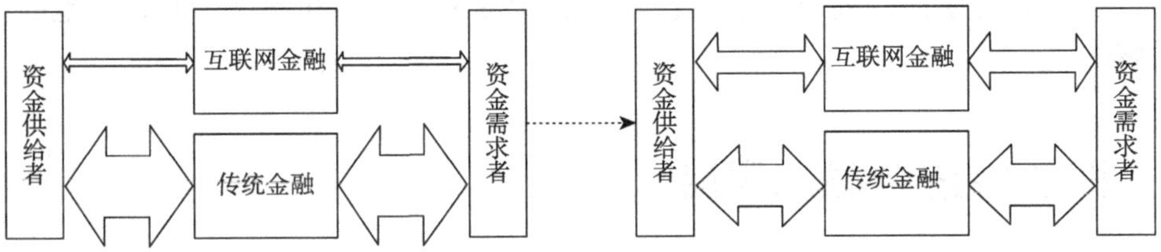

图 2.3　资金流量变化示意图

三、比较与分析

通过以上列举的三幅图不难发现，在当今的市场环境下，只要有资金需求，就会相对应地出现资金供给者和服务平台。无论是在传统金融条件下，还是在互联网金融主导市场的今天，这种现象都体现了金融的主要功能，即资金融通，这也是为数不多的共性之一。另一共性特征体现在中介机构上，银行之于传统金融与第三方支付平台之于互联网金融一样，二者都在其主导的环境中扮演着中转站的角色。二者都为各自的客户提供清算结算、资金划转及贷款等业务。然而在这种对等的关系中，第三方支付平台也在一定程度上取代了商业银行的部分功能和业务，二者相互竞争、相互依附。

当然，传统金融和互联网金融的不同点也不胜枚举。就像上面提到的那样，银行和第三方支付平台，虽然是竞争关系，但也避免不了相互依附。我们使用的第三方支付平台仅仅是一个中转站，资金的来源还是我们名下的银行卡，当我们把银行卡绑定到第三方支付平台上，就赋予了二者不可分割的关系。除了竞争和依附，二者在业务上也可以互补。传统的商业银行把客户群锁定在了资产水平良好有可观收入的人群，然而，在 P2P 网络借贷的模式下，网络借贷公司使普通人群，即使在信用状况不好的情况下，也可能成为网络金融的受益者。

另外，在传统模式下，客户与客户之间必须有一个中间人作为桥梁，业务才能开展下去。但是在现如今的互联网金融模式中，客户与客户之间可以通过平台直接交易、直接对话。因平台媒介的存在，将产生一定的中介费用，但各方参与者将因交易费用降低而受益。

互联网金融独有的便捷性、覆盖面广、用户基数大等特点，足以让风险在业界内迅速传播并扩散到各个环节，造成不可估量的损失。有些风险传统市场中可能算不上大的威胁，但是在有可能牵一发而动全身的网络界来说，会直接摧毁一个平台或者一个小型企业。时下网络平台倒闭或跑路潮时有发生，所以，如何监管、怎样监管、监管力度如何，都是值得关注的问题。在我们享受互联网金融带来的便捷的同时，更应该注意它所带来的影响和问题，并积极地防范与解决。

四、传统金融的风险

从商业银行本身的经营特点来看，主要有三大风险，即流动性风险、市场管控风险与信用风险（刘志洋和汤珂，2014）。

1. 流动性风险

商业银行的流动性一般是指该银行可以在任何时候以合理的价格得到足够的资金来满足其客户随时提取资金的需求。银行的流动性包括资产的流动性和负债的流动性。资产的流动性是指银行资产在不发生损失的情况下迅速变现的能力，主要是贷款资金的流动性；负债的流动性是指银行以较低的成本适时获得所需资金的能力，主要是存款资金的流动性。投资者的收益来源于货币的存储时间价值，当银行的资产和负债的期限差距较大时，即存款期限短于贷款期限，投资者还本付息的权益得不到保障时，便产生了流动性风险。

2. 市场管控风险

市场管控风险一般又可分为利率风险、汇率风险。

（1）利率风险是指市场利率水平变化对银行的市场价值产生影响的风险。我国商业银行的利率曾经长期处于利率管制的大环境下，但是随着我国利率市场化的不断加强，利率风险对商业银行的影响也将日益突出。

（2）汇率风险是指银行在进行国际业务中，其持有的外汇资产或负债的汇率波动而造成的价值增减的不确定性。随着银行业务的国际化，商业银行的海外资产和负债比重增加，商业银行面临的汇率风险将不断加大。

3. 信用风险

信用风险①是指由信用活动中存在的不确定性而导致银行遭受损失的可能性，确切地说，是因客户违约而引起的风险。比如，资产业务中借款人无法偿还债务引起的资产质量恶化等。

伴随着改革开放后我国经济高速发展和 GDP（国内生产总值，gross domestic product）持续增长，我国对于传统的金融风险已经总结出行之有效的管控方法，可简要归纳为以下三点。

1）避免盲目性贷款

商业银行在发放贷款前要充分收集借款人的相关信息，避免信息的不完整所带来的信用危机。对借款人的信息进行分类处理是避免盲目性的有效手段，同时商业银行还需要留意所谓的“信用繁荣”。美国 2001 年房地产市场出现的严重的经济泡沫就是 20 世纪 80 年代银行的盲目房贷所导致的。20 世纪 80 年代过热的房地产市场刺激了不动产公司大量向银行借款，银行对不动产的过分投资造成了“信用繁荣”。当泡沫破灭后，资产的价格暴跌，商业银行必然遭受损失。当中国的房地产市场价格不断上涨之时，“信用繁荣”也开始显现。只是由于政府及时出台的各项政策措施，才确保没有出现商业银行贷款大规模严重违约现象。不过，由于商业银行发放贷款的不谨慎，不良贷款率明显上升的趋势应该引起警惕。

2）限制贷款原则

这主要是通过限制商业银行发放贷款的范围来平衡银行收益与负债的关系。针对 2006 年以来房地产的持续升温，2007 年 9 月，中国人民银行、中国银行业监督管理委员会颁布了《关于加强商业性房地产信贷管理的通知》，规定商业银行不得发放“不指明用途的住房抵押贷款”。但是，有的商业银行非但没有执行该项规定，反而与借款人“合谋”以规避监管。中华人民共和国审计署 2012 年 6 月公布的资料显示，2004~2010 年，中国工商银行、招商银行、中信银行等商业银行普遍存在违规发放贷款问题。例如，通过向非土地储备机构、超期限等方式发放土地储备贷款，以及向手续不全或资本金不足的项目发放贷款等。

① 根据巴塞尔协议的定义，信用风险是指受信方无力或拒绝按期限全额支付所欠债务时，给信用提供方带来的潜在损失。

3）全程监督发放的贷款

监督的目的是使商业银行发放贷款的真实用途与借款人当初申请贷款时的用途一致，从而规避借款人从事与发放贷款的商业银行的意愿相背离的经济活动所产生的风险。在现实中，借款人的经济活动受主客观因素的影响，经常出现贷款真实用途偏离的情况。因此，银行在发放贷款的全过程（贷前、贷中、贷后）中，需要做到合理确定贷款金额、精确甄别借款人的资产和信用、收取合适的贷款利息、监控贷款和控制监控贷款的成本。中国银行业监督管理委员会在《商业银行授信工作尽职指引》中，明确贷款“三查”责任：贷前调查、贷时审查、贷后管理，目的就是要清楚贷款的真实用途，从而保证贷款的安全性（章连标和杨小渊，2013）。

五、我国金融市场整体风险

我国金融市场当前存在的问题：从国际比较的角度来看，我国金融服务业的发展水平还比较低，与发达国家甚至与一些新兴市场经济国家相比，在行业规模、竞争能力、创新能力、市场开拓、基础设施建设等方面都还存在明显的差距。第一，金融服务业发展的总体水平较低，增长速度过于缓慢，内部行业结构和区域发展结构不协调。发达国家金融服务业增加值占 GDP 的比重一般在 6%左右，2020 年美国金融服务业占国民经济比例为 8.24%，而十八大以来，尽管我国金融服务业曾占国民经济比例的 8.79%，但 2019 年仅占 7.8%，增长速度不稳定。金融服务业内部结构不均衡，银行业居绝对主导地位，而证券经纪与交易业、保险业、信托投资业的比重相对偏低。而且，金融服务业发展的地区差异较大，部分农村地区金融服务的供给仍然滞后，不能满足农村经济发展和农民生活改善的需求。第二，金融服务各行业发展不均衡，总体竞争力仍待提高。2020 年世界前 100 强银行排名中，中国工商银行、中国建设银行、中国农业银行、中国银行四大银行占据前四位，一级资本分别为 3802、3161、2776、2584 亿美元，但同时四大国有行合计坏账 1 万亿，占上市银行不良贷款总额约六成。保险业方面，世界保险业发展迅速，保费收入由 2016 年的 4.7 万亿美元上升到 2020 年的 6.1 万亿美元。保险密度由 1999 年的 387 美元，上升到 2020 年的约 687 美元。反观中国，在 2020 年第三季度，保险业占金融业的比重仅为 6.46%，同世界水平差距甚远。证券业方面，2020 年我国证券行业整体运营情况向好，证券公司整体营业收入、净利润和总资产都呈现正增长趋势，其中证券行业总资产规模已经超过了 2015 年最高值水平。第三，国内金融机构的业务创新能力不强，外资金融机构在金融业务创新上具有绝对优势。一方面，国外金融工具种类繁多，能够为客户提供全方位的金融服务，而且对新型金融产品的开发能力相当强；另一方面，目前中资金融机构的金融开发技术比较落后，电子化程度较低、金融工具和品种单调、缺乏自主创新能力，在金融创新中处于被动模仿的地位，利用金融创新获取利润和占领市场主动权的能力较差。第四，国内金融机构开展跨国业务的能力低下。除中国银行以外，其他银行海外业务的拓展尚在起步阶段，而外资银行在综合化经营模式下，通过大规模的并购和重组，其分支机构早已遍及全球。在业务开展方面，国内银行大都以传统的存贷业务为主，而发达国家跨国银行已经把业务重点放在如利率互换、出口保理及福费廷等一些新的金融衍生工具上，利用金融创新来获取利润和规避风险。第五，金融基础设施建设不够完善，监管能力和水平有待提高。发达国家大都有支持金融发展的现代化交通、通信、计算机网络及其他配套服务设施，并且非常注重适时颁布和修订有关法律法规对金融业加以规范，对新业务、新工具进行认证。相比之下，我国金融立法比较滞后，专业性法律层次较低，法规操作性较差，在实践过程中还经常存在不能严格执行的问题。监管体制方面，我国金融监管主要依靠“一委一行两会”，社会监管层次基本还处于空白状态，而且监管内容大都以合规性监管为主，对预防性监管的关注不充分。今后应采取的发展策略：①培养金融业的服务理念和意识，使其真正成为为生产和生活服务的重要产业。②继续深化金融体制改革，根据我国经济结构调整的大趋势建立比较完善的现代金融服务体制。③建立健全金融服务领域的相关法律法规，进一步完善监管体系，有效控制和防范各种金融风险，保障金融安全。④注重金融服务内部各行业和地区的均衡协调发展，完善农村金融服务体制，较好地满足农村金融服务需求，促进农村经济的较快发展。加快证券、保险和信托等其他金融服务行业的发展，进一步完善与实体经济体系相适应的金融服务体系，加强金融服务业的资源配置功能，促进金融资源合理流动，提高资源配置效率和金融服务质量。⑤大力培养金融人才，建立科学完善的人力资源管理机制。

第二节　互联网金融风险的识别、类型与特殊性

随着互联网金融市场的逐步开拓和行业竞争的加剧，互联网金融企业面临的风险逐步暴露出来并呈现出复杂多变的特征。首先，虽然对部分互联网金融业务已经有了监管规范，如网络基金、保险的销售、第三方支付等，但对 P2P 网络借

贷、互联网小额集资等金融形式的监管机构、方式等都尚未成形，因此该类企业面临着外部环境的巨大不确定性。其次，互联网企业的组织形态、管理的形式、风控体系等也尚未形成一个公认的标准，加大了其内部风控失败的可能。最后，创新是互联网的核心，这一精神使得互联网金融不断经历着热点轮动、要素集聚、产业融合等，业务模式、产业形态与实体经济的结合点等逐步扩大。这些都给互联网金融行业带来了巨大的风险。当下发生的P2P网络贷款平台的倒闭事件也引发了社会对该行业的担忧。互联网金融的风险已不容忽视。

一、互联网金融风险的识别与类型

互联网金融不仅具有传统金融的风险，其本身也会催生出新的风险。总结起来有以下几种。

1. 互联网金融的信誉风险

互联网金融的信誉风险是指从事互联网金融的机构没有在经营的过程中树立起良好的信誉，未能与市场中的投资者和其他企业保持良好的关系而导致其业务开展困难。信誉风险所带来的损失是巨大且具有持续性的，一个企业信誉崩塌的消息会在短时间内传遍整个行业进而传达到投资者个人，引起整个投资者团体对企业的不信任。而且要消除这种不信任也绝非一日之力。伴随着信誉风险的产生，客户的流失所带来的资金短缺也会出现（黄海龙，2013）。有一点要注意的是，因为互联网金融所依托的高科技信息技术对于金融机构来说仍然属于新技术，在操作过程中难免会产生系统故障，如通信系统短路导致投资者暂时无法查看账户。这些即便不是互联网金融企业自身错误的问题也会引起投资者的不满，引发信誉风险。

虽然互联网金融的发展异常火热但各种细分业态的市场成熟度却参差不齐。例如，第三方支付在行业中的布局已经呈现雏形，出现了“精耕细作”的情景；P2P网络借款人一旦出现大量的违约，则P2P网络借贷平台就可能出现跑路现象；以阿里金融为代表的网络小额贷款公司各自依靠集团公司的电子商务平台，相互之间的竞争似乎并不激烈。同业竞争、知识产权保护的风险与市场的垄断、不正当竞争并存。在信用比较缺失的背景下，也面临着筹资人使用虚假的身份信息获取资金，违规、违法使用贷款资金导致无力还款等风险。而造成违约或者恶意拖延之后，由于交易各方各处异地、诉讼成本高等各种因素，也难以对违约人构成实质性惩处。热议的多数互联网理财产品利用的是同业存款市场和一般存款市场利率价格之差，随着利率市场化改革推进及涌入资金增加摊薄收益，产品盈利空间将逐渐缩小。银行存款利率与市场利率之间的巨大差别是货币基金发展的主要动力，但其仍存在破产清算风险。

由于互联网的虚拟性，互联网金融交易双方的操作都在线上进行，这就导致交易双方对对方的身份确认及交易过程的追踪更加困难。况且互联网快速传播信息的能力，又使互联网企业在发现问题后可采取措施的时间大为缩短（杨群华，2013）。值得一提的是，一旦发生安全问题，对用户造成的损失和在业内产生的影响将不可估量，甚至会动摇公众对于整个互联网金融产业的信心（宫晓林，2013）。互联网金融的信誉风险主要来自以下几个方面：一是企业本身操作失误给用户造成的损失；二是互联网金融产品不符合前期宣传，投资者实际感受不符合预期；三是黑客的攻击造成数据库信息泄露；四是系统本身存在的漏洞所造成的损失；五是服务出现故障，企业没能及时处理导致的损失扩大。

此外，互联网的虚拟性及信息的不对称，加之我国互联网金融发展仍处于起步阶段，投资者经验欠缺等因素，容易形成“柠檬市场”。那些有能力提供更优质服务的企业有可能因为行业内其他企业价格上的优势而被挤出市场。

在互联网错综复杂的交易中，每宗交易必定涉及两方或两方以上的企业或个人。这就说明在每一宗交易中会涉及许多个人信息，如何识别这些个人信息的真伪，或者是如何判断对方的信用等级及交易目的，便成了一个十分棘手的问题。而目前只有部分企业接入中国人民银行征信系统，互联网金融机构之间掌握的信息通常也不进行分享交换，互联网金融机构只是侧重于对借款人的行为数据进行信用分析，这就加大了市场中的信用风险，进而出现大量的违规违约行为将导致金融市场秩序的混乱。例如，很多信用等级低的需求人借贷后逾期不还并下落不明逃避责任，融资人卷款跑路，大学生校园贷最后无法偿还。这些事件的发生不仅给当事人和交易对方带来危害，也危害了整个互联网金融市场乃至传统金融市场。防范信用风险是互联网金融市场秩序维持的保证。

2. 互联网金融的技术风险

互联网金融依托的是计算机网络信息技术，因此计算机系统本身的稳定程度和通信网络的安全性就对互联网金融的发展有着至关重要的作用。互联网金融的媒介就是互联网，所以必备电脑手机等通信设备。手机电脑硬件方面的问题不足以对安全性造成影响，但是软件方面的问题一旦产生将带来或大或小的麻烦。如果仅仅是程序错乱、软件系统出现差错等无关紧要的问题倒无大碍，一旦出现高危漏洞、电脑黑客、互联网病毒等安全性问题，严重的将导致整个互联网金融市场的瞬间崩溃和瘫痪。安全性问题会导致客户资料的泄露、商业机密被盗取，给双方甚至是多方造成巨大损失。这就是信息技术风险。所以，每个互联网金融的参与者都应该为自己的通信设备或是安全系统打造一个完美的防攻击体系，或者应该及时购买网络保险以防万一。无论是企业还是个人都不应该在安全技术方面节省成本，即使是小规模企业也应该有基本的安全体系来保障自己和客户的资产安全，这也是对人对己负责任的表现。现实中，我国互联网金融的软硬件系统大多为引进的国外成果，自主的高科技知识产权金融设备缺乏，这就使我国整体的互联网金融体系存在着风险（杨群华，2013）。具体来说主要存在以下几点。

（1）信息加密技术不成熟。互联网金融交易的进行、信息的传递都需要通过互联网，而互联网高度的开放性决定了身处其中的任何人都有获取信息的可能性，可是信息加密技术的不成熟容易导致交易信息或者商业机密的泄露，信息的安全性得不到保障。

（2）网络病毒的泛滥。病毒通过网络快速传播，若不及时处理会造成大规模的系统瘫痪，破坏力极大。在传统金融业务中，安全风险只会带来局部的损失，而在互联网金融业务中，安全风险是一种系统性的技术风险，可能导致整个网络的崩溃，造成严重的客户资料泄露、交易记录损失、客户的大量流失（武长海和涂晟，2016）。

（3）互联网金融机构的技术选择错误。其大体可分为选择的信息传输技术效率低下和信息技术设备陈旧。选择的信息传输技术效率低下或者存在技术漏洞，会产生与客户终端不兼容的情况，出现“小马拉大车”的尴尬局面，信息传输缓慢，会使投资者错过市场机会；信息技术设备的陈旧同样会造成互联网金融机构和客户错失交易机会。在传统金融中，技术上的选择失误往往只会导致业务流程缓慢，增加处理成本，但在互联网金融追求高效的大环境中，把握市场信息和交易机会的能力决定着一个互联网金融企业能否在市场中立足。信息技术选择的失误可能会摧毁机构生存的基础。

（4）技术支持风险。互联网技术具备很强的专业性，互联网金融机构由于自身的技术限制或者为了降低技术成本，更加偏向于依赖外部技术来解决内部管理难题。但是随着信息技术快速更新换代，寻求技术外包恐怕难以满足要求，甚至有可能因为自身原因终止服务，导致互联网金融机构不能为客户提供高质量的虚拟服务，造成技术风险。

（5）TCP/IP（transmission control protocol/Internet protocol）协议的安全性差。在其设计初期人们过分强调其开发性和便利性，没有仔细考虑其安全性，导致信息加密不够，传输过程存在严重的安全漏洞，给互联网金融留下了许多安全隐患。

3. 互联网金融的数据风险

互联网的运用，在使金融信息传播途径更多和影响更广的同时，微小的市场动荡同样可能通过互联网高效、一体性的特点被虚假放大，导致金融市场的整体动荡。互联网使资金大规模的跨地区流动成为现实，不论是传输系统本身还是人为的错误导致的资金的异常变动都会造成市场的异常恐惧，从而使整个金融市场整体更加不稳定。

大多的互联网金融机构都会购买数据库来储存企业信息和客户信息，这种储存着大量有价值的商业信息的数据库就成为互联网中不安全的隐患。不仅是外部人员企图通过不合法手段获取数据库内信息，就连个别内部员工也有可能通过自身便利利用数据库系统漏洞获取有价值的信息。数据库的威胁主要来源于不正确的访问和非法的外部访问窃取信息、对数据库的破坏等。尽管如今各企业已对数据库的访问权限进行层级划分，员工对于超越自身权限的内容无权查看，但数据库也必须提供某种共享便于人们使用，这样就导致数据库的安全保护系统成为一个复杂的问题，仅靠安全操作系统和防火墙是不够的（杨再平，2014）。除了对计算机系统的外部物理防护，更加重要的是运用安全的访问系统和识别过滤系统保护数据库。

4. 互联网金融的大数据运用风险

大数据时代的到来，帮助互联网金融企业从庞大的信息数据中找到看似微弱的关联，发现似有似无的规律。但是对待庞大的数据群体，当信息的数量从几十条增加到成百上千条的时候，巧合的现象也会表现出相互间的关联。如果不加以甄别，就会造成过度挖掘的现象，使模型运行形成偏差。同样，大数据的“大”不仅仅要求数量庞大，更要类型的“全”。但是在“大”和“全”的基础上的数据也不是万能的，信息的甄别手段仍是最为重要。区别哪些是真正的客户行为哪些是投资者因大众心理而进行的“试试看”的尝试，对互联网企业提供服务过程中降低成本有重要作用。对待信息的“大”而且“全”，不能仅靠大数据时代的手段方法，还必须尊重传统的数据识别手段，充分利用抽样、试验等方法。

5. 风险转移

资金流大量涌入互联网金融行业，看似是大好趋势，实则隐藏着巨大的风险。互联网金融风险包括在传统金融市场中已经存在的系统性风险、信用风险、流动性风险、操作风险和法律法规风险等，但在具体内容上与这些风险又不尽相同。但是由于互联网金融的出现，风险的转移频率、在金融市场中的风险数量或是风险规模可能是原来的双倍甚至更多，因此监管体系面临着巨大的考验。再者，互联网金融之所以有独一无二的便捷性完全依赖于大数据和云计算体系。这样，新的金融风险，如信息科技风险、长尾风险，也许会随着新的角色的加入而出现，造成的影响无法预估。

6. 系统性风险

资金流大量地流入互联网金融，传统金融的影响力被大大地削弱，所以二者目前处在一个相互借鉴、相互依附又相互竞争的状态中。而互联网金融在经济政策和经济基础上的薄弱使其难以完全取代传统的金融模式，如果不能逐步完善政策基础建设和风险管理水平，在其本身高速发展的同时，薄弱环节势必会拖后腿导致严重的系统性危险。

7. 信息不对称风险

线下交易无论是产品信息还是客户信息，都可以呈现在需求者眼前，从而使其在参与交易时更好地判断和评价。这就或多或少地减弱了传统金融市场交易业务中信息的不对称性。但是，互联网金融毕竟是在一个虚拟环境中进行的，其不对称性是不可避免的，只是有别于传统的不对称形式。这种不对称性体现在很多方面，如在客户信息的审核方面，难以达到线下模式下的严谨程度；对客户的交易身份、信用评价上也并非可以做到准确。然而资金需求者只是得到了钱，但并不知道是从谁手里得到的钱，因此洗钱的风险也会在某些特定情况下出现。

8. 流动性风险

互联网金融相对于传统金融机构，缺乏类似商业银行的存款准备金制度、风险资产拨备制度，也没有国外发达的存款保险制度，因而缺乏应对资金链紧张的经验和能力。用户在交易过程中本着信任的原则进行投资，但是由于互联网信息的传染性和投融资者之间存在信息不对称，往往易发生投资者陷入非理性而迅速将资金抽回的现象，一旦资金大量地抽回，就会摧毁互联网金融平台，这也会使得投资者的不信任波及其他互联网金融平台，进一步影响同行的同时也妨碍了其他服务平台的业务开展，因此，在各个服务平台中的流动性风险值得高度警惕。

9. 货币政策风险

互联网金融的出现使得传统金融市场的一些政策和约束不再有效。其中，贴现率、存款准备金率及公开市场业务是中国人民银行实现经济政策目标的手段。但在当今的市场环境下，互联网金融市场则不再受这个体系的约束。这样一来，货币流通空间变大，流速也加快，对货币政策有着不可忽视的影响。除此之外，融资额的差异也使得社会融资总量不再能够作用于金融与经济，而这是由徘徊在社会总融资额之外的互联网融资额导致的。

10. 法律风险

在诸多的法律风险中，容易涉嫌非法集资是最大的风险。无论是异化了的 P2P 网络借贷融资还是互联网公众小额集资形式，都因运营缺乏法律依据，现有的制度没有明确其性质而处于法律的灰色地带。现实中也出现了许多假借 P2P 网络借贷而进行非法集资的事件，如天力贷案、郑旭东案、网赢天下倒闭事件等。淘宝上也先后出现过公开销售未上市公司股份和 PE（私募股权投资，private equity）基金份额的事件。由于其向超过 200 人的不特定对象公开推荐、发行证券且未经审批，按照《中华人民共和国证券法》两者都已构成“非法证券活动”，均被中国证券监督管理委员会（以下简称证监会）叫停。除此之外，法律风险还体现为利用互联网金融从事洗钱活动、个人信息的泄露、擅自发行公司或企业债券、经营者挪用资金、职务侵占、以非法占有为目的进行虚假融资而可能构成诈骗罪或者合同诈骗罪等。

二、互联网金融风险的特殊性

大多数学者对互联网金融的特性认识不同，但归纳起来，大致有以下几种观点：信息技术本身的科技性决定了互联网传播信息本源的多渠道，这无疑降低了互联网金融的安全性与可依赖性。在信息资源共享性增加、传播更加便利的同时，互联网的多节点也同样意味着可供攻击的环节增多，安全系数下降。加之网络环境的开放性，使得互联网金融的边界模糊，监管起来更加困难。

1. 传播范围广

互联网金融运用了互联网技术，使得金融要素与交易信息的传递速度加快，传播范围扩宽，并且考虑到现今移动终端的普遍使用，每个人获取信息的方法更加直接快捷，人人都可以通过金融行为快速地影响市场。

2. 传播的瞬时性

互联网快速远程处理的功能，使资金流动速度加快、流动范围变广，支付清算更加便捷有效。同样的，在金融动荡时期做出调整减少损失的回旋余地也相应缩小，补救的成本加大。

3. 虚拟化程度高

互联网金融交易大多通过网上进行，时间、地点不再重要，交易的对方、交易的程序也更加模糊。这样一来因道德风险而产生的损失不可避免，增加了信息的不对称。

4. 筛选难

借助互联网平台的多连接性，互联网金融能够覆盖更多对资金有投资需求和使用需求的用户。然而普惠金融虽然面对着需求更大的市场，但是由于互联网本身面对的是金融市场中的长尾市场，用户的不确定性较大。以P2P网络借贷为例，虽然其能更好地对接用户的需求，但是缺少对操纵风险、用户风险和资金风险的全面筛选，由此带来的互联网金融风险难以被充分控制。

5. 约束弱

由于互联网金融本身没有线下的服务网点，所有的产品提供和维护服务都需要通过互联网进行。对于像众筹一类的互联网金融的产品模式，互联网金融的平台可以保证参与的双方需求的充分对接，但是对于完成交易之后的资金使用去向、产品实际效果和双方沟通协调并没有可持续、可监测、可规范的约束，这样会引发很多“圈钱”的企业损害话语权相对较弱的小额资金投资者的利益。

6. 差异大

大数据和云计算是互联网金融技术的核心，通过对用户信息和交易信息等的分析，形成对用户风险的精确判断和用户个性化投资需求的识别。但是这样的信息技术应用的前提是互联网平台可以提供充分的数据，如果用户本身并未留下大量可分析的历史数据，这时候产生的互联网征信的评价就会与用户真实的信用水平和风险偏好形成较大的差异性。

7. 发展迅速

互联网金融在互联网信息技术的普及度提升的前提下，迅速发展成为新兴的金融业务模式。互联网金融的优势在于互联网技术能实现的低成本、多连接和可持续的服务模式，但是随着技术的不断革新，互联网金融产品和服务形式的不断创新，风险管理模式和监管手段却并没有同步更新。从整体来看，互联网金融的风险管理还主要以内部管理为主，各互联网金融的产品平台利用自身的互联网征信手段对用户进行信用评估和风险预测。在互联网金融资金总量大规模扩张的同时，行业的整体风险控制和安全措施并没有形成一致性的标准和措施，风险的隐患很大。

总结起来，互联网具有“开放”和“即刻传播”两个特征。综合互联网金融风险的特性，从互联网的这两个特征出发，笔者认为互联网金融的风险特征突出表现为传染性和快速转化性。

刘志洋和汤珂（2014）认为，完全网络模型有利于分散金融动荡带来的流动性冲击，从而提高互联网金融系统的稳定性。但正如前文提到的，庞大复杂的互联网系统和多节点的组织结构正是互联网金融风险高发的条件。相反，如果网络结构高度集中，系统内各节点的关联程度降低，就可有效阻止风险的传播，减少风险造成的系统破坏。

互联网技术的应用加快了信息的传递。对于复杂的互联网金融结构，在市场处于平稳正常的情况下有利于很好地分散风险，各种利好的金融信息在消费者之间快速传递，消费者更容易做出理性的决策降低风险；但在金融危机来临时，由于传染性的存在，金融风险反而传递得更加迅速，传导面也更广。这时由于时间的紧迫，消费者反而会因为在同一时间段内接收到互相传递的消极信息而做出同一决策。这就会产生“宏微观悖论”，“个体理性的相加总不等于整体理性”，加速消极信息的蔓延。

互联网金融的发展体现了普惠性的理念，参与的消费者必然众多，各种信息资源在消费者中间的“传染”也势必快速。在互联网媒体如此发达的今天，关于互联网金融企业的负面消息会在投资者之间迅速蔓延，就会出现“宏微观悖论”，大量投资者选择撤资。同样，因为互联网金融的虚拟性，一家金融机构的不良信息也会使整个行业被“不信任”。由此可见，互联网金融风险的传染性会加剧、放大互联网金融的风险。

从互联网“即刻传播”的特征出发，互联网信息技术的运用加强了不同风险之间的转化。因为互联网金融产业将互联网等信息技术运用到金融运作中，互联网本身具有的一些非金融风险就会在具体实践中体现出来，通过快速地转化和传播与金融风险融为一体。在操作过程中，风险的来源和传播途径是多样的。它既有可能是企业经营战略错误导致的战略风险，也有可能是在实务操作中产生的操作风险，黑客对信息系统的攻击、竞争对手散布的谣言也不可忽视。风险的传播途径有可能是沿着“操作风险到信誉风险再到流动性风险”的路径，也有可能是“信用风险到信誉风险再到流动性风险”的途径等（张晓朴，2014）。例如，因互联网金融企业的操作失误造成投资者损失或者收益结果未达预期，投资者对这家企业产生的负面评价在短时间内扩散，大量投资者望而却步，操作风险转变为信誉风险，原有的投资者也会疯狂挤兑支取，不可避免地带来企业的流动性风险。金融市场出现动荡，金融企业遭受市场冲击，很有可能会造成企业偿付能力不足，产生互联网金融企业的信用风险，进而更多的投资者会“怀疑”这家企业，信誉风险随之上升，造成投资的减少、资金储备的空虚，随之而来的就是企业的流动性风险。实践中，互联网金融企业与银行有着千丝万缕的联系，互联网金融企业的流动性风险也会使银行面临流动性风险，新型风险向传统金融风险转化，使整个金融系统风险程度增加。

第三节 互联网金融创新与风险防范的举措

互联网金融发展势头迅猛，其中蕴含的风险也日益凸显。要实现互联网金融长远健康运行，必须对其风险加以监管抑制。相关部门需要尽快建立一套成熟的互联网金融监管体系，从制度层面和技术层面等多方面着手。

一、国内外互联网金融监管比较

1. 国外互联网金融的监管现状

1）美国模式

美国对互联网金融的监管采取的是两级的、多部门共同监管。两级是指实行联邦和州共同监管，而多部门指的是由美国证券交易委员会、美国联邦贸易委员会和美国消费者金融保护局协调监管。这些监管机构根据互联网金融企业的业务性质采取不同类别的监管形式和监管行为。美国通过不断地对现有法律法规的完善，使原有的法律体系和监管规则更加适应现今的互联网金融环境，并将其作为监管部门实施监管的法律依据。

对于第三方支付的监管，从对第三方支付业务的定性上看，美国认为第三方支付是传统金融支付业务的扩展，其业务性质为货币转移服务，货币转移服务是指“出售或者发行支付工具、储值卡或者以提供转移服务为目的接受货币或者货币价值”。以美国 PayPal 为例，PayPal 会将客户资金单独存入银行金融机构中，并且不实际运营这些资金，因此其不属于银行，后来它被纳入货币转移服务的范围进行监管。在法律制度的建设上，美国并没有制定专门针对第三方支付的单行法律，而是对现有法律进行部分修改或补充，以适应监管机构对第三方支付监管的需求。美国对第三方支付的监管采用联邦和州协同管理的两级监管机制。联邦存款保险公司作为第三方支付的监管主体对第三方支付实施监管，同时各州监管部门在各地上位法的基础下可以对第三方支付做出具体规定，以适应本地第三方支付发展的需要。针对第三方支付账户产生的沉淀资金，联邦存款保险公司将其作为第三方支付机构的负债进行监管，规定第三方支付机构将沉淀资金存放在商业银行特殊账户，所产生的利息收入作为联邦存款保险公司提供资金保险业务的服务费用。

总的来看，美国对第三方支付的监管呈现出以保护消费者利益为核心的特点，并将第三方支付界定为传统支付业务的延伸，对其实施功能性监管，监管重点在于交易行为及过程，而非机构本身（邓舒仁，2015）。除此之外，还规定了第三方支付机构申请货币转移服务执照时必须向监管机构缴纳保证金，并且对经营者有最低净资产的要求，以此来保障消费者资金的安全。除此之外，还规定了市场准入限制、投资限制、检查和报告制度、过桥保险、隐私权保护及反欺诈制度等一系列保护规则，再加上自律监管的方式，构成了美国第三方支付的监管制度基础。

美国对P2P网络借贷平台监管的首要目标是保护P2P网络借贷用户的权益，一方面对投资者设定收入下限和投资上限，同时限定投资者证券类投资在总投资中所占比例的上限，控制投资者过度投资带来的风险；另一方面又由监管机构对借款人权益进行保护。规定借款合同条款的设定应遵循公平性和非歧视性原则，借款时贷款人应向借款人充分披露合同条款；当借款人违约时，应由第三方机构负责追索违约款项，而在追偿过程中必须保证借款人的隐私安全。美国把P2P网络借贷平台所从事的业务认定为发行证券的行为，因此对P2P网络借贷平台依据相关证券法规由美国证券交易委员会进行监管，美国通过设立市场准入门槛，要求发行人予以注册，并取得证券经纪商资格才能从事在线融资业务，其监管的重点是强化信息披露。而在美国注册成为证券经纪商所需资本金较高，如Lending Club注册成本高达400万美元，从而增加了P2P网络借贷机构的风险抵抗能力和不良贷款的偿还能力（陈正祥，2014）。在信息披露上，监管主体依据证券有关法律中关于信息披露的规定，要求P2P网络借贷机构应对注册信息、平台运营和贷款项目信息进行全面披露，包括平台的运营模式、投资者的风险揭示、借款人的融资信息等，同时规定P2P网络借贷机构应向美国证券交易委员会提交每一运营日的贷款信息。当平台用户与机构产生资金纠纷时，若机构向监管部门提交的信息存档能证明平台在项目关键信息发布上错误引导投资者，则投资者可以采用法律手段向P2P网络借贷机构追索损失。

美国对众筹借贷的监管主要依据2012年通过的《工商初创企业推动法》，该法案首先规定了股权众筹模式的合法性。美国众筹借贷被纳入美国证券交易委员会的监管范围，众筹机构仍需注册为证券经纪商。该法案对众筹融资时不能以股权作为回报进行了修改，规定若众筹融资平台已经注册为证券经纪商，融资者每年在众筹平台融资低于100万美元，同时年收入低于10万美元的投资者投资金额低于年收入的5%，年收入高于10万美元的投资者投资金额低于年收入的10%并且上限为10万美元，则该平台的此类众筹无须进行注册即可进行股权融资。众筹融资监管的首要目标仍是保护众筹融资用户的权益。对投资人权益的保护是通过对融资人和众筹平台的限制实现的。一方面，该法案规定融资人进行众筹融资，必须在美国证券交易委员会登记，同时向投资人和众筹平台披露个人和项目信息；融资人进行融资时禁止采用广告手段，融资人通过众筹平台发布项目推广信息应符合美国证券交易会员会的相关规定；融资人应向投资人披露融资项目的回报机制，否则禁止该融资人进行融资；融资人需向美国证券交易委员会和投资人披露企业运营状况和财务报表等相关信息。另一方面，鉴于众筹平台在投资人权益保护上的作用，该法案规定众筹机构应当在美国证券交易委员会注册为经纪商；众筹机构必须成为行业自律组织的成员并接受组织规定的约束；必须向美国证券交易委员会和投资人披露融资项目的风险；应在众筹融资前21天向美国证券交易委员会和投资人披露该法案所要求的信息；融资额未完成时应将资金返还给投资人；应保证投资人所投资金没有超过该法案所规定的投资上限。只有满足上述条件的众筹机构才允许提供众筹服务。之后，在2015年10月30日通过了《众筹条例》，这是根据《工商初创企业推动法》第三编的授权和要求制定的关于众筹的单独规则，进一步对众筹豁免的条件、发行人的要求、众筹中介的要求等方面做出了更加精细化和可操作的规定。

美国货币基金主要是由美国证券交易委员会实施监管。在监管措施上将互联网货币基金纳入货币基金监管范畴，通过建立完善的风险防范机制、严格的信息披露制度和交易过程监管促进互联网货币基金的发展。一方面，互联网货币基金需要向美国证券交易委员会、投资者披露货币基金组织和运营信息，以增强货币基金运行的透明度；另一方面，互联网货币基金的交易过程也要受到严格监管，通过规定货币基金投资证券的信用度、投资期限和组合流动性强化对互联网货币基金的监管。美国通过多种监管措施强化互联网货币基金的弹性，通过以上监管措施使PayPal货币基金运行11年。

美国对网络银行的监管主体是美国联邦储备委员会和美国货币监理署，同时还有美国金融业监管局、联邦存款保险公司、美国国家信用社管理局等机构从不同角度分别进行监管。在监管原则上，坚持审慎监管原则即在保证网络银行安全、稳健经营的基础上促进网络银行的发展。在监管措施上，一是设立市场准入门槛，纯网络银行在筹建时应按照新银行机构的设立程序审批注册，注册时可以依据纯网络银行标准进行注册，也可按照传统银行网络分支机构标准进行注册；二是规定网络银行的业务范围包括理财经销、交易数据处理等；三是规定了严格的网络银行信息披露制度，以实现透明度原则。

2）欧盟模式

欧盟对于互联网金融的监管则与美国有所不同。欧盟以保护消费者权益为主要目标，作为一个整体，制定了对互联网金融发展有效透明的法律法规体系，加强了成员国之间的协调性，提高了监管效率。欧盟成员国之间实行单一执照原则，即在某一成员国注册的互联网金融机构可以在欧盟范围内开展业务，注册地所在国负责对该机构的监管。同时欧盟成员国监管部门负责欧盟层面的法律规范的落实。由于欧盟对第三方支付和网络银行的监管通过对电子货币和电子营业牌照的监管来实现，因此下文将主要介绍欧盟对第三方支付、P2P 网络借贷、众筹融资和互联网货币基金的监管。

欧盟对第三方支付采用机构监管方式，通过对机构性质的界定实施监管。欧盟规定第三方支付机构应以电子货币作为支付媒介，提供第三方支付服务的机构应获得电子货币营业执照，将第三方支付的监管纳入电子货币监管范围，第三方支付机构获得的资金必须存放在欧盟中央银行开具的专门账户中，资金将受到严格监管，禁止第三方支付机构挪用。欧盟对第三方支付的监管以消费者保护为主要目标。由于机构与用户之间存在信息不对称，同时第三方支付存在外部性和垄断性，用户容易产生资金安全问题，侵害用户的权益，不利于第三方支付的发展，因此需要通过立法的形式保证支付体系的安全和高效，保护用户的权益。对第三方支付机构实行审慎监管原则。欧盟理事会通过的《关于电子货币机构业务开办、经营与审慎监管的2000/46/EC指令》中明确第三方支付监管应坚持审慎监管原则。该指令设定了第三支付市场的准入门槛，明确了第三方支付机构初始资本金要求，同时成员国通过对租售审慎监管的机构发放第三方支付业务许可证，只有获得业务许可的机构才能提供第三方支付服务，要求第三方支付机构申请业务许可时应向注册所在国监管机构提交该指令所规定的申请资料。该指令还对第三方支付机构的业务范围和交易资金的使用进行严格限制。欧盟对第三方支付平台运营中存在的风险实施动态管理，要求第三方支付机构在内部风险控制上应采取稳健与审慎的措施。同时规定第三方支付机构应向监管部门定期提交平台运营情况和财务状况，并确立了第三方支付平台的市场退出机制。

欧盟没有针对 P2P 网络借贷制定单行法律，而是在现有法律框架下制定具体的监管措施保护用户的权益，其中主要依据《消费者信贷指令》《不公平商业行为指令》等指令中关于 P2P 网络借贷参与方的权利义务的规定对 P2P 网络借贷实施监管。这些指令规定借款人需在监管部门进行注册才能进行线上融资活动；线上融资活动的发布及项目推广须披露指令规定的额外信息；融资合同签订前应给予投资人充分的时间考虑合同条款；借款人需对合同条款进行充分的解释说明；投资人消费者在签订信贷合同前应有充分的时间考虑合同信息及相关的解释说明，投资人享有 14 天内无理由撤销权。英国作为 P2P 网络借贷模式的发源地，将 P2P 网络借贷的监管纳入消费者信贷管理范围，主要依靠 P2P 网络借贷行业协会的自律规范行业的发展，在自律基础上加强政府的监管。英国于 2011 年成立行业自律组织，并出台了 P2P 网络借贷融资平台操作指引。为保护用户权益，规范 P2P 网络借贷平台的发展，英国金融服务管理局一方面规定了 P2P 网络借贷的市场准入门槛，规定机构提供 P2P 网络借贷服务应取得信贷牌照，但没有资金的限制；另一方面要求 P2P 网络借贷参与者遵循严格的信息披露要求，规定参与者需披露借贷利率、借贷期限等合同要素，同时对交易合同的制定、履行、终止及合同违约等方面做出规定。在欧盟层面上没有关于众筹的现有法律，但欧盟已经考虑在欧盟各成员国之间制定统一的监管规则并协调各成员国的监管行为。欧盟委员会发布的《众筹在欧盟资本市场的发展》意见稿将众筹融资存在的风险分为四种：众筹融资所具有的普遍风险，包含融资项目的欺诈风险、平台和融资者对投资人的误导及融资未完成时是否将资金返还给出资人的风险；鼓励众筹下由于项目失败，投资人不能获取回报的风险；股权众筹下缺乏二级市场造成的股权流动性和股权稀释的风险；融资者发布融资项目时产生的知识产权风险。对于众筹融资中欺诈行为引发的风险，适用《电子商务指令》中关于平台和项目发起人需要提供身份认证信息，同时众筹平台适用互联网信息服务商的善意豁免的相关规定。对于知识产权风险，适用欧盟《统一专利法院协定》中专利申请人申请专利后可获欧盟层面的认可，并受欧盟统一效力专利保护的规定，从而可以降低融资者保护知识产权的成本。同时欧盟委员会将股权众筹纳入金融监管范围内，适用金融监管法律的约束。因此，对于股权众筹融资者适用《招股说明书指令》中关于公开发行证券者的相关规定；而对于股权众筹平台，适用《金融工具市场指令》中关于金融中介机构的注册和保护投资者义务的相关规定。

2. 中国互联网金融监管的现状

1）互联网金融监管的法律体系

我国互联网金融行业发展的时间较短，加之法律法规自身的滞后性，导致针对互联网金融行业监管的法律法规体系不健全，法律对于互联网金融的界定也并不明确，这就造成了对互联网金融进行外部监管的先天不足。现行国内法律规范中针对传统金融行业制定的准备金、存贷比和备付率等规定不适应互联网金融的监管要求。不过我们也要清楚地认识到较之互联网金融行业刚兴起时的手足无措我国互联网金融监管已经有了长足进步。首先，由于第三方支付是互联网金融的早期发展模式，因此对第三方支付的法律建设逐步完善。中国人民银行自 2010 年开始出台关于第三方支付市场准入、备付金存管要求、第三方支付监管范围与细则、反洗钱与反恐怖融资、互联网支付管理等一系列管理办法，对第三方支付实行全面监管（陈宝卫，2014）。同时中国支付清算协会制定了《网络支付行业自律公约》《支付机构互联网支付业务风险防范指引》等一系列规章制度（张晓朴，2014）。其次，近年来 P2P 网络借贷发展迅猛，因此，2016 年 8 月，中国银行业监督管理委员会颁布了《网络借贷信息中介机构业务活动管理暂行办法》（以下简称《办法》）对网络借贷予以规制和监管。《办法》规定了网络借贷合法的限额和业务规范，《办法》规定网络借贷金额应当以小额为主。对自然人、法人和其他组织的借贷限额规定：同一自然人在同一网络借贷信息中介机构平台的借款余额上限不超过人民币 20 万元；同一法人或其他组织在同一网络借贷信息中介机构平台的借款余额上限不超过人民币 100 万元；同一自然人在不同网络借贷信息中介机构平台借款总余额不超过人民币 100 万元；同一法人或其他组织在不同网络借贷信息中介机构平台借款总余额不超过人民币 500 万元。同时，《办法》也对网络借贷信息中介机构的风险管理、信息披露等做出了规范。国内针对股权众筹这种融资方式还没有得到《中华人民共和国证券法》的承认，根据《中华人民共和国证券法》第九条关于发行证券的资格的规定，“公开发行证券，必须符合法律、行政法规规定的条件，并依法报经国务院证券监督管理机构或者国务院授权的部门注册。未经依法注册，任何单位和个人不得公开发行证券。有下列情形之一的，为公开发行：（一）向不特定对象发行证券；（二）向特定对象发行证券累计超过二百人，但依法实施员工持股计划的员工人数不计算在内；（三）法律、行政法规规定的其他发行行为。非公开发行证券，不得采用广告、公开劝诱和变相公开方式”，可以看出，目前在我国不能通过公开发行股权向公众融资，通过对该条文的反面解释，通过私募的方式开展的股权众筹应该得到豁免。股权众筹作为符合互联网时代特质的一种新融资模式，为我国中小企业融资难的问题提供了解决方案，在此，我们只能寄希望于《中华人民共和国证券法》的修改，以便股权众筹能获得更大的合法空间。同时，为了防止众筹融资违规演变为非法集资，国务院颁布了《关于取缔非法金融机构和非法金融业务活动中有关问题的通知》对非法集资做出规定并制定了相应的处罚措施（于子芮，2016）。如前文所述，我国目前为止还没有针对小额贷款进行专门的立法，缺乏专业的监管，在全国范围内除《关于促进互联网金融健康发展的指导意见》外没有统一的小额信贷监管法律；而在法律效力层次上，针对小额贷款立法多是地方政府规章和政策性文件，法律效力层次较低，监管力度不足。

2）互联网金融的监管主体及监管措施

目前我国监管主体上实行分业监管制度，并在分业监管基础上实行多头监管。但由于我国监管机构协调性较差，容易产生监管真空和监管重复并存。我国采用的监管措施较少，在监管内容上更多地注重合规性监管，监管范围狭小，不能有效地监管互联网金融的发展；同时由于监管较为滞后，监管措施无法精确到位，从而使我国互联网金融监管效率低下。与此同时，我国对众筹融资没有相应的监管措施，只能依照法律中涉及非法集资部分进行管理，或由中华人民共和国工业和信息化部（以下简称工业和信息化部）对其提供互联网服务的资金进行监管；我国网络银行处于发展初期阶段，没有系统的监管措施。在我国，第三方支付机构监管的主体是中国人民银行。中国人民银行对第三方支付机构的监管包括对市场准入的监管、用户权益保护的监管及对沉淀资金的管理等内容。首先，在第三方支付市场准入上采取行政许可制度，仅允许获得支付牌照的机构提供第三方支付服务。而支付牌照申请需向中央和地方两级人民银行提供规定的信息材料，同时规定支付牌照五年有效期，有效期满后需再次申请；在支付牌照有效期内禁止第三方支付机构转让。其次，在用户权益保护上，一方面要求第三方支付机构完善支付服务；另一方面要求第三方支付机构向监管部门和用户需披露相关有关支付服务收费项目和收费标准的信息。最后，规定沉淀资金的所有权归用户所有，第三方支付机构不得随意挪用；第三方支付机构应将自有资金和客户沉淀资金分开管理，将沉淀资金存放于一家商业银行的账户中，而第三方支付机构的下属单位必须将沉淀资金存放于相同的商业银行。我国没有规定 P2P 网络借贷的监管主体部门，中国银行保险监督管理委员会、中国人民银行和工业和信息化部等部门对 P2P 网络借贷实行多头监管依据的是各部门在传统金融领域和互联网领域的权责范围实施有限监管，更注重各自监管范围的合规性监管。首先，中国银行保险监督管理委员会对 P2P 网络借贷的监管仅限于银行体系与 P2P 网络借贷的业务往来。要求银行金融机构根据“三个办法、一个指引”的要求，对贷款实行流程监管，防止借款人从银行取得贷款后在 P2P 网络借贷平台上进行民间放贷，防止民间借贷风险转移至银行业,阻断银行业与 P2P 网络借贷机构之间的非法资金流动，同时规定禁止银行从业人员参与非法资金流动，规定应与工商部门协调监管，严肃查处 P2P 网络借贷机构的虚假宣传，维护银行的权益，规避声誉风险。其次，由于 P2P 网络借贷机构需要利用信用体系防范诈骗，减少违约风险的发生，同时信用体系建设属于中国人民银行权责范围，因此中国人民银行对 P2P 网络借贷机构的监管仅限于向 P2P 网络借贷机构提供用户信用信息并规范 P2P 网络借贷机构的使用。再次，由于我国没有确定 P2P 网络借贷的企业性质，P2P 网络借贷机构多以投资咨询公司的身份在工商部门进行注册。工商部门没有制定 P2P 网络借贷机构注册的准入门槛，仅规定其具备一般投资咨询公司注册所需条件。最后，由于 P2P 网络借贷机构多采用线上模式撮合借款人和贷款人，要求 P2P 网络借贷机构需要在工业和信息化部注册并取得固定域名，因此工业和信息化部通过对互联网领域的监管实现对 P2P 网络借贷机构的监管。而工业和信息化部对于 P2P 网络借贷机构的准入规定不完善，在取得电信与信息服务业务经营许可证后再向工商部门申请增加互联网信息服务的经营范围，即可进行网络经营。而对于 P2P 网络借贷机构的日常运营，工业和信息化部偏重网站内容的合规性监管，基本不对 P2P 网络借贷机构的业务进行审查。余额宝等互联网货币基金参与主体较多，包含投资者、第三方支付平台、基金管理机构等，根据我国现有法律，中国人民银行对第三方支付进行监管，货币市场基金由中国证券监督管理委员会实施监管，存款类业务由中国银行保险监督管理委员会监管。在对互联网货币基金监管时三方监管机构协调性不强，从而使对互联网货币基金的监管存在监管重复和监管空白。

我国现有法律法规没有规定互联网货币基金需向投资者和监管层详细地披露信息，从而使余额宝收益和费用等信息没有向投资者完善披露。在我国当前金融市场发展不完善的前提下，互联网货币基金存在信息不对称问题，从而容易使余额宝存在非法资金活动的可能。我国针对小额贷款的监管主要是由地方政府设立的金融办公室、中国人民银行各分支机构和中国银行保险监督管理委员会等职能部门实行共同监管，因此容易产生监管真空和监管重复问题；我国对小额贷款监管主要依据地方政府制定的行政法规，有的法规没有对小额贷款面临的风险制定监管措施，有些虽然对风险有监管措施，但没有规定监管主体在监管时可以采用的具体举措。

二、国外互联网金融监管经验借鉴

1. 国外互联网金融模式与监管经验

国外资本市场发展程度较高，信用体系建设较为完善，从而为互联网金融发展创造了良好的外部条件。国外发达的信用体系又可以降低互联网金融企业获取用户信用信息的成本。国外互联网金融企业可以利用第三方机构提供的完善的信用报告对用户进行信用等级评定，并且可以较为准确地评估用户的信用风险。国外互联网金融机构通过采用多种手段提高平台的运营管理水平。首先，通过创新提高互联网金融机构的信用评级效率和客观性，避免提供金融服务时面临的业务风险，通过传统信用体系与网络信用体系的对比分析，确定融资项目选择规则。例如，利用美国信用统计机构及其他第三方机构获取的信用信息评估借款者的违约风险。其次，为避免同行业间价格竞争引起的风险，将管理费和佣金作为收入的主要来源。再次，互联网金融机构为避免欺诈风险，规定交易双方需进行充分的信息披露，同时机构本身加强对项目的审核，同时降低机构参加交易的程度。最后，要正确管理平台的资本集中度及流动结构，如货币市场基金将账户余额投资于政府债券和较高信誉的商业票据，同时规定了投资单一证券的上限，同时规定投资证券投资组合的最长期限为 90 天。

2. 国外互联网金融监管的经验

国外的互联网金融监管部门一方面通过对互联网金融企业的融资上限进行限制，强制投资者分散资金，另一方面严把企业信息披露制度，拓宽社会对企业的监督，从而实现对互联网金融的监管和金融消费者权益的保护。例如，美国将 P2P 网络借贷交易划为证券交易，受证券监管部门的监管。根据规定，P2P 网络借贷机构应在联邦证券管理委员会取得证券经纪商资格，同时要求 P2P 网络借贷机构向该委员会提交平台每天的交易列表和管理信息，同时在平台发布有关贷款项目的细节和风险提示信息（巴曙松和杨彪，2012）。为了解决小微企业融资困难的局面，美国通过了《工商初创企业推动法》，这不仅使现有法律体系更加适应互联网金融发展的需要，更拓展了互联网金融对小微企业融资的渠道，为小微企业融资创造了良好的环境。该法案规定初创企业每年在线融资额度为100万美元，同时还规定投资者的投资上限，投资者年收入低于10万美元，则在线投资额以年收入的5%为限，年收入高于10万美元，在线投资额以10%为限（刘俊奇和陈冉，2008）。消费者保护是国外监管部门对互联网金融监管的首要目标。前文叙及的美国第三方支付监管措施中，大多数是以保护消费者权益为目的的。而监管机构对性质的争议，也出于保护消费者权益的目的。保护消费者权益应要求互联网金融企业对平台运营、项目选择和风险提示进行充分的信息披露，为消费者项目选择提供有效的信息基础。在监管中根据业务实质进行监管，以功能性监管为主。例如，自身定义为提供代收付款服务的中介机构，但美国监管部门根据其所从事的业务，要求其改变业务模式，变为一个真正的第三方支付中介机构，或者按照银行业的要求接受监管。欧盟通过对第三方支付媒介的规定，也将第三方支付机构定义为银行性质的机构。我国互联网金融企业利用有限的支付牌照，逐步渗透到传统金融业专有业务范围，但却不必接受类似银行业的严格监管。

三、互联网金融监管的目标与原则

在鼓励金融创新的同时防范其特殊风险，维护金融秩序的稳定，进一步推动金融业发展和实体经济繁荣，理当成为对互联网金融进行法律监管的目标。在这一目标指引下，应确立如下几个监管原则。

1. 适度监管原则

互联网金融本身就是一种创新的产物，其发展空间巨大，对于互联网金融这一新事物，要采取“开放性、包容性、适应性”的监管措施。对互联网金融行业进行高压的监管，如抬高行业准入门槛、进行严格管控，虽说可以有效避免互联网金融的风险和可能导致的不良后果，但是也大大妨碍了其自身的发展。要在保证互联网金融风险被控制在合理范围内的同时，给予其一定的发展空间。对互联网金融来说，树立适度监管的原则，对改良互联网金融发展的生态环境十分关键。只有既防范其重大风险，又避免过度监管，坚持鼓励和规范并重、培育和风险防范并举，进行必要而适度的监管，才能实现互联网金融法律监管的目标。

2. 协调监管原则

互联网金融作为一种广义上的金融运作方式，横跨了银行、证券、保险等多个市场。这对于传统的分业监管来说是很大的考验。加之互联网金融覆盖面广、参与人数众多，风险一旦发生想要单靠一方面的监管进行控制并不现实。国务院 2013 年 107 号文《关于加强影子银行业务若干问题的通知》规定，对于互联网金融的创新产品，由涉及的监管部门进行“归口”监管，要明确监管部门的分工，加强各部门间的合作，以免出现重复管理和监管空白现象。除了金融业主管部门的监管外，行业自律组织要对所属的互联网金融实施业内监管，网络技术监管部门应建立网络金融技术日常检测标准并监督实施，各监管机构通力协调合作，为互联网金融创造良好的监管制度环境。

3. 金融消费者保护原则

互联网金融是伴随着个人移动终端的普及而兴起的，对推动整个金融业的发展有着积极的作用。这个积极作用的发挥离不开金融消费者的积极参与，因为金融消费者是支撑互联网金融发展的最活跃的要素之一。如果没有大量金融消费者的参与，互联网金融不可能获得如此迅猛的增长。目前大量的 P2P 网络借贷平台出现提现困难和倒闭跑路的现象，极大地削弱了金融消费者对 P2P 网络借贷平台的信赖。金融消费者在面对专业金融机构及互联网金融企业时，其在信息、技术、资金方面的弱势地位更加突出，若不能对互联网金融机构的信息披露制度、资金第三方存款制度、企业内控制度、个人隐私保护建立起应有的标准和责任追究制度，从法律上对其进行明确界定和监管，很难保证互联网金融行业不发生系统性风险，因此必须确立对金融消费者的保护原则，通过对金融消费者的保护来防范互联网金融系统性风险的发生。

四、互联网金融风险监管的路径与建议

1. 改变监管模式，加强协调监管

我国对金融行业的监管是一种分业经营、分业监管的模式，但是互联网金融行业是互联网与金融行业的混合体，那么仅仅依靠能满足传统金融行业的监管模式显然具有局限性。互联网金融模式之下的分业监管会使得协调成本和摩擦成本增大，监管真空和监管重复将更为严重。因此，对于互联网金融监管，从国情和金融特点出发，应当适宜采取统一监管模式，它较之分业监管更能降低监管成本并提高监管收益（年志远和贾楠，2017）。

纵观国际，对于互联网金融的监管，美国主要采取功能性监管，欧盟采用机构性监管。要想对互联网金融行业进行有效的监管，必须尽快转变监管模式。互联网金融利用了互联网的优势，其中也必然会蕴藏有互联网的风险，加之金融行业固有风险，会形成互联网金融行业的混合风险。对于这种混合风险，想要在短期内形成新的监管系统并不实际，因此我们能做的就是加强各监管部门之间的联动合作，形成“一委一行两会”、科学技术部、工业和信息化部、商务部、国家市场监督管理总局、国家税务总局等多部门的既有专业分工又统一协调的互联网金融监管机构体系。各监管机构和部门之间要建立横向的协调机构和协调机制，在对自己职责负责的同时，主动沟通配合，避免出现立法与执法脱节的“二元化”监管。 在协调监管的同时还需要把握两点。

（1）更多地采用行为监管。互联网金融机构有很多种形式，催生了许多创业公司和创业者。这些形形色色的互联网企业，有的持有支付牌照，有的并没有支付牌照，并且这些机构间通过合作、联盟所经营的互联网业务大都界限不明。如果还是坚持分业监管，对那些“四不像”的业务难免会因为监管机构的推诿扯皮而监管不够。协同监管、共同负责，按照互联网金融机构的行为定性，会大大提高监管效率。

（2）进行动态监管。互联网金融的运作离不开大数据的应用，实施动态监管，监管部门同样可以通过利用大数据，通过大数据优势来掌握和了解互联网金融业务，及时地发现问题。这无疑对监管部门提出了更加严格的要求，不但需要懂得数据库信息又了解相关法律的复合人才，而且也会增加监管机构的工作成本。但是一旦监管走入正轨，监管的成本会大幅降低，监管效率将大幅提高。

2. 建立强制信息披露制度

互联网金融机构应当对客户进行充分的信息披露，及时向投资者公布其经营活动和财务状况的相关信息，以便投资者充分了解机构运作状况，促使从业机构稳健经营和控制风险。针对具体的交易产品，互联网金融机构应当向各方详细说明交易模式、参与方的权利和义务，并进行充分的风险披露，全面、客观、清晰地披露相关业务和产品的信息，及时提示风险，充分保障消费者的知情权。

在这方面，美国重点关注互联网金融机构的信息披露的做法可以借鉴。将规制上市公司经营行为的信息披露制度合理运用到互联网金融企业的监管中，有利于互联网企业规范自身经营行为、保障投资者权利、接受社会监督。信息披露制度使得互联网金融机构必须在相应的周期内向社会公布其近期的公司运作、财务变化，这些信息可被利益相关者随时获得。那么企业为了使这些信息能够让利益相关者满意，在其经营过程中也会更加规范自身行为并且注重风险的防控，这对于一个企业来说无疑是一个良性循环，对企业自身大有裨益。而对于监管部门来讲，信息的披露会使监管部门有迹可循，知道哪些企业或哪些业务需要重点关注，为监管指明方向。

3. 强化日常监管的作用

只抓住宏观方面的监管显然不足以应对“既快又狠”的互联网金融风险的袭击。企业发展过程中微不足道之处也能蕴含巨大危机，当时可能不会体现出来，但有可能在风险累积后演化成灾难。要想真正保证互联网金融的风险在可控的范围内就要强化日常经营行为的监管。我国互联网金融发展仍处于初始阶段，现在的市场内互联网金融企业发展水平良莠不齐，规模大小不一，小的企业可能由于成本等因素逃避建立自己的风险监控部门。这时行业监管部门可以强制要求这些企业以确保其设立相应风险管理部门，行业协会可以对一些困难企业给予帮助。互联网金融企业设立风险管理部门，并配备专门的合规性检查人员，制定详细的、可操作性强的规章制度，对每一位员工都要强调风险控制的重要性，逐渐形成风险管理文化。行业监管部门在对每个企业的风险管理部门进行监督的同时，进行不定期的抽查和对风险的提前预警可以更好地帮助互联网金融企业抵御风险。

4. 强调行业自律的作用

在前文中笔者提到过，由于互联网金融风险强大的“扩散”能力，某一家互联网金融企业因为各种原因给客户造成的损失都有可能威胁到整个行业的发展，目前很多互联网金融的从业者纷纷要求尽快出台监管措施，因为一些害群之马已经影响了自身的利益甚至影响了这个行业的发展。但事实上一项监管措施的出台往往需要各方面的调研和协商，并不是短时间内可以实现的。况且外部的约束毕竟是被动的。行业自身组织的自律协会往往能解决这方面的难题，不难发现，发展得比较完善的行业都会有自己的行业协会来约束行业内部成员的行为，这样配合外部监管往往更有成效。此外，行业自律相比于外部监管是积极主动的、自觉自愿的监管。目前，互联网金融行业已经成立了一些全国性和区域性的行业自律组织，包括中国互联网协会互联网金融工作委员会、中关村互联网金融行业协会、互联网金融千人会俱乐部、中国小额信贷联盟等。

《关于加强金融消费者权益保护工作的指导意见》规定，金融机构应当遵循平等自愿、诚实守信等原则，充分尊重并自觉保障金融消费者的财产安全权、知情权、自主选择权、公平交易权、依法求偿权、受教育权、受尊重权、信息安全权等基本权利，依法、合规开展经营活动。互联网金融企业应当充分认识客户利益第一的原则，从保护客户上述权益出发，依法、合规开展经营活动。相关部门也要根据互联网企业的特点，进一步完善监督管理机制，规范金融机构的行为，保障消费者权益，优化金融环境。

5. 制定统一的技术标准

一方面我国的互联网发展水平有限，另一方面我国各地的互联网企业所能达到的技术标准存在差异，这双重的偏差导致我国现在互联网行业的发展水平不均匀，更无法与国外接轨。但现实中的交易情况是客户来自全国各地，技术标准的不统一会造成系统的兼容性差，交易效率低下，给投资者造成损失，监管部门在监管行业时更是无从下手。因此，监管部门应当主导互联网金融行业树立统一的技术标准，这样既能对不同的互联网企业同样对待，也会为企业日后开展国际业务未雨绸缪。

6. 尽快构建与完善征信体系

互联网金融交易双方都是线上操作，具有匿名性和跨时空性的特征，因此对双方的信誉度要求高，因信用风险而造成损失的频率较高。况且如果因为一方违约，往往对对方的影响并不仅仅是这一次交易，很有可能造成交易对象资金链的断裂，从而造成的巨大影响。在传统金融环境中，对于此种损失还有一定的可能性可以追回，但是在互联网中，信息的不透明性加大了追回的难度。截至 2019 年底，征信系统收录 10.2 亿自然人、2834.1 万户企业和其他组织的信息，规模已位居世界前列。而没有被现有征信体系所覆盖的人群恰恰是互联网金融的服务对象。此外，现有的征信体系均是与银行等传统金融机构对接，服务的对象也都是传统金融机构。由于我国现阶段互联网金融行业发展还不完善，相应的征信系统没有配套，这就需要政府发挥主导作用。在政府前期的征信体系建设完成后，还要推动市场化的征信公司，因为只有政府的征信体系，其征信的广度和信息的质量难免会有瑕疵，政府和市场双管齐下，建立覆盖全行业的信用信息网，才能提高征信体系的效率，保证信息完备的同时提高信息更新的频率。但是相对于其他企业而言，征信公司前期的投入高、收益少，往往需要几年的时间才能有所收益。对于这种公司，政府可以在其前期建设上出台相应的优惠政策，帮助这些企业平稳渡过难关。另外，行业内部也可以交换一些信息，建立黑名单机制，提高违约成本。

7. 完善相关法律法规

由于我国互联网金融行业发展时间较短，一些关于规制互联网金融行为、保证市场正常运作的法律法规还没有出台，只有一些临时颁布的法律规范，包括《中华人民共和国电子签名法》《非金融机构支付服务管理办法》《中国人民银行关于推进信贷市场信用评级管理方式改革的通知》《网上银行义务管理暂行办法》《网上证券委托管理暂行办法》《证券账户非现场开户实施暂行办法》《中国银监会办公厅关于人人贷有关风险提示的通知》《证券投资基金销售机构通过第三方电子商务平台开展证券投资基金销售业务指引（试行）》等。但是，从近几年互联网金融不成功案例和互联网金融企业造成客户损失的实践看。这些规范不只是法律效力不够，所规范的内容也不全面，不足以震慑互联网金融行业的不法分子。在制定出完备的《互联网金融法》之前的空白期，可以先出台意见、条例、指引等以规范互联网金融发展。在此，笔者还要强调两点，一是针对互联网金融的安全保密也要立法，以构建安全高效的互联网金融环境；二是加快针对知识产权的立法工作，这样做也从法律层面保护并鼓励互联网金融创新。

8. 培养掌握金融与互联网知识的监管人才

就如前文提到的，互联网金融是互联网与金融行业的结合，同时互联网金融行业面临的风险也是一种新兴的混合风险。监管部门必须认识到，要做好互联网金融行业的监管，必须由同时具有互联网和金融领域专业知识的复合人才来执行监管。监管部门可以通过和高校合作、进行在职人员培训等方法培养一批准专业人才，帮助他们深入了解互联网金融的所有风险点，明确自身的监管重点，在监管时有的放矢。

9. 加强互联网金融投资者教育

在这方面最重要的就是提高消费者自身对互联网金融的认识，加强消费者的维权宣传教育。可以通过媒体端，如电视、广播和网络等形式向大众宣传互联网金融运行模式与特点。监管部门同时应该要求互联网金融企业在销售其产品的同时对投资者进行充分的风险提示。在此基础上，保障投资者利益受损后投诉渠道的畅通，不能让客户受损后无处追索；加强投资者信息保密程度，维护互联网金融信息的安全。

第三章　第三方支付的发展创新与金融监管

第三方支付作为互联网金融的基础业务，近年来在我国得到普及。行业快速发展的同时，第三方支付兼具互联网与金融风险，维护第三方支付行业发展创新与金融消费者权益保护之间的平衡，促进互联网金融稳定发展，亟待研究和完善。为促进互联网金融行业的健康发展，我国在 2010 年后相继出台了一系列规章制度，如 2010 年出台的《非金融机构支付服务管理办法》，2012 年实施的《支付机构反洗钱和反恐怖融资管理办法》、2013 年颁布的《支付机构客户备付金存管办法》、2015 年发布的《非银行支付机构网络支付业务管理办法》。制度的出台一定程度上规范了第三方支付行业秩序，避免了第三方支付业务风险集中的问题。第三方支付行业呈现出了新的发展特征，沉淀资金[①]加速聚集、业务范畴不断外延、小额支付市场份额不断扩大、交易规模迅速攀升。但是第三方支付行业乃至互联网金融都在创新发展之中，运营中出现问题的平台亦不在少数。具体而言，第三方支付行业应当重视沉淀资金问题、供应链金融风险，以及第三方支付业务中的流动性风险、洗钱风险、技术风险和由此引起的消费者权益保护问题。

---

① 根据 2013 年中国人民银行发布的《支付机构客户备付金存管办法》第二条，沉淀资金又称作“客户备付金”，指支付机构为办理客户委托的支付业务而实际收到的预收待付货币资金。

第一节　第三方支付的界定及发展现状

一、第三方支付的界定

1. 第三方支付的阐释

在经济交易中，实现同步交易是确保公平的最佳方式。但在现实生活中，货物的流转及服务的转化往往需要一定的时间方能完成，这就不可避免地会出现不同步交易。在这种情形下，如果缺少信用担保，先履行义务的一方往往可能会陷入不利的地位，招致未同步交易的风险。因此，在异步交换中，通过附加信用担保，可以最大限度地实现等价交换。而为了解决经济交易中的信用危机问题，第三方支付也就应运而生了。

在2005年瑞士达沃斯世界经济论坛上，马云首次提出了第三方支付，他认为，电子商务发展的关键在于安全保障，安全保障这一问题的中心则在于交易环节的安全，为了交易安全必须彻底解决支付问题。

关于第三方支付的概念，目前学界并未给出一个明确的界定。从形式上来讲，夏露（2011）认为，第三方支付是具有信誉保障和雄厚的资金实力的独立机构，采用与相应各银行签约的方式，提供与银行支付结算系统通道和接口服务的网络支付的模式。徐勇认为，第三方支付是指在传统的电子支付模式之中引入由第三方机构建立起来的第三方支付平台，并且由该第三方支付机构承担资金的清算费用和保管的电子支付模式。笔者比较同意李莉莎的观点，即第三方支付是非金融机构利用自己的平台，向电子商务交易的当事人提供小额的资金划拨服务，用以满足付款需要的一种新型支付模式。从广义上理解，第三方支付包含网上支付、移动支付、预付卡支付和银行卡支付等多种类型，并且在实践中仍在不断创新发展。狭义的第三方支付仅指第三方网络支付，包括移动支付、互联网支付等，即通过公共网络在收款人和付款人之间转移资金的支付方式。下文探讨的互联网金融中的第三方支付主要是指狭义的第三方支付。

2. 第三方支付机构的法律属性

随着第三方支付的快速发展，第三方支付企业在经济社会中发挥的作用日益凸显，对第三方支付机构进行准确的定性就显得十分重要。如果其定性不够准确，那么就无法适用准确的法律、法规，进而很难对其进行规制，第三方支付法律关系的当事人也很难预见其行为的法律后果，这些都会影响第三方支付行业的健康发展。目前国内关于第三方支付的法律、法规还不够完善，理论界关于第三方支付机构的法律属性也一直存在争议，其争论焦点主要集中在以下两个方面：第一，第三方支付机构是金融机构还是非金融机构；第二，如果其属于金融机构，那么第三方支付机构是商业银行还是支付清算组织。关于第三方支付的地位主要有以下几种观点。

第一，商业银行说。该学说认为第三方支付机构是商业银行，这种观点主要基于两点理由：一是第三方支付机构所提供的资金结算服务是属于商业银行的货币结算业务范围；二是第三方支付机构所提供的保管沉淀资金及其孳息的服务属于商业银行吸收公众存款的业务范围。笔者认为该观点有值得商榷的地方。商业银行的三大业务，除了吸收公众存款和办理结算业务外还有发放贷款的业务，而且发放贷款是商业银行最重要的业务之一，因为商业银行获取利益的主要来源就是存贷利差。但是第三方支付机构并没有发放贷款这一项业务，因此，虽然第三方支付机构可以开展商业银行的部分业务，但是因为其缺乏发放贷款的业务功能，所以不能成为名副其实的银行。

第二，支付清算组织说。这一观点认为，第三方支付机构在资金的流动过程中，只起到了辅助的作用。它只能配合各银行完成类似于支付清算组织的资金结算工作，而不能独立开展业务，所有的服务都要依靠商业银行的网上银行业务、银行卡业务等。笔者认为，该观点具有片面性，其忽视了第三方支付机构的自有功能，它除了是资金结算环节的中介以外，还能够依照用户指令接收资金，做出对账户资金的提现、充值、账户管理、支付货款等行为。

第三，非金融机构说。该学说将第三方支付机构定性为非金融机构，符合我国第三方支付机构目前的发展要求，具有一定的合理性。虽然第三方支付机构的业务功能与银行等金融机构在一定程度上是相似的，但二者是具有本质区别的。第三方支付机构增加了支付渠道和服务主体，一定程度上打破了银行对支付行业的垄断，为消费者提供了一种全新的支付方式。我国立法也明确将第三方支付机构定义为非金融机构，从这一层面上来讲，国家应当给予第三方支付企业更加广阔的发展空间，通过非金融机构的定性对其进行管制，更好地发挥其对经济的促进作用，规避风险，解决问题。

李育林（2009）对第三方支付机构的概念进行了一定的总结和归纳，即第三方支付机构是独立于买方与卖方，以自身信誉进行担保，提供与银行的支付结算系统接口和通道服务，以此实现资金转移和提供支付结算服务的中介机构。依据中国人民银行 2010 年发布的《非金融机构支付服务管理办法》，第三方支付机构被定性为提供非银行金融服务或资金转移服务的中介支付机构。根据该管理办法第三条，从事非金融机构支付服务的机构就是支付机构，故第三方支付机构的官方称呼一般是非银行支付机构。同时该管理办法第二条还通过列举的方式定义了支付服务的范围，即包括网络支付、预付卡的发行与受理、银行卡收单，以及中国人民银行确定的其他支付服务。

相比于美国而言，我国《非金融机构支付服务管理办法》对支付机构的界定更加宽泛，也未能明确第三方支付企业预先接受并控制客户资金的核心特点。美国自 1998 年 PayPal 成立以后，第三方支付便作为一种蓬勃发展的新型支付方式出现在市场上。美国监管者认为第三方支付机构并非传统上的银行类存款机构，以 PayPal 为例，根据 PayPal 的用户协议，“PayPal 会将您的资金存入与其公司资金分开的汇总账户之中，并且不会将您的资金用于运营开支或者其他的任何公司支出”即 PayPal 以其自身的名义在有联邦存款保险覆盖的银行金融机构存放用户的资金，并且不会利用这些资金从事贷款等业务。联邦存款保险公司作为银行监管者定义银行类金融机构范围的权威，认为 PayPal “不实际操作或持有用户账户中的资金”，不具备银行的基本特征，由此 PayPal 不能作为存款机构在联邦存款保险公司投保。所以，美国的第三方支付机构不受挤兑风险的影响也是使其不受类银行监管或者说否决其银行地位的重要因素。在美国法律中，第三方支付机构一般被界定为货币转移服务商（money transmitters），实质上包括所有接受并控制消费者预存款项以备支付的支付系统，美国财政部下属的金融犯罪执法网络局（financial crimes enforcement network，FinCEN）于 2007 年在处理货币转移服务商的反洗钱义务的相关规定中明确了货币转移服务商预先接受客户资金的特点，并且认为仅仅提供资金结算服务而不经手客户资金的机构不属于货币转移服务商，举例来说，中国银联股份有限公司在美国的货币转移服务法律制度当中就不属于第三方支付机构。美国相关法律将货币转移服务商定义为任何接受货币或者以货币表示的资金，并且将资金、货币或者其价值利用金融机构转移出去作为一项营业的人。货币转移服务商是否属于金融机构，在美国法律上并未形成立法上的定性。美国货币转移服务商与金融机构相比较，存在共性，也存在特殊性，由此形成了货币转移服务法律制度来调整货币转移服务法律关系，政府对货币转移服务商的监管也不同于对银行等的监管。

3. 第三方支付的模式

根据《非金融机构支付服务管理办法》，我国第三方支付的业务范围较为广泛，主要包括网络支付、银行卡收单、预付卡的发行与受理三大类。网络支付是指收款人或者付款人利用移动终端、计算机等电子设备，依靠公共网络信息系统远程发起支付指令，付款人的电子设备不与收款人的特定专属设备交互，而是由支付机构为收款人和付款人提供货币资金转移服务的活动。从具体支付牌照的角度来看，网络支付包括互联网支付、移动支付、固定电话支付、数字电视支付四个细分业态，其中互联网支付和移动支付发展迅速，支付宝、微信支付、易付宝等支付机构凭借移动支付职能和互联网支付职能获得了极大的发展，相比之下，固定电话支付和数字电视支付比较小众，并未发展起来。银行卡收单则是指通过销售点终端等为银行卡特约商户代收货币资金的行为，如 POS（point of sales，销售点情报管理系统）机便是由收单机构提供的收单工具。预付卡的发行与受理是以营利为目的发行的、在发行机构之外购买商品或服务的预付价值，包括采取芯片、磁条等技术通过密码、卡片等形式发行的预付卡，如常见的各类购物卡即属于预付卡的范畴。第三方支付机构在开展业务的过程中，主要形成了两种模式，即虚拟账户模式和网关型的支付模式。

第一，虚拟账户模式。这种模式的第三方支付平台一般是由电子交易平台独立开发的，第三方支付机构与各大银行建立合作关系，向支付平台的用户提供虚拟账户。在虚拟账户的支付模式下，客户可以对第三方支付机构提供的虚拟账户进行收款、付款、提现、充值等，从而实现资金的转移。依据第三方支付机构是否具有担保功能，虚拟账户模式又可以分为无担保的虚拟账户模式和有担保的虚拟账户模式。无担保的虚拟账户模式是指资金直接由买方的虚拟账户划拨至卖方的虚拟账户之中，在资金的转移过程中缺乏第三方担保的账户模式，如支付宝提供的即时到账服务即属于无担保的虚拟账户模式。有担保的虚拟账户模式是第三方支付平台通过对其保管的客户资金的去留进行临时控制，以此来为买卖双方提供担保，解决异步交易中的信用危机问题。目前我国存在很多这种信用类型的第三方支付平台，支付宝是典型代表。买方首先发出付款的支付指令，该指令通过第三方支付网关传递至买方银行，买方在银行的开户行将货款划至第三方支付平台中，由其暂时保管。第三方支付平台通知卖家货款已经到账，而后卖方发货，待买方收到货物并确认货物符合要求以后，通知第三方支付平台将货款由卖家开户行划拨至卖家账户，整个支付即告完成（吴星，2012），其交易模式如图 3.1 所示。

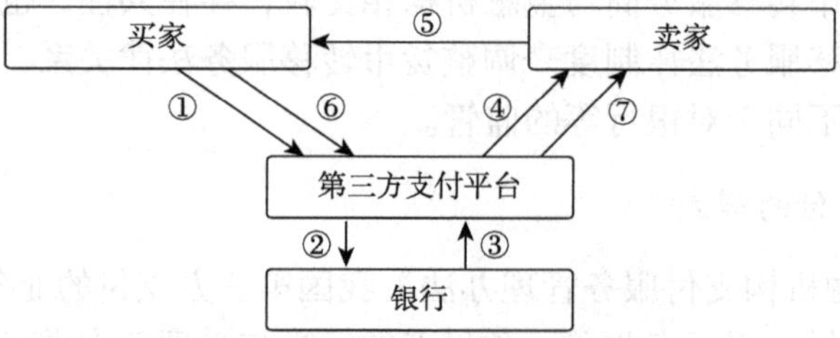

图 3.1　第三方支付平台交易模式

①买家发出支付指令；②第三方支付平台向银行传递买家的支付指令；
③银行将货款转入第三方支付平台账户；④通知卖家货款已经支付；
⑤卖家发货；⑥买家检验货物后通知第三方支付平台向卖家支付货款；
⑦货款由第三方支付平台转入卖家账户

第二，网关型的支付模式。在网关型的第三方支付模式当中，第三方支付平台不直接从事支付结算业务，只作为支付通道将用户发出的支付指令传递给银行，其流程主要沿着“付款人—第三方支付平台—收款人—银行”的顺序进行。这一类型的第三方支付模式又可以具体分为单独的网关型支付模式、依附于电子交易平台的支付模式及多种手段相结合的支付模式三大类。我国单独的网关型支付模式较多，如快钱就是典型代表。单独的网关型支付模式下，第三方支付平台缺少相应的内部交易功能，只是银行的网关代理；在支付过程中，交易活动以外的人也不能够获得商品规格、种类等交易信息。依附于电子交易平台的支付模式是随着电子商务的发展而出现的，这种模式下的第三方支付企业较早进入市场，拥有充足的资金，在不断发展中拥有了自己的电子商务平台，从而依附于自身成熟的电子商务企业来发展，如云网支付网关就是该模式的典型代表。多种手段相结合的支付模式的代表是拉卡拉，这种模式的第三方支付是利用电话支付、移动支付等多种方式提供的支付服务平台，更多的是在非电脑上进行操作。第三方支付平台的用户可以选择办理卡片享受缴费、购物等服务，也可以在终端上选择相应的服务，还可以利用手机短信等进行相关的操作，是一种十分便捷的支付模式。

4. 第三方支付中的法律关系

与银行等金融机构相比，第三方支付平台为买卖双方提供的服务具有一定的特殊性，第三方支付中存在的法律关系也较为复杂，学界存在一定的分歧。第三方支付平台为买卖双方提供的服务主要包括资金保管、代收代付、交易担保、退款或提现、货到付款、即时到账等，下文将根据第三方支付的流程及服务类型探讨第三方支付中存在的法律关系。

第一，收款人与付款人之间的法律关系。在第三方支付中，买卖双方作为交易的主体，其基础法律关系通常是买卖合同法律关系，即民法意义上的债权债务关系，它与一般买卖合同的区别在于履行付款义务的时间点的后延。一般买卖合同中，买方支付价款即履行了付款义务。在第三方支付服务中，买方对自己在银行之中的账户发出支付指令并不意味付款义务已经履行，只有货款最终划拨到卖方开户行账户才表明付款义务已经得到履行。存在于收款方与付款方之间的合同，除买卖合同以外，还包括赠与合同或者其他类型的合同，如微信红包。一般来讲，第三方支付机构不会介入收付款人的合同的缔约过程中，不会为该合同的有效性提供任何担保。例如，在《支付宝服务协议》中，作为第三方支付机构的支付宝用粗体字提醒用户“您在使用支付宝服务时，应自行判断对方是否是完全民事行为能力人并且自行决定是否转账给对方或者与对方进行交易，且您应自行承担与此相关的所有风险”[①]。该免责条款并未限制用户的主要权利，也未免除自己的主要义务，更未带来歧义，应当认定为有效的免责条款。第三方支付机构只需要关注收付款人之间合同的履行情况，按照相应的条件提供货币转移服务，而没有义务审核收付款人订立合同的主体资格。从这一层面上来讲，收款人与付款人应审慎地选择交易对象，不能将是否可以使用第三方支付的支付方式作为判断标准。

第二，资金保管服务中的法律关系。根据《支付宝服务协议》，“代管：你可以使用本服务指定的方式向您的支付宝账户充值，并委托本公司代为保管”[②]。支付宝公司为用户提供的代管服务是否说明二者之间成立保管合同法律关系呢？保管合同是一方保管另一方托管的物品并按照约定返还保管物的合同，作为实践合同，保管合同的成立必须转移标的物的占有。在第三方支付中，第三方支付平台依据用户指示来转移资金，因此，买方将资金存入第三方支付平台并由其暂时保管后，双方的保管合同关系即告成立。只是双方成立保管合同后，第三方支付平台并未取得其所保管的资金的所有权，对此下文将详细论述。

第三，资金转移服务中的法律关系。第三方支付机构一般都会明确代为收取其他客户支付的各类款项，以及将代管或代收的客户款项支付给其指定的第三方的业务行为。因此有学者认为第三方支付机构与买卖双方在资金转移的过程中形成了代理关系，但这一观点存在一些瑕疵。首先，民事法律关系的代理，代理人要以被代理人的名义、在代理权限内实施民事法律行为，在第三方支付中，第三方支付机构是以自己的名义实施相关行为，二者并不相符。其次，在代理关系中，代理人独立为意思表示，在代理权限内独立决定意思表示的内容，但第三方支付机构完全按照用户的指示进行资金划拨，不能为独立的意思表示，这一点也不符合代理的特征。最后，如果代理关系成立，就会出现在同一法律关系中第三方支付机构既为买方代理资金转移，又为卖方代理资金接收的现象，而这种“双方代理”，是民事法律制度所禁止的。因此，代理说不尽合理。相比之下，第三方支付平台在资金转移服务中与用户成立委托法律关系显得更加合理，该委托法律关系包括买方委托第三方支付机构和卖方委托第三方支付机构两个法律关系，即买方委托第三方支付机构履行代为支付货款的义务，卖方委托第三方支付机构履行收取货款的义务（杨爱萍，2014）。

第四，信用担保服务中的法律关系。有担保的虚拟账户模式下，第三方支付平台利用自己的信用担保，买方在没有收到合同标的之前先行付款而无须担心标的物不符合合同约定，卖方在没有收到货款的前提下交付货物而无须顾虑买家不

① 内容参见《支付宝服务协议》20150709 版。

② 内容参见《支付宝服务协议》20150709 版。

履行付款义务，买卖双方任何一方出现违约，另一方均可通过第三方支付平台得到一定的补偿。有学者认为第三方支付机构提供的担保服务是保证担保，这一观点并不准确，因为第三方支付平台与买卖双方并不存在典型的保证担保法律关系，只是发挥了其信用担保的功能。债的担保一般分为人的担保、物的担保和金钱担保。人的担保即保证，是以第三人的信用来担保债务人履行债务的保证方式，分为一般保证和连带责任保证。总体来说，有担保的虚拟账户模式的第三方支付既不属于一般保证也不属于连带责任保证。在一般保证中，主债务人不履行债务，保证人应当代替主债务人履行债务或承担责任，但在第三方支付中，若卖方发生违约，拒绝退款，第三方支付机构不会用自有资金承担这样的责任，而是将买方在第三方支付平台中的资金划拨给买方。在连带责任保证中，保证人可以援用债务人对债权人的抗辩来对抗质权人，但在第三方支付中，第三方支付机构无权援引买卖双方任何一方的抗辩权进行抗辩。所以说，第三方支付机构具有信用担保功能，但这种担保关系不同于传统的保证法律关系。

根据《非银行支付机构网络支付业务管理办法》第七条："支付账户所记录的资金余额……其实质为客户委托支付机构保管的、所有权归属于客户的预付价值"，故收付款人与第三方支付机构之间实质上存在委托与保管关系。但是这一规定对第三方支付法律关系的性质定性仍然不够准确全面。综合上文的分析，收款人与付款人之间存在买卖、赠与等合同关系；用户与第三方支付机构之间在代收代付这一方面适用委托法律关系；在保管沉淀资金方面适用保管合同法律关系；第三方支付机构与用户之间构成委托关系和保管关系的同时提供信用担保的功能。

二、我国第三方支付的发展现状

第三方支付作为一种实现资金转移的新型支付模式，目前发展迅速的主要是以互联网为媒介的互联网支付和以手机为媒介的移动支付，而预付卡支付和银行卡收单的交易量相对较小。支付工具以手机扫描二维码、NFC（near field communication，近场通信）支付为主。2013 年以来，中国第三方支付市场交易规模迅速扩大，根据艾瑞咨询发布的《2020 年中国第三方支付行业研究报告》，2019 年中国第三方移动支付交易规模达 226.1 万亿元（表 3.1），同比增长 18.7%，并且从 2019 年开始，以 C 端驱动的线上线下支付进入了平稳增长期，第三方支付由此进入了产业支付驱动阶段，产业支付将成为第三方支付未来的重要增长点。

表3.1　2016~2019年中国第三方移动支付交易规模

项目	年份			
	2016	2017	2018	2019
第三方移动支付市场规模/万亿元	58.8	120.3	190.5	226.1
同比增长率	381.9%	104.7%	58.4%	18.7%

另外，从近几年第三方支付的发展来看，自 2017 年以来，我国第三方支付主要呈现以下几种发展特征。

第一，监管趋严，被“爆炒”的支付牌照价值开始冷却。根据《非金融机构支付服务管理办法》，第三方支付机构从事支付服务，须取得第三方支付牌照，即《支付业务许可证》。2011 年 6 月，中国人民银行公布了首批第三方支付牌照名单，支付宝等 27 家公司获得了第三方支付牌照。自此，中国人民银行先后分八批共发放了 270 张支付牌照，包括互联网支付、移动电话支付、银行卡收单、预付卡受理、固定电话支付、预付卡发行和数字电视支付等七个类别，如表 3.2 所示。由于同一个支付牌照可能包含多个细分类别，所以从细分类别的角度来看，支付牌照的数量是远远超过 270 张的。自 2015 年 3 月开始，支付牌照的发放就已经基本停止。对于企业来说，获得支付牌照，意味着支付业务的合法。支付牌照开始供不应求，支付牌照的价格也在不断增加，尤其是互联网支付，支付牌照的价格从几千万元涨到几亿元甚至十多亿元，如国美金融科技有限公司斥资 7.2 亿元获得了互联网支付牌照。2016 年，中国人民银行等 14 部委联合印发了《非银行支付机构风险专项整治工作实施方案》，提出一般不再受理新机构的设立申请，重点做好对现有机构的规范引导和风险化解工作。2017 年 1 月 13 日，中国人民银行发布《中国人民银行办公厅关于实施支付机构客户备付金集中存管有关事项的通知》，出台了一项“备付金集中存管”的政策，使买方市场急剧收缩，依靠支付牌照买卖赚取差价的个人正在退出，沉淀资金无法被挪用，希望通过获取支付牌照构建一个支付链的买家也越来越少。此外，政府对第三方支付市场的监管更加严格，截止到 2017 年 1 月，中国人民银行共清理出 239 家无证即非法从事支付业务的机构，很多拥有支付牌照的公司也都被处罚或集中通报。中国人民银行官网显示，截止到 2017 年 6 月 6 日，中国人民银行正式注销的支付机构已达 12 家。这些迹象表明，强监管、严监管已经成为支付行业的新常态，短期来看，各路资本对支付牌照仍有青睐，但从长期来看，第三方支付行业将逐渐回归理性，被“爆炒”的支付牌照价值也开始冷却，价值泡沫也逐渐被挤出。当然，在支付牌照管理方面，中央财经大学金融法研究所所长黄震认为，支付牌照应当有进有出，这样才可以避免牌照倒卖、越炒越高的情况。

表3.2　2011~2015年中国人民银行发放的各细分类别支付牌照数量

类别	全国性/张	区域性/张
互联网支付	95	8
移动电话支付	40	3
银行卡收单	40	20
预付卡受理	16	153
固定电话支付	12	1
预付卡发行	12	151
数字电视支付	3	2

第二，竞争激烈、监管趋严挤压了行业利润。中国人民银行副行长范一飞表示，支付市场供给和需求有一些失衡，供大于求的情况比较严重。我国目前的第三方支付企业同质化程度比较高①，市场中的过度竞争使得利润不断下降。自 2015 年 3 月以来，中国人民银行基本上不再发放新的支付牌照，一些大企业通过购买支付牌照的方式挤入已经十分拥挤的支付市场，加剧了市场竞争，使利润下降。我国对第三方支付行业的监管渐趋严格，对挪用资金等不规范行为进行了严格的规制。实践中，客户备付金的利息一直是归第三方支付机构所有，中国人民银行的数据表明，客户备付金利息收入一直是第三方支付机构的主要利润来源。2015 年，纳入统计的 264 家支付机构，其备付金余额为 3000 亿元，利息收入达到 52.77 亿元；截至 2016 年第三季度，267 家支付机构吸收客户备付金合计超过 4600 亿元。为防止第三方支付机构以“吃利差”为主要盈利模式，中国人民银行于 2017 年 1 月 13 日发布了新规，要求客户备付金集中存管，并且取消了备付金的利息，这一规定使第三方支付行业利润受到挤压，第三方支付机构的盈利方式受到限制，很多中小型第三方支付机构的经营面临困境。严格的政策监管和激烈的行业竞争，使得第三方支付行业利润大幅度下降，甚至盈利都变得有些困难，这迫使企业通过挖掘新市场、运用新技术和提高服务来优化经营战略。

第三，移动支付迅速发展，第三方支付市场出现寡头发展趋势。作为一个高速增长的市场，移动支付的市场发展空间非常广阔，根据艾瑞咨询发布的《2020 年中国第三方支付行业研究报告》，2019 年中国第三方移动支付市场中支付宝和财付通②两者的市场份额共计 93.8%，支付宝占 54.4%，财付通占 39.4%。在 C 端

① 财付通市场部相关负责人表示，面对激烈的市场竞争，第三方支付企业必将通过产品和服务创新来避免同质化，行业发展也将从单一的模式逐渐走向创新、多元化的模式，如腾讯旗下财付通的定位则是构建全新的综合性支付平台，业务覆盖 B2B、B2C 和 C2C（consumer to consumer，顾客对顾客电子商务）各领域，针对个人用户、行业支付均推出了定制化的专业解决方案。

② 财付通是腾讯于 2005 年 9 月正式推出专业在线支付平台，其核心业务是帮助在互联网上进行交易的双方完成支付和收款。致力于为互联网用户和企业提供安全、便捷、专业的在线支付服务。

支付市场中，支付宝、财付通两大巨头已经占据了绝对优势，两大巨头垄断的市场格局已经形成（图 3.2）。

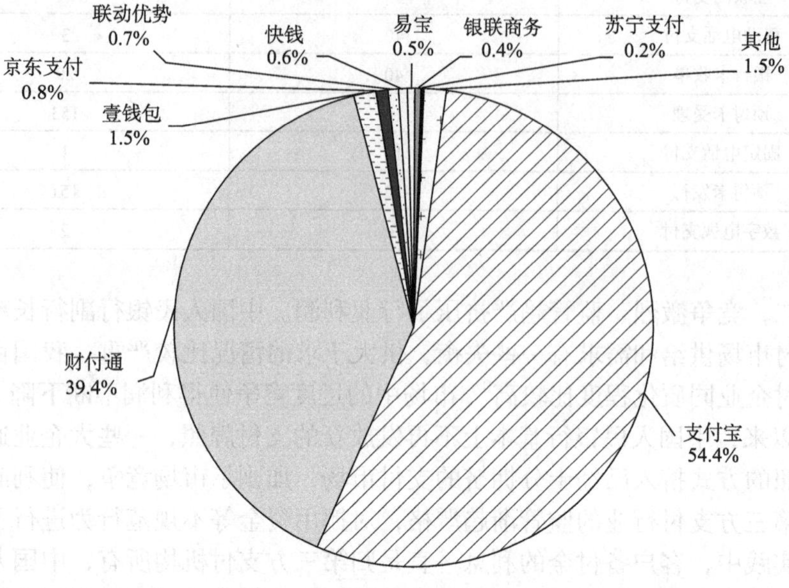

图 3.2　2019 年中国第三方移动支付交易规模市场份额

根据最新的监管要求，股权重合或者隶属于同一集团的支付牌照需要合并，每个批次的支付牌照到期续展前，都可能会出现相同的合并注销情况。中国人民银行对支付牌照收紧，以及第三方支付机构获得支付牌照的门槛的提高，会使第三方支付市场的集中度进一步提升。在未来一段时期内，未取得支付牌照和违规使用支付牌照的第三方支付企业将逐渐被治理，整个行业进入一个存量的洗牌期，也就是说，已成为寡头的第三方支付企业会越来越强，想创新的中小型第三方支付企业能博弈的空间会越来越小。面对大部分市场份额被支付宝、财付通占领的局面，中国银联联合 40 多家商业银行宣布，正式推出银联云闪付二维码产品，试图重新夺取支付市场，持卡人可通过银行 App（应用程序，application 的缩写）实现银联云闪付扫码支付①。长期来看，银联的二维码支付的影响会越来越大，有可能会成为继支付宝、财付通以后的第三大势力。这些均表明，第三方支付市场

① 云闪付是在中国人民银行的指导下，由中国银联携手各商业银行、支付机构等产业各方共同开发建设、共同维护运营的移动支付 App，于 2017 年 12 月 11 日正式发布。2020 年，据新华网报道，上线不到三年，云闪付 App 用户数量已经突破 3 亿。云闪付 App 支持二维码、手机闪付、刷脸付等多种支付方式，且使用场景丰富，公共交通、医疗、校园、商超便利、公共缴费、缴税都可以在云闪付快速完成。在境外，全球 61 个国家和地区也已支持银联移动支付服务，包括云闪付 App 扫码和手机闪付，扫码支付覆盖了境外 40 个国家和地区超过 70 万家商户。

正出现寡头的发展趋势。

第四，第三方支付平台开始发展多元金融服务。中国第三方支付行业依托电子商务和互联网金融的兴起、巨大的市场规模和宽松的监管环境而获得飞速发展，随着这些有利条件慢慢消减和行业竞争的日趋激烈，仅依靠支付的经营模式很难维系公司的生存发展，第三方支付机构需要通过新的经营战略拓展发展空间。而支付作为金融的基础服务，具备切入其他金融服务的优势。第三方支付平台经过多年积累，具有很多个人和行业的交易数据，这些交易数据具有高频、真实、高质量的特点，可作为金融交易的补充，提供客户管理、金融产品推广、信用评级、精准营销等增值服务，目前第三方支付机构开展的基于支付数据的多元金融服务，主要集中在征信和个人理财领域。我国第三方支付机构的多元金融服务尚处于探索期，相比于其他同行业的竞争者，蚂蚁金服的发展态势更为良好。支付宝多年的运营数据和近 11 亿活跃用户的积累，以及淘宝、天猫的生态圈场景，使蚂蚁金服打造了一个丰富全面的消费端金融平台服务，如涵盖现金余额管理的余额宝、作为线上财产保险的众安保险、提供全面金融服务的网商银行，以及作为个人征信平台的芝麻信用。第三方支付平台发展多元金融服务已经成为第三方支付市场的一个重要的发展特征。

综合以上分析来看，我国对于第三方支付市场的监管不断加强，强监管、严监管是目前支付市场的新常态，第三方支付行业在发展中存在的问题开始得到相关部门的重视，并试图解决。中国人民银行明确表示，当前支付行业存在一些问题，一是市场供大于求的现象比较严重，行业存在过度竞争。二是由于支付机构内控薄弱、风险管理放松等原因，各种风险极易发生，同时第三方支付市场对消费者保护不足，使得消费者个人隐私特别是支付的敏感信息容易泄露，客户备付金被挪用的情况也较为严重，部分机构利用第三方支付平台从事洗钱等违法犯罪活动，给消费者造成严重损失等。这些问题都是未来一段时期内规制第三方支付市场的主要内容。

第二节　第三方支付沉淀资金的权属与监管

一、沉淀资金权属的确定

沉淀资金作为互联网金融平台普遍存在的现象，对于第三方支付行业是非常重要的。传统交易中，民商事主体间的支付结算业务通过现金付讫、银行转账、票据移转等方式可以实现当事人之间直接交易，但是第三方支付特殊的交易模式导致交易资金会经中介平台的第三方账户滞留累积，其数量随着客户数量的增加及交易量的增长而日趋庞大。在第三方支付中，沉淀资金一般又称为“客户备付金”或“交易备付金”，指第三方支付机构为办理客户委托的支付业务，而实际收到的预付、待付货币资金。根据中国人民银行 2021 年 3 月 1 日起实施的《非银行支付机构客户备付金存管办法》，客户备付金是指非银行支付机构为办理客户委托的支付业务而实际收到的预收待付货币资金。客户备付金包括：①收款人或付款人委托支付机构保管的货币资金；②收款人委托支付机构收取且支付机构实际收到但尚未支付的货币资金；③付款人委托支付机构支付但支付机构尚未付出的货币资金；④预付卡中未使用的预付价值对应的货币资金。概言之，第三方支付中的沉淀资金主要包括两类。

第一，买卖过程中因时间间隔而产生的资金。这主要是由第三方支付中收款和付款环节的不同步，进而导致货款在第三方支付平台上滞留，买家提交订单并且将资金划拨到第三方平台之后，卖家发货、物流运输及买家确认收货的整个流程需要很多时间，此时第三方支付平台暂时保管的这部分资金就成了第三方支付中的沉淀资金。

第二，第三方支付平台吸收的资金。产生这种沉淀资金的情况有两种。一种是买家为便捷交易直接在第三方支付平台上的账户中预存一部分资金，这部分资金形成的沉淀资金；另一种则是交易双方产生纠纷，买方要求退款，所退货款暂时存在这个交易平台之中而产生的沉淀资金。

根据法理，第三方支付中的沉淀资金所有权应归属于客户，得出这一结论的理由主要包括以下两个方面。

第一，根据物权理论，客户是行使支配权并获取利益的主体。物权是一种支配权，而所有权作为效力最强的物权，具有占有、使用、收益、处分等各项积极权能，因而确认沉淀资金权属的核心就在于寻求谁可以通过物的直接支配，顺利行使积极权能并产生利益。“占有”的权利主体对物直接作用的可能性，与对物占有的事实不能分离，而要直接作用于物，就需要将物控制在自己可支配的范围内。“使用”则指“不会毁损其物或变更其性质，而依物之用法以供需用之事实作用”（张禹，2014）。“收益”为收取原物产生孳息的权利，包括天然孳息和法定孳息。“处分”即为变更或消灭其物。除了收益归属主体的争议，客户是唯一能够全面行使占有、使用、收益和处分等积极权能并获得利益的主体，因而客户是沉淀资金归属的唯一可能主体。

第二，根据债权理论，交易资金流转并未发生所有权的转移。在网络支付交易模式下，客户将资金交付第三方支付机构，并由其代为保管，双方形成保管合同之债，该部分资金因延时交付、延期清算而形成沉淀资金；第三方支付机构在接收客户支付货款的指令后，将资金支付给商家，双方形成委托合同之债。从保管标的的视角来看，保管合同分为一般保管合同和消费保管合同。一般保管合同保管标的是特定物，保管行为不发生所有权的转移。消费保管合同的保管标的是种类物，保管行为原则上是要发生所有权的转移的。但对于以货币为标的物的消费保管合同是否发生所有权的转移，争议的焦点主要集中在“占有即所有”能否适用的问题上。张春燕（2011）认为，在确定保管关系下的标的物权属时，不必过分拘泥于法理，而应更多关注保管关系的具体交易结构，合理确立各方的权利义务，保证在保管人破产时寄存人对标的物优先于保管人的其他普通债权人。沉淀资金作为第三方支付机构代为保管的资金，即货款，并不是可以自由支配的资金。所以并不存在一般情况下种类物转移占有后所形成的“混同”现象，沉淀资金仍应归客户所有。

二、沉淀资金利息的归属

沉淀资金的规模庞大会产生大量的利息，作为法定孳息，其应当归属于原物所有人，即客户所有。从操作层面上来看，客户享有利息收入并不具有可操作性，如果强制第三方支付平台退还对应的孳息给每个消费者，势必会增加第三方支付平台的运营成本，甚至操作成本本身可能会超过孳息收入，这些成本最终可能由消费者承担，而且每位消费者只能分得非常少的孳息收益，如此一来消费者便得不偿失了。也许正是由于实践中难以操作，第三方支付平台通常会在其服务协议中要求用户放弃孳息的所有权，而事实上消费者别无选择。此外，在我国“分业经营、分业监管”的模式下，只有银行可以吸收公众存款并计付利息，第三方支付机构不能进行存款业务，为客户计付利息也就不具备法律基础。

无论是现实还是法律规定，对法理上本应该属于客户的利息进行返还都是不现实的。《非金融机构支付服务管理办法》只是规定提取一定比例的利息作为风险准备金，对剩余的利息的归属却未作明确的规定。中国人民银行于 2017 年 1 月 13 日发布新规，不但明确非银行支付机构应将部分客户备付金交存至指定机构的专用存款账户，而且明确指出该账户资金暂不计付利息。对于这一规定，学界也存在颇多争议，但是考虑到第三方支付发展现状及各方权益的平衡，中国人民银行的规定存在其现实的合理性，一定程度上防范了沉淀资金的挪用风险。但是其完全取消沉淀资金的利息，也有其不足之处，应当允许保留部分沉淀资金的利息，适度监管的同时给予行业创新发展一定的空间。

同时也应当注意到，沉淀资金存在被挪用的风险。尽管法律规定沉淀资金归用户所有，但是在资金被转入第三方支付平台以后，资金则完全由第三方支付平台掌控。沉淀资金规模庞大，无论是存入银行还是进行投资都有可能带来巨大的收益。如果缺乏监管，沉淀资金被挪用的风险就会再次放大。2017 年 1 月 13 日中国人民银行发布的新规定在一定程度上可以降低沉淀资金被挪用的风险，但是在第三方支付机构将全部客户备付金交付中国人民银行或者指定的银行之前的这段时间，用户的沉淀资金仍存在被挪用的风险，该规定目前并未彻底解决这一问题。

三、第三方支付沉淀资金的法律规制

纵观国际监管经验，无论是美国、欧盟，抑或是其他发达国家和地区，客户资金管理都是第三方支付行业监管机制构建的主要内容之一，防止第三方支付企业非法挪用沉淀资金、明确资本本息权属是客户资金管理的要点。

在美国，美国联邦储备银行是电子货币和电子支付服务的监管机构，美国将第三方支付机构滞留的客户资金视为负债而非存款，法律要求第三方支付机构将自有资金和客户资金严格区分，机构产生的沉淀资金需存放在联邦存款保险公司承保的银行账户中。第三方支付机构不得擅自动用客户资金，在使用客户资金进行投资时，第三方支付机构受到获许投资的限制。美国《统一货币服务法案》规定货币转移服务商应持有市价不低于其所持有的客户资金的获许投资。获许投资的主要特点就是投资类型的低风险性，资金投向大多仅限于高评级债券、银行储蓄等具有高度安全性的投资工具。除货币资金和银行存单以外,《统一货币服务法案》允许的获许投资还包括受存款保险制度保护的存款机构的非次级债务、由联邦储备体系成员银行作为承兑人的银行承兑汇票、在国家级评级机构评级分类中处于最高三类评级的投资、债务人或担保人为美国联邦（州）政府或其组成部门的证券投资、投资以上低风险资产的投资公司发行的份额等。联邦存款保险公司认为第三方支付机构不属于被保险人范畴而拒绝为其提供保险服务，为合理保护第三方支付平台用户的合法权益，联邦存款保险公司对第三方支付机构及其用户提供“存款延伸保险”，即适用“过桥保险”（pass-through insurance）制度。过桥保险，是指联邦存款保险可以从“资金托管人”延伸到保管人所代表的本人，以保护资金的实际拥有者。第三方支付机构产生的沉淀资金需以存单等形式存放在受存款保险制度保护的商业银行账户中。受到存款保险保护的商业银行，其保险制度一般适用于个人存款者，它只有 25 万美元的保险额度，相对于第三方支付机构的巨额存款来讲是很小的。但由于第三方支付机构只是名义上持有客户的沉淀资金，而没有实际使用权，资金的实际拥有者仍然是客户，故客户也可以受到过桥保险的保护，在存款银行发生破产风险时，每位客户可受到不超过 25 万美元的存款保险保护。根据《统一货币服务法案》的规定，申请人在申请货币转移服务执照时，根据营业地点的多少要向监管机构提交5~30美元的保证金，并且必须以担保债券或者备用信用证等易兑现的形式提交，该保证金用于向因经营者违规经营而受损失的客户支付赔偿，在货币转移服务提供商提供服务及停止服务后的五年内，其均应维持该笔保证金。保证金制度有利于预防支付机构发生风险而使沉淀资金流失，加强对消费者的保护，对于促进沉淀资金的监管具有积极作用。

欧洲对第三方支付的监管主要通过对电子货币的监管来实现，欧盟方面主要是欧盟委员会、欧洲中央银行及各国内部设立的相应机构对第三方支付进行监管。与美国相同，欧盟认为电子货币只用于支付而不构成储蓄，电子货币机构即第三方支付机构滞留的客户资金并不属于存款，应当根据电子货币监管体制进行监管。《支付服务指令》要求第三方支付机构账户分离，存放客户资金要开设专门的信托账户，一方面客户资金得到存款保险的保障，另一方面欧盟对客户资金的使用做出了严格的限制规定。客户资金的投资领域仅限于一些安全、低风险的资产，如活期存款、债务工具等，并且数量不得超过第三方支付机构自有资金的20倍。同时，欧盟还设立了赎回制度来保障消费者的合法权益，《电子货币指令》规定，客户可在任意时间赎回任意资金，电子货币机构不得收取费用也不得施加限制。欧盟通过这些制度和规定，以期实现对第三方支付中的沉淀资金的有效监管。

结合国际经验及我国第三方支付的发展现状、立法现状，我国第三方支付沉淀资金的规制应当包括坚持沉淀资金中转账户制度和完善沉淀资金保证金制度两个方面。

第一，坚持沉淀资金中转账户制度。2017年3月31日，由中国人民银行牵头组建的非银行支付机构网络支付清算平台——网联平台启动试运营，2017年6月30日上线，这意味着第三方支付不再被允许与银行直连，清算业务由网联平台统一完成。此外，中国人民银行一项有关“备付金集中存管”的政策明确自2017年4月17日起，非银行支付机构应将部分客户备付金交存至指定机构的专用存款账户，不同实力的第三方支付机构会被分类评级，首次交存一定比例的客户备付金，约为备付金总额的10%~24%，一段时期以后将全部客户备付金交付指定机构集中存管。这种改革具有一定的积极意义，使得第三方支付中的沉淀资金问题将在未来一段时间内获得解决。同时，为防止第三方支付机构在备付金交付中国人民银行之前的这段时间对其挪用，相关部门应毫不动摇地坚持和完善沉淀资金中转账户制度，即账户隔离制度。账户隔离一方面可以在第三方支付机构与客户之间构筑起一道防火墙，避免机构的经营风险蔓延至客户，危害客户的资金安全；另一方面可以有效预防第三方支付机构挪用客户的沉淀资金。结合国际经验，上述美国、欧盟等大多采用这种制度来实现第三方支付中沉淀资金的管理。我国《非银行支付机构客户备付金存管办法》对该制度有明确的规定，具体来说，它要求第三方支付机构设立中转账户与基本账户，基本账户用以管理企业自有资金的收支，中转账户用以管理代收代付的客户的资金。在此过程中第三方支付机构要严格遵守相关法律规定，不得截留客户的资金，中转账户要严格保证自我独立性，不能与第三方支付机构的自有账户发生混同。此外，第三方支付发展中应当坚持银行托管制度，该制度要求第三方支付机构在中国人民银行指定或者符合要求的商业银行开立专用账户，并由中国人民银行进行监督，最大限度地防止第三方支付机构挪用沉淀资金。

第二，完善沉淀资金保证金制度。风险保证金实质上是一种以资金额度为表现形式的信用担保，保证金制度的核心目的是预防因支付机构发生风险而使沉淀资金流失。保证金制度来源于证券交易，是指在证券交易过程中，达成交易的买方或卖方通过交纳履约保证金来保证承担交易过程中产生的不利后果的制度。中国人民银行取消了沉淀资金账户中资金的利息，这在一定程度上降低了资金的利用率和流通率，使资金无法物尽其用，也无法完全消除消费者备付金被挪用的风险。笔者认为中国人民银行可以对沉淀资金计付一定的利息，利用其建立保证金制度，并完全排除第三方支付机构对该利息的收益权和使用权。中国人民银行将沉淀资金的利息存放于专门账户中作为沉淀资金风险保证金，如出现第三方支付机构在当日营业终了前无法补齐客户备付金的情形时，可以用风险保证金弥补消费者沉淀资金的损失，随后向第三方支付机构追偿，以此提高消费者抵御沉淀资金发生风险的能力。

第三节　第三方支付平台供应链金融风险管理

一、第三方支付平台供应链金融服务模式

作为一种金融创新，供应链金融[①]被认为是解决中小企业融资瓶颈的有效途径。根据目前我国的供应链研究，供应链系统的参与主体主要包括供应链上下游

① 供应链金融顾名思义即是解决整个供应产业链条上的企业的资金融通问题，一般是由一个核心企业和多个供应链上的企业构成，即“1+*N*”融资模式。相比于传统企业信贷，供应链金融指向多主体参与，并实施短期借贷，主要以动产质押、货权质押等灵活方式做担保，并且还款资金可以是质押物变现、应收账款等多样化的金融实现方式，缓解了供应链上小规模企业由于缺乏有效抵押而难以获得传统信贷支持的融资压力，进而提高整个供应链条的运营效率。

企业、银行等金融机构[①]、第三方物流企业、核心企业[②]等。在基于第三方支付的供应链金融服务创新模式中，第三方支付平台是系统的中心，发挥着协调银行与供应链其他主体之间的信贷需求的作用。从第三方支付平台与银行的关系来看，在基于第三方支付的供应链金融模式之下，银行可通过第三方支付平台获得大量可靠、准确的交易数据，实现对融资企业的综合评估，而第三方支付平台通过与银行签约合作，来拓展与物流等其他行业的业务。从第三方支付平台与供应链上下游企业方面来看，传统的供应链金融模式中，上下游企业之间的交易滞后，资金流动性差，应收账款的回收周期比较长，容易产生资金缺口，引入第三方支付平台后的供应链金融，上下游企业可通过第三方支付平台完成资金的即时划拨，使资金快速回笼，解决传统模式下交易电子化不足的问题。从第三方支付平台与核心企业方面来看，核心企业作为与供应链上下游企业存在长期合作关系的企业，在供应链融资运作中占有重要地位，而当下许多银行也会将核心企业与融资企业的联系紧密程度及交易背景作为信贷评估的一项参考，所以，第三方支付平台可以与核心企业合作，在对融资企业进行评价时，从核心企业获取更多可靠、准确的交易信息，或者与核心企业共同为融资企业提供信用担保；核心企业亦可以运用第三方支付平台，加强与供应链成员之间的资金运作，不断提高供应链金融中资金的流通效率。从第三方支付平台与物流企业方面来看，物流企业在供应链金融的各种业务模式中，一直发挥着质押物监管、运输仓储的作用，但目前我国物流企业在产业化水平和品牌意识等方面的素质参差不齐，整体素质不够高，在资金融通过程中，物流企业的风险控制和管理一直为业内所关注。在基于第三方支付的供应链金融服务模式下，银行指定第三方物流企业从事相应的物流管理工作，物流企业在第三方支付平台建立特殊账户，第三方支付企业则通过该账户实现质押物的评估、出入库及货款结算等环节的监控，以防止融资企业与第三方物流企业合谋实施违法骗贷行为。

第三方支付的供应链金融是在电子交易市场与电子技术日趋成熟的基础上，发展出来的一种集新型支付技术与融资服务于一体的供应链金融创新模式。其运作模式主要是：首先，融资公司向银行提出融资申请，银行受理申请后全面授权第三方支付平台对融资企业的整体经营状况、质押物及其在供应链中的地位进行评估，以帮助银行决定是否可以满足其资金需求。第三方支付平台利用自身掌握的交易数据进行评估。如果其因信息不足而无法做出正确评估，其可以与核心企业进行合作，以便获得更多的可靠的数据。其次，第三方支付平台将评估分析反

① 1999 年，深圳发展银行最先利用票据业务打通上下游企业而入驻供应链金融领域，之后，招商银行、广发银行、中国民生银行、中国工商银行、兴业银行、上海浦东发展银行、华夏银行也相继进入该领域。

② 如京东供应链金融等。

馈给银行，由银行做最后的决定。若融资公司评估良好，则第三方支付平台还可联合核心企业进行风险担保。第三方支付平台所做的担保将会增加银行支持的机会，加大融资公司获得融资的可能性。最后，银行依据情况提供相应的资金，并委托第三方对质押物进行监管等工作，直到贷款还清。这种模式极大地提高了供应链的电子化交易水平，促进了资金的高效运转。

二、第三方支付平台供应链金融风险

1. 信用风险

信用风险[①]，又被称为违约风险，即交易参与者在约定到期时未能够或者无法按照合同约定履行义务所引发的风险。第三方支付能够完成交易的前提是交易参与方对于第三方支付机构的信任。网络支付存在于一个虚拟的空间，市场参与者的诚信度建立在虚拟网络信息的基础之上，第三方支付机构作为掌握大量交易数据和企业基本信息的中介，诚信问题和支付安全非常重要。我国目前缺乏完善的信用信息披露机制，若机构经营不善或其工作人员违反职业道德和行业规定，挪用、泄露数据或信息，会对供应链的各方参与者造成严重的损害。相关监管机构及银行等机构应当合理介入，形成内外监督的合理体系。

2. 法律风险

第三方支付参与到供应链金融中，形成了新的服务模式，其法律风险的防范主要表现在对第三方支付平台的监管上。我国现行法律并未对第三方支付平台的监管进行专门立法。中国人民银行颁布了一些管理办法和实施细则，如《非金融机构支付服务管理办法》《非金融机构支付服务管理办法实施细则》等对第三方支付平台进行监管，并且在 2011 年 5 月 26 日正式发放了第一批支付牌照，但是其适用的仍然是中国人民银行关于支付机构的管理办法，由于法律位阶层次较低而未能形成有效的监管体系。第三方支付平台是电子商务衍生的一类特殊行业，在提供服务过程中涉及大量资金往来，若没有专门的部门对其进行监管，将会给信贷人带来一定的风险，一旦发生违法行为，将会影响金融市场的稳定。

① 供应链金融中企业的信用风险与市场风险不同，融资企业一旦发生违约，银行及整个上下游企业的损失都是巨大的。

3. 操作风险

第三方平台供应链金融的参与主体，大多是依靠互联网技术的操作支持，银行和第三方平台的后台操作具有比传统融资业务更高的复杂性，再加上供应链金融具有“快速融资、高频融资”的业务特点，在操作过程中出现漏洞、操作失误、操作不规范的概率都会有所提升。如果第三方支付平台的工作人员进行违规操作或者不当操作，或者相关部门对第三方平台的监管不力，都可能会在供应链内造成直接或者间接的损失。

此外，供应链金融中还存在技术风险，以及流动性风险、洗钱风险等金融风险。技术风险主要是第三方支付平台硬件设施和软件设施出现的纰漏或故障而造成的经济损失或用户个人信息泄露等风险；流动性风险一般是第三方支付平台经济上未能合理规划，或者因意外情况而无法偿还债务所引发的风险；洗钱风险则是由于第三方支付平台具有电子化交易的特点，其为一些不法分子所利用，通过虚拟交易实现资金的非法转移及套现。对于这些风险，笔者将会在下文进行具体探讨。

三、第三方支付平台供应链金融风险管理与防范

各国加强管理第三方支付企业以预防风险发生的普遍做法，是以法律的形式规定市场准入和退出机制。美国主要采用功能监管模式来实现对第三方支付的监管，即确定监管对象主要根据经营业务，并不注重从事交易行为的机构的性质，而是注重对交易行为本身进行监管，形成了联邦政府和州政府双重监管的监管体制。联邦政府制定总的监管框架，州政府结合各自的特点在联邦的要求范围内具体执行对各自州内开展经营的第三方支付的监管。首先，在市场准入方面，美国通过许可证制度对第三方支付机构的从业资格进行规制。根据《统一货币服务法案》，第三方支付机构从事第三方支付业务，必须取得州监管当局颁发的许可证，同时该法明确规定了取得许可证的条件，相比之下，美国各州提出的监管要求可能更加严格。美国实行“一州一证”制度，第三方支付机构若进行跨州货币转移业务时，要另行申请许可证，各州的许可证只在当地适用。获得许可证的支付机构，支付业务可涉足提供移动支付、线下支付、资金归集、代收代付等领域。其次，在资金要求方面，其主要体现在通过法律设定第三方支付企业的资本净值下限及特别保证金下限这两个方面，美国各州可根据自身情况设定标准。《统一货币服务法案》规定了货币转移服务商须维持不低于25 000美元的资本净值及缴纳 50 000 美元的保证金，方可申请许可证，保证金的具体

金额根据开展货币转移业务的地点、个数来定，上限为 250 000 美元。同时，美国对货币服务商规定了明确的退出机制。《统一货币服务法案》详细列明了监管机构可暂停、吊销货币服务商许可证的情形，允许各州监管机构发布禁令以确保行业健康发展。

与美国相比，欧盟监管第三方支付行业主要采用机构监管模式，即监管对象是第三方支付机构而非交易行为，欧盟将第三方支付机构视为电子货币机构，通过监管电子货币实现对第三方支付机构的监管。监管机构包括欧盟委员会、欧洲中央银行及各国内部设立的相应的监管机构。在市场准入方面，欧盟也建立了许可证制度，根据《支付服务指令》和《电子货币指令》，第三方支付机构从事第三方支付业务必须获得电子货币机构的许可证，《支付服务指令》也明确规定了许可证的申请条件。不同于美国的“一州一证”制度，欧盟实行“一证通用”制度，许可证适用范围很广，第三方支付机构只要在一个成员国获取了许可证，即可在整个欧盟适用，支付机构取得许可证后即可从事支付中介、发行电子货币等服务。同时，欧盟通过实行准入的豁免制度，来促进符合指令规定的小型第三方支付机构的发展，从而鼓励创新，当然，豁免机构开展业务的地点仅限于成员国，开展跨境业务仍需申请许可证。在资金要求方面，欧盟对第三方支付机构的自有资本金及初始资本金均提出了要求，为鼓励行业发展、金融创新，在考虑支付行业风险性的基础上，《电子货币指令》将第三方支付机构的初始资本下限从 100 万欧元降低为 35 万欧元，只提供支付中介服务而不发行电子货币的第三方支付机构，其初始资本下限仅为 5 万欧元；从自有资本方面来看，除了满足上述要求，发行电子货币的机构，自有资本下限依照最近 6 个月的未偿还的电子货币额的平均值的 2%来计算；只提供支付中介服务的第三方支付机构，其灵活性相对较高，各成员国可以根据自身情况进行规定。欧盟《支付服务指令》对第三方支付机构的退出机制也进行了规定，明确了撤销其经营资格的情形，并要求监管机构公布相关信息以保证程序的公开性。

坚持和完善第三方支付的市场准入和退出机制，是第三方支付平台供应链金融风险管理的重要内容。从整个监管过程来看，欧美的监管经历了“放任—严管—适当放松”三个阶段。美国第三方支付机构的市场准入条件较低，只需维持较低的资本净值，但是许可证的适用范围较窄，资金的把控也更为严格，这种监管方式有利于中小企业的进入，减少风险发生，但在一定程度上挤压了第三方支付机构的盈利空间，抑制了行业的发展潜力。欧盟的准入条件较为严格但许可证的使用范围较大，并且允许第三方支付机构适度投资，这种监管方式虽然具有一定的风险，但监管机构若能够严把交易过程，风险防范和行业活力便可兼顾。近年来欧盟适当降低了第三方支付的市场准入门槛，在强化监管的同时鼓励创新，以促进行业健康发展。

结合国际经验及我国第三方平台供应链金融风险发生的现状，我国的监管方式主要处于“严管”阶段。我国应当坚持并完善第三方支付行业的市场准入和退出机制，并通过专门立法严格市场准入机制，完善退出机制，确立专门的监管制度，以加强第三方平台供应链金融风险管理。

首先，坚持和完善市场准入和退出机制。我国目前对第三方支付监管体制的构建基本上处于起步阶段，监管主体主要是中国人民银行及其分支机构，适用的法律主要是中国人民银行发布的管理办法、实施细则等。在市场准入方面，我国也建立了许可证制度。我国将第三方支付机构定性为非金融机构，只有获取中国人民银行颁发的《支付业务许可证》，方可开展相关支付业务。《非金融机构支付服务管理办法》列明了申请《支付业务许可证》的具体条件[①]，规定《支付业务许可证》不得出租、出借或转让，获得《支付业务许可证》的支付机构可开展各类支付服务，但不得办理货币兑换、信贷、担保、现金存款、融资、理财业务。与美国的“一州一证”制度和欧盟的“一证通用”制度不同，我国的许可证包括两种，一种只能在省内使用；另一种则是全国通用，获得此类许可证的支付机构可以跨省从事相关业务，支付机构的用户也可以跨省办理业务。在资金要求方面，管理办法仅对注册资本提出了要求，支付机构申请全国适用的许可证，注册资本不能低于 1 亿元，申请省内适用的许可证，注册资本不得低于 3000 万元。中国人民银行可根据具体情况调整注册资本下限。此外，管理办法对支付机构主要出资人做出了一定的限制，即要求其截止申请日连续两年以上保持盈利。在退出机制方面，该管理办法也详细规定了中国人民银行对支付机构责令限期改正并处以罚款或警告、停止办理部分或全部业务及注销《支付业务许可证》的情况，从而促进第三方支付行业健康发展。

其次，以专门立法规定市场准入和退出机制，提高法律位阶。中国人民银行的管理办法，法律位阶较低，其具有的法律约束力相对较弱，我国也应通过专门立法对第三方支付进行监管，提升法律位阶，增强制度的可执行力。各分支支行支付结算部门应继续做好支付机构的业务准入及相关事项的审查工作，严格依法行政，履行好支付机构属地的监管职责，加强协调，推动监管联动，力争监管工作取得实效。

---

① 《非金融机构支付服务管理办法》第八条规定：“《支付业务许可证》的申请人应当具备下列条件：（一）在中华人民共和国境内依法设立的有限责任公司或股份有限公司，且为非金融机构法人；（二）有符合本办法规定的注册资本最低限额；（三）有符合本办法规定的出资人；（四）有 5 名以上熟悉支付业务的高级管理人员；（五）有符合要求的反洗钱措施；（六）有符合要求的支付业务设施；（七）有健全的组织机构、内部控制制度和风险管理措施；（八）有符合要求的营业场所和安全保障措施；（九）申请人及其高级管理人员最近 3 年内未因利用支付业务实施违法犯罪活动或为违法犯罪活动办理支付业务等受过处罚。”

第四节 第三方支付流动性、洗钱和技术风险防范

一、第三方支付流动性风险及防范

1. 第三方支付流动性风险

流动性风险是指机构或者企业因无力为增加资产或减少负债提供融资，即当企业的资金流动性不足时，它无法通过合理的成本迅速增加负债或者变现资产来获得充足的资金，以至于影响到了其对外的支付，进而削弱了它的盈利水平。流动性风险是支付清算系统所面临的重要风险，其直接关系到支付清算系统的稳定运行。对于第三方支付系统来讲，其基本的业务支撑在于互联网网购交易。其系统具有较好的系统稳定性，即系统运行受关联系统业务影响较小。

首先，第三方支付系统具有一个相对闭环的资金流动过程，资金即使在平台停留而成为沉淀资金，只要平台加强管理，就会面临较小的流动性风险；其次，第三方支付系统的资金流出的可预期性比较强，其系统的资金流动主要是转账及支付资金的确认付款，即使出现资金沉淀的情况，可预期性也比较平稳。所以第三方支付系统的流动性风险受外部系统的业务影响较小，可主要通过加强和完善备付金的有效管理来对其进行规制。

目前我国第三方支付系统备付金的存管模式表现出分散式的典型特征。根据2021年3月实施的《非银行支付机构客户备付金存管办法》，支付机构应当并且只能选择一家备付金存管银行，但可以根据业务的需要来选择备付金合作银行，同时支付机构在同一个省只能开设一个备付金存管账户。为了更好地开展业务，第三方支付机构一般会选择在多家银行开设备付金收付账户，即一个第三方支付平台的备付金存管账户基本上是由十几个不同的银行账户组成的账户组，只能由备付金存管银行“调整不同的备付金合作银行的备付金银行账户头寸”。这种分散式的备付金管理模式使得第三方支付平台需要同时管理十几个账户，增加了第三方支付平台的管理成本，也增加了流动性风险发生的危险程度。与此同时，这种模式也增加了监管者的监管成本和监管难度，使得一些第三方支付平台可能利用监管不严的漏洞，挪用客户沉淀资金，导致第三方支付平台的流动性风险的发生。

根据现行管理办法，第三方支付平台开立备付金银行账户需要满足一定的条件：银行总资产不得低于 2000 亿元，有关资本充足率、杠杆率、流动性风险控制的指标符合监管规定。支付机构在同一备付金银行仅开立备付金汇缴账户的，该银行的总资产不得低于 1000 亿元。不符合这一条件的银行就无法开立备付金账户，而这一高要求将大部分的国内商业银行都拒之门外。即使基于业务发展也只能开设专用账户来进行用户备付金的汇转。此前我国并没有明确的管理办法对这部分资金进行管理，而是根据商业银行和支付平台的协议而定。2017 年 1 月 13 日中国人民银行发布相关通知，对该部分备付金进行了一定程度的规制和管理，但备付金集中存管并非一蹴而就的，目前该部分资金管理方面存在的漏洞，很可能被不规范的第三方支付平台利用进而挪用沉淀资金，带来支付平台的流动性风险。

2. 第三方支付流动性风险防范

我国分散式的备付金存管模式在监管不力的情况下，很容易诱发流动性风险，第三方支付平台流动性风险防范，主要在于备付金的管理。

首先，加强行业协会的自律协作管理。在市场经济十分成熟的国家，行业自律管理是市场监管的重要组成部分。随着第三方支付的不断发展，违规的隐蔽性越来越强，其业务开展对于行业外的人士包括监管层都存在着很大的陌生性，行业协会的自律是加强监管的有效手段。行业协会在自我管理过程中，完善违规业务的监测手段，建立有效的处罚机制和行业不良信息共享机制，可以有效防范流动性风险的发生。

其次，政府监管部门可以试图通过改变目前我国分散式备付金的存管模式，来加强行业监管。改变备付金存管账户过于分散的状态，可以降低监管成本，增强监管的效果。同时，应加强立法与相关法律制度的实施，为第三方支付系统备付金账户的有效监管提供法律保障，从制度层面降低第三方支付流动性风险发生的可能性。

二、第三方支付洗钱风险及防范

1. 第三方支付洗钱风险

第三方支付洗钱是指不法分子利用第三方支付和电子商务本身的漏洞或特点来掩饰、隐瞒、转移犯罪所得，从而使其形式上合法的行为。第三方支付洗钱具有交易迅速且没有时空限制、交易隐蔽且交易记录不完整、屏蔽资金流向等特点。由于外部监管的缺失和内部监管的松散，以及第三方支付本身的特性，实践中第三方支付所隐含的洗钱风险主要有以下几种情况。

第一，虚假交易引发的洗钱风险。买卖双方在线下达成一致，或者洗钱分子同时伪装成买方和卖方，由卖方在网站设置将要出售的、事先约定好的商品。当买方发出购买指令后，即可通过第三方支付平台转移货款到卖方账户，以此完成“交易”。然而事实上并不存在实物交易，只是通过这种虚假的交易方式，来掩饰非法资金的性质和目的。与此相关的另一种风险就是信用卡套现风险，即买方通过信用卡刷卡而完成交易后，又要求取消交易，第三方支付平台会通知买方提供退款账户，该账户可能是与第三方账户进行了绑定的银行，也可能是其他的账户。当第三方支付平台将“货款”退到买方修改后的其他账户，就可实现资金的合法化（李涛和张伟，2016）。

第二，资金池引发的洗钱风险。第三方支付平台作为“担保”中介，是连接买卖双方的桥梁。由于资金结算存在时间差，当业务数量达到一定规模后，第三方支付中介账户将会形成一个资金池，这个资金池的数量相当可观，若缺乏约束机制，第三方支付机构可能会利用其从事非法行为。

第三，非法注资引发的洗钱风险。当前，第三方支付账户的用户可以通过不记名充值卡、银行转账等方式向第三方虚拟账户注资。这种行为往往会被洗钱分子利用，即将非法资金兑换为不记名充值卡，而后将卡中余额转入虚拟账户以进行交易，轻松实现隐瞒非法资金性质的目的。

第四，网络病毒引发的洗钱风险。黑客利用木马病毒控制用户的电脑，当用户点击进行网络交易，该病毒就会自动激活，同时抓取用户的银行入口和交易金额，并通过处在后台的另一个第三方支付渠道将钱转入到其他账户中，如大型网络游戏平台，而黑客则利用该资金进一步洗钱，如买卖游戏装备。

2. 第三方支付洗钱风险防范

2010 年 10 月，反洗钱金融行动特别工作组在世界范围内进行调研，随后发布《FATF 新支付方式洗钱类型研究报告》，提醒世界各国关注基于高新技术的支付方式所带来的洗钱风险。作为新型网络支付方式，第三方支付也不能幸免。针对第三方支付中的洗钱风险，各国根据自身特点，都有相应法律制度进行规制。美国依据《爱国者法案》《银行保密法》，由美国联邦调查局、美国司法部、美国财政部等职能部门负责进行第三方支付行业反洗钱的监管。《银行保密法》要求支付机构建立客户身份识别制度，通过严格审查客户在注册时提供的信息来确保客户信息的真实性，重点关注提供虚假信息或者信息不详的客户，防范洗钱风险；同时《银行保密法》还规定支付机构代表个人进行交易及个人携带支付类、货币类支付工具出入国境，金额超过 10 000 美元时需要提供相应报告。另外，支付机构对于日常交易中的可疑交易也要提交可疑活动报告。《爱国者法案》规定的反洗钱的内容主要包括要求支付机构制订反洗钱计划以防范洗钱风险、规定客户身份识别的详细标准及要求支付机构履行好交易报告制度等。欧盟主要通过《电子货币指令》《欧盟反洗钱第五号指令》《欧盟反洗钱第六号指令草案》规制第三方支付中的洗钱风险。《电子支付指令》并未针对洗钱风险进行明确规定，但设定了交易金额上限以防范洗钱风险的发生。《欧盟的反洗钱和反恐怖融资（AML/CFT）规则》则规定了防范第三方支付洗钱风险的具体制度，主要包括三个方面：一是客户识别制度，即要求客户在第三方支付平台设立的账户均采用实名制，并且支付机构需要建立客户识别程序进行客户的识别；二是可疑交易报告制度，即支付机构成员在发现异常交易、大额交易等，有合理理由认为其涉嫌洗钱，则应立即向本国金融情报局报告，在条件允许的情况下暂时停止该交易；三是内部控制和记录保持制度，即第三方支付机构要保留客户信息和交易记录，完善内部控制、管理和风险评估程序。

结合以上经验，针对第三方支付平台可能涉及的洗钱风险，我国应从以下几个方面着手进行防范、规制。

第一，立法预防。首先，以立法的形式规制利用第三方支付平台开展洗钱犯罪的行为，提高法律位阶。我国《非金融机构支付服务管理办法》及《非银行支付机构网络支付业务管理办法》均涉及反洗钱及反恐怖融资的相关规定。此外，我国专门颁布《支付机构反洗钱和反恐怖融资管理办法》来防范第三方支付发展过程中的洗钱风险。这三个办法的内容与欧盟相关规制类似，主要包括三个方面：一是客户身份识别，即在开设账户及进行交易时采用实名制，建立客户唯一识别编码，以多种方式交叉识别客户的预留信息；二是可疑交易报告制度，即要求第三方支付机构建立起交易监测系统，对所有的交易进行检测、分析，对可疑交易采取延迟结算等风险管理措施，并立即上报给中国人民银行及其分支机构；三是记录保存和监督管理制度，即要求支付机构保存客户信息及交易记录。但这些规定都是由中国人民银行制定的，属于部门规章，立法层次较低，其法律约束力和规制作用十分有限，提高法律位阶势在必行。故应当通过一部上位法律，对非金融支付机构的运作、管理及如何预防洗钱进行规定，与其他反洗钱法律相互协调，形成完整的反洗钱法律体系。其次，以立法形式完善非金融机构的反洗钱内控制度，明确第三方支付机构的义务要求与操作细节。2012年公布的《支付机构互联网支付业务管理办法（征求意见稿）》第十三条规定："支付账户的开立实行实名制，支付机构对客户身份信息的真实性负责。"我国的有关规定从洗钱风险的防范方面来说是一种进步，但在具体操作方面需要进一步细化。一是在审核客户身份信息的时候，支付机构可以通过一定的技术手段实现与金融机构乃至公民身份信息系统的信息共享，从而保证客户信息的准确；二是规定"同户名绑定"的原则，客户的银行结算账户与虚拟账户进行绑定时应当同一，以防止洗钱风险的发生；三是目前立法规定了第三方支付机构建立可疑交易监测分析体系和制定可疑交易标准的义务，但具体的操作细则尚未明确，如第三方支付应设计好监控程序，实时监测支付交易，对于涉嫌洗钱的交易及不符合正常交易的行为采取相应的措施，及时向监管部门上报。最后，完善反洗钱犯罪的惩处机制，对于没有履行好反洗钱义务的管理者，可以适用《中华人民共和国反洗钱法》《中华人民共和国刑法》追究法律责任；违规严重的第三方支付机构可以吊销支付牌照，完善责任追究机制，贯彻处罚机制，保证义务的切实履行。

第二，制度预防。金融监管理论认为，金融市场的很多内在缺陷无法通过市场机制予以克服，而需要金融监管力量的介入（李莉莎，2012）。第三方支付市场中洗钱风险的防范需要构建具体的制度来践行。首先要建立好市场淘汰机制。目前经过审批获得第三方支付经营资格的公司有 200 多家，在市场容量有限的前提下，市场的进与出需要达到一种动态平衡。对于长期亏损或者利用优势地位进行洗钱活动的支付机构，应当予以淘汰，从而形成良性的市场竞争。其次要建立金融机构与非金融机构资源共享制度。总体来说，金融机构在市场中能够掌握比较全面的信息，信息来源也相对稳定，第三方支付机构可以通过现代网络技术，与金融机构谋求合作，构建客户信息资源共享平台，对于保证客户信息准确和节约成本具有重要意义。当然，这一平台也需要严格的准入标准，以防客户信息泄露。

三、第三方支付技术风险及防范

1. 第三方支付技术风险

第三方支付平台在系统的运作过程中，必然要依靠科技和网络的支撑。应用系统的设计可能会存在缺陷，加之网络自身具有开放性的特点，很可能会造成网络运行安全、数据传递存储安全、网络硬件安全等方面的问题，影响到数据的完整性、保密性、客户的身份认证及系统的可靠性。技术风险主要来自硬件设施和软件设施两个方面，其中，硬件设施方面的主要风险是指通信设备、电脑设备、服务器等处理设备出现临时故障，或是处理能力尚且无法满足交易需要而造成的经济损失。软件方面的风险主要是软件系统出现漏洞而遭到非法黑客攻击，导致资金所有者的经济损失及个人信息泄露的风险。第三方支付平台中存储着大量重要企业的信息，如对公账号、组织机构代码等，如果被黑客恶性攻击或盗用，将会造成严重的损失①。

---

① 中国银行业监督管理委员会在 2013 年 3 月下发了《关于“支付宝”业务的风险提示》，明确提出五大风险，包括第三方支付机构信用风险、网络黑客盗用资金风险、信用卡非法套现风险、发生洗钱风险等犯罪行为风险及法律风险。

2. 第三方支付技术风险防范

防范第三方支付中的技术风险，首先要促进网络支付过程中安全系数的提升。第三方支付平台和网上银行要进行多层次的安全系统防护，并不断进行更新和发展。不断完善支付平台的安全性能，减少安全漏洞；结合人工检测等技术手段，加强网上支付各个环节的监督和控制，并对交易的技术内容和信息进行妥善的保存和记录；在客户端的设计方面，应当尽量减少客户的重要信息的输入次数，以防止该信息泄露等，通过这些方式来提高支付过程中的安全系数。其次是对第三方支付平台系统的安全运行进行监管。第一，要在硬件设施方面严格市场准入条件，只有符合一定的条件，才能允许该第三方支付平台进行运营；第二，在第三方支付平台运营的过程中，进行不定期的安全检测和监管，以防第三方平台因疏漏、懈怠等原因产生安全隐患，给客户造成不必要的损失。

第五节　第三方支付中的消费者保护

一、消费者知情权保护

保护消费者知情权是第三方支付消费者保护的重要组成部分，其直接关系到第三方支付行业的健康发展。美国与欧盟等都通过一定的法律制度来保护消费者的知情权。美国《真实信贷法》和《电子资金转移法》等相关法律法规都对第三方支付的信息披露进行了详细的规定，包括披露的时间、内容、形式及未依照规定披露信息时需要承担的责任等。欧盟在信息披露方面，主要通过《支付服务指令》进行消费者知情权的保护，《支付服务指令》为不同的交易设置了不同的要求，详细规定了第三方支付机构需要为消费者提供的信息和条件，从而确保消费者的知情权。我国法律在第三方支付消费者知情权保护方面做出了一定的努力，《非金融机构支付服务管理办法》和《非银行支付机构网络支付业务管理办法》明确规定了第三方支付机构需披露的相关内容及务必告知客户的具体事项，包括支付服务协议、收费标准、协议条款及潜在风险等，从而切实保护消费者合法权益。但总体来看，我国目前第三方支付消费者知情权保护的相关法律制度并不完善，还存在一些问题。

1. 存在问题

知情权的界定，一般可以从两个角度进行。从个人的角度来讲，知情权是指公民有知道自己应该知道信息的权利；从国家的角度来讲，政府应当采取措施确保公民在最大的限度内享有获取信息的权利。对于消费者来讲，知情权是最基础的权利，是其他权利得以充分行使的前提条件。在第三方支付平台之中，消费者与第三方支付机构存在明显的信息不对称，第三方支付机构掌握了支付过程中的各项信息，但是消费者不可能全面掌握这些信息，消费者在信息资源上处于明显的劣势。我国《非金融机构支付服务管理办法》等相关法律给予了消费者知情权一定的保护，但仍存在着一些问题。具体而言，主要包括以下两个方面。

第一，风险披露不充分。第三方网上支付的安全系统是支付业务中安全保障最为薄弱的环节，该安全系统存在各种各样的风险，如系统停机、磁盘损坏、黑客攻击及计算机病毒破坏等。防范安全系统的风险，降低这些风险给用户带来的损失，仅仅依靠第三方支付机构是不够的，还需要消费者与第三方支付机构的共同努力，此时消费者的知情权就显得十分重要了。正如上文所述，知情权作为消费者的重要权利，本身就应当得到法律的保护，而在第三方支付领域，信息的不对称使消费者对于支付信息的掌握处于被动地位，消费者很有可能因为不能及时获得信息而不能规避风险从而遭受损失。当下，健全信息披露制度是保护消费者知情权的重要途径。《非金融机构支付服务管理办法》等相关法律规定比较零散，缺乏体系化。从相关法律法规中也可以看出，我国立法更加侧重于规范第三方支付机构的事前信息披露，而对于事中与事后的信息披露，如第三方支付机构制定的格式条款的变更等，并未进行明确规定。

第二，格式合同的效力问题。在第三方支付中，消费者若想成为第三方支付虚拟账户的正式用户，就必须签订一份由第三方支付机构提供的、约定双方权利义务的格式合同。在实践中，消费者也必须同意其服务协议，否则不能利用其支付服务进行交易。对格式合同的有效规制，是保护消费者知情权的重要途径。格式合同是由第三方支付机构提供的，更侧重于保护第三方支付机构的权益，甚至会增加消费者的义务负担，侵害消费者的合法权益。格式条款中存在的很多具体问题我国立法并没有进行明确的规定，如格式合同中存在大量难以理解的免责条款、如何界定第三方支付机构是否尽到合理的提醒义务、格式合同条款的效力如何判断等。对两者的关系进行平衡，以追求实质上的公平，立法上应有所作为。

2. 完善路径

第一，健全第三方支付风险披露制度。《非金融机构支付服务管理办法》明确要求第三方支付机构履行对不同的信息进行公示的义务，这实质上是将第三方支付机构的信息披露义务通过法规的形式确定下来。但是我国对信息披露制度的规定比较松散，缺乏系统性。美国及欧盟等国家、国际组织都规定了网络第三方支付机构需要履行详尽的信息披露义务，并且对其披露的时间、内容和手段都进行了全面系统的要求，以此来保护消费者的知情权。根据美国的《电子资金划拨法》和《电子资金转移法》等相关规定，电子资金划拨相关的信息披露可以分为四类：初始披露、变更披露、实时披露、定期披露。我们可以借鉴美国的经验，对《非金融机构支付服务管理办法》中零散的规则体系进行充实，健全第三方支付风险披露制度，完善法律对知情权的保护。

第二，完善第三方支付格式合同的规制。格式合同极大地提高了交易效率，但是它在便利了交易的同时也存在很多缺陷，其中的不合理条款将会侵犯数量众多的消费者的知情权，因此必须强化格式合同条款制定者提醒和说明的义务，保证客户知情权的有效实现。我们应当进行立法规制，为行政机关依法行政、法院依法裁判提供法律依据。具体而言，就保证消费者注意到相关的格式合同条款，尤其是免除或限制第三方支付机构的责任，加重消费者义务的条款方面，应当在外形和方法上进行区别，如在格式合同中对这类条款的文字、符号表述采用与其他条款不同的字体、字号、标识等，对免责、限责格式条款进行提醒时应进行个别提醒，不能概括描述或简单提醒。这些都需要通过立法来进一步细化。就行政规制而言，我国对第三方支付格式合同的行政规制主要集中于《非金融机构支付服务管理办法》和《非银行支付机构网络支付业务管理办法》。但其中只规定了格式条款的信息披露和备案等事项，缺乏对格式合同全面、系统的规制，亟须完善。域外对格式合同的行政规制比较完善，各国立法所认可的行政规制的方式主要包括三种：一是事先审核制，指格式条款制定者在使用格式条款之前，必须首先将其提交相关行政机关进行审核，经有关行政机关批准之后才能使用该格式条款与相对人签订合同，否则该格式条款在实践中无法有效地适用。二是由行政机关主动拟定格式合同的范本，或者行政机关授权公正中立的第三方起草合同范本，以供第三方支付企业在制定格式条款时借鉴。三是由行政机关强制性地规定格式条款的主要内容，明确规定必须记载的事项或者不得记载的事项，作为企业制定格式条款时必须遵循的准则。我国可以对相关做法进行借鉴，以完善我国的消费者知情权保护。

二、消费者隐私权保护

第三方支付消费者隐私权的保护有别于电子商务中隐私权保护的一般问题。在第三方支付中，消费者隐私权保护的需求主要表现为消费者金融信息、消费习惯、交易对象等需要保护。为保护消费者的隐私权，美国《金融服务现代化法》明确规定，未经本人许可，任何金融机构都不得将消费者的信息透露给第三方。欧盟则允许支付机构在特殊情况下处理或使用个人数据，如阻止支付欺诈行为、协助调查等，但在具体使用时也要符合《通用数据保护条例》的相关条件。在隐私权保护方面，我国相关法律法规规定第三方支付机构须依照“最小化”原则采集、使用客户信息，未经客户确认并授权，不得将客户信息提供给第三方；信息泄露可能造成的损失由支付机构承担等。这些规定对规范第三方支付机构的行为、保护消费者隐私权具有较大意义，但从具体实施来看，我国法律对消费者隐私权的保护还存在需要完善之处。

1. *存在问题*

我国的第三方支付平台一般会要求消费者在注册成为用户时，提供一系列个人信息，在第三方支付企业提供支付服务时，消费者的隐私权理应受到法律的保护。然而现实中，消费者在向支付平台提供个人信息以后，其隐私权面临着被侵害的风险。一方面，一些第三方支付机构交易平台由于安全系统升级不及时而存在安全隐患，造成技术风险的存在，一旦遭受到类似网络黑客的侵袭，很可能导致消费者隐私信息的泄露，这会给消费者造成无法估量的损失。另一方面，一些第三方支付机构唯利是从，为了追求自身利益的最大化，在对消费者的信息进行加工整理后，自作主张地将其出售给他人，这严重侵害了消费者的隐私权。基于此，对于消费者隐私权的法律保护已经迫在眉睫。

为了保护第三方支付消费者隐私权，我国进行了一系列立法。关于第三方支付消费者隐私权保护的法律规范散见于《电信和互联网用户个人信息保护规定》《非金融机构支付服务管理办法》《非银行支付机构网络支付业务管理办法》《中华人民共和国消费者权益保护法》等法规中。这些法规对第三方支付消费者隐私权的保护发挥了重要的作用，但是依然存在许多不足之处。最主要的问题表现在以下两个方面。

第一，我国目前立法缺乏第三方支付机构向消费者收集信息的程序上的规定。当前，在我国有关第三方支付的专门规章中，不论是《非金融机构支付服务管理办法》还是《非银行支付机构网络支付业务管理办法》都没有关于第三方支付机构向消费者收集信息的程序的具体规定，缺乏程序的制约往往会导致第三方支付机构随意搜集消费者的信息，为侵犯消费者隐私权埋下了隐患。

第二，我国目前立法对第三方支付机构收集信息的范围没有明确的规定。《非银行支付机构网络支付业务管理办法》规定支付机构应当以“最小化”原则采集、使用消费者的各种信息，并及时准确地告知消费者使用相关信息的目的和使用范围。但是其中的“最小化”含义模糊，导致实践中第三方支付机构向消费者搜集了一些不必要的信息，加大了第三方支付机构侵犯消费者隐私权的风险。

2. 完善路径

首先，明确向消费者收集信息的程序。目前这在我国的相关立法中并没有专门规定，立法应当予以明确。即由第三方支付平台通过在网站页面弹出提示，提示消费者信息会被收集，由消费者自行决定是否继续服务，允许自己信息被收集，还是终止服务，拒绝自己信息被收集。如果消费者允许第三方支付平台收集信息，第三方支付平台还应该说明被收集信息的内容、收集这些信息是出于何目的、信息将被存放在何处、收集者是否会从中获利、在保存时采取什么技术确保信息不被盗取等，并最终由消费者选择是否允许被收集，从而保护消费者的隐私权。

其次，限制搜集资料的范围。我国现行法律对收集信息的范围没有明确的规定。在立法中应当要求第三方支付机构搜集信息时必须明确个人资料的搜集目的，并不得超过当事人约定的目的范围使用消费者的个人信息。在第三方支付中，依照我国《非金融机构支付服务管理办法》，使用第三方支付发起支付指令必须要包含一系列的信息，这些信息都将为第三方支付平台所掌握。一般来讲，与支付过程没有密切联系的注册信息，如住址等，第三方支付平台出于其他目的要求消费者填写的情形，应当排除在资料收集的范围之外。这些明确具体的规定会在一定程度上降低消费者隐私权被侵犯的风险，促进第三方支付市场的健康发展。

第四章　P2P网络借贷的风险、监管与投资者保护

作为互联网金融的主要模式之一，P2P网络借贷是指个人与个人通过第三方网络平台达成借贷交易的直接借贷方式，P2P网络借贷主体既包括作为自然人的个体，又涵盖法人等其他组织。P2P网络借贷平台是专门为借贷双方提供信息[①]，使双方可以在平台上根据自己的经济实力和风险承受能力自由选择交易对象，并为双方的交易提供服务，既不参与其中也不承担风险，只收取服务费的信息中介机构。P2P网络借贷的实际运营弥补了传统金融的不足，满足了小微投资者的投资融资需求，实现了闲置资金与融资需求的在线匹配，降低借贷交易成本的同时也改善了借贷市场的透明度和制度构建。P2P网络借贷是推进普惠金融的重要动力。

第一节　P2P网络借贷的平台运营风险监管、资金存管制度

一、P2P网络借贷的平台运营风险类别

《办法》的颁布，很大程度上规范了P2P网络借贷平台的运营，诸如原有的资金池模式引发的平台经营风险、平台自融风险等都通过合规逐渐规范，但是基

---

① 易燕和徐会志（2015）认为，P2P网络借贷指的是“个体和个体之间通过网络实现直接借贷，具有‘去中介化’的特点”，模式主要表现为个体对个体的信息获取和资金流向，在债权债务属性关系中脱离了传统的资金媒介。

于互联网金融动态发展及平台自身属性，仍然具有一定风险[①]。

（1）信用风险。信用风险是指一般信贷业务都会面临的不能按时还本付息的风险，这类风险也被称为违约风险。违约风险发生的主要原因是信用体系不完善和信用信息共享机制的缺失。P2P 网络借贷平台的贷款质量远远不如商业银行，所以平台会采取一些特殊的风险管理风控措施。比如，拆分资金形成贷款组合，线上线下审核、各平台建立信用共享机制、限定贷款额度、按月还本付息，以及建立各种保险、备付金制度等，但平台信用风险的防范仍然很脆弱（苗晓宇，2012）。

（2）流动性风险。纯中介平台模式的 P2P 网络借贷平台并不存在流动性风险。流动性风险主要体现为无法获得充足的资金或者无法付出合理的成本应对到期债务的资金流断裂。流动性风险更多集中在异化的网络借贷平台。原有的本金担保模式、类资产证券化模式、债权转让模式及平台自融等都是导致平台流动性风险的原因。而《办法》出台以后 P2P 网络借贷平台回归信息中介的定位，但是从行业市场深耕、金融监管角度转变来说，应当赋予 P2P 网络借贷行业适度宽松的环境，引导网络借贷行业分层次的发展。行业分层次以后原有的债权转让模式及类资产证券化模式也仍存在一定制度可行性。同时，网络借贷行业尚有引入第三方担保及与第三方小额贷款公司的合作，相互关联之下，网络借贷行业经营活动不可避免流动性风险。

（3）技术风险。技术风险主要由程序、人员及系统造成的安全问题。当前，网络借贷行业准入标准低，不同平台的资本实力和风险应对、承受能力也不尽相同，平台本身运营过程中交易程序的不规范和风险管理漏洞的存在容易引发运营安全风险；同时，P2P 网络借贷平台的操作人员往往没有传统金融机构业务员的专业素养，人员从业素质的参差不齐，难以对系统及时维护而发生风险；而在系统层面，网络借贷依托互联网信息技术无可避免相应的技术风险（杨涛，2016）。

（4）第三方关联风险。P2P 网络借贷往往涉及第三方担保机构担保，与小额贷款公司及其他第三方都有业务活动往来。P2P 网络借贷平台业务与第三方机构的关联容易导致关联风险，造成风险的转移。在接受第三方担保机构担保时，相应的风险流动集中到担保公司、P2P 网络借贷平台与第三方平台关联、第三方机构的高杠杆率，以及第三方担保机构缺乏相关资质等，都可能导致关联之下的风险传递给 P2P 网络借贷平台。而 P2P 网络借贷平台涉足小额贷款公司等类金融机构和其他金融机构或准金融机构理财项目的平台包装投放一定程度上也传递了风险。

---

① 学者基于对四川省 11 家 P2P 网络借贷平台公司的调研，指出 P2P 网络借贷中主要风险来源于法律与监管缺位、借款人违约、洗钱与信用卡套现、操作风险、流动性风险及 P2P 网络借贷平台自身的实力风险。具体参见杨宇焰，陈倩，田忠成. 2014. P2P 网络信贷平台的主要模式、风险及政策建议[J]. 西南金融，（1）：29-31.

（5）信息安全风险。信息安全风险主要体现在技术性风险和人为泄露风险两方面。一方面，P2P 网络借贷依托互联网平台实现借贷双方的直接融资交易，互联网技术风险涉及平台运营及交易等方面；另一方面，存在人为因素的信息泄露问题，涉及借贷双方交易内容、借贷双方个人信息等的泄露。

（6）政策法律风险①。P2P 网络借贷乃至互联网金融都是制度创新下金融发展的新领域，相关监管政策的出台及传统法律调整的阻碍都可能影响 P2P 网络借贷行业的发展方向。换个角度，也正是政策法律的缺失，使得 P2P 网络借贷行业缺乏约束，野蛮生长。政策法律的配套需要行业本身的成熟及相关制度和监管的逐步跟进，这也是一个行业在发展中难以避免的问题。

（7）市场风险。市场风险是指 P2P 网络借贷行业受汇率变化及商品价格浮动等因素的不确定性影响。借贷作为市场经济的一部分，由平台向公众提供金融服务，借贷双方之间进行货币交易，但凡涉及资金交易，必然会不可避免地面临金融市场风险。网络借贷行业涉及的市场风险的主要来源就是市场经济扰动影响而形成的贷款利率变化。除此之外，行业遭受的市场风险还有两个来源，一是来自激烈的行业竞争；二是金融界的不断创新。尽管 P2P 网络借贷企业越来越多，但是行业在金融界占据份额并不大，这样势必会造成行业内的激烈竞争，一些竞争力较差的平台被淘汰，剩下的平台再和不断推出的其他理财机构竞争，如由淘宝衍生出的余额宝和腾讯的财付通等。也就是说，市场风险是任何一家平台都会面临的。

二、P2P 网络借贷的平台运营风险监管

1. 完善法律制度构建

互联网金融并不是一个全新的领域，而是互联网技术条件下传统金融的脱媒。法律存在的目的也在于其实效，通过对社会法律关系的调整实现社会控制。现有的法律制度基本可以调整互联网金融法律关系，因而并不应该在现有的法律体系旁另起炉灶创设网络金融法。完善 P2P 网络借贷的法制构建，应当坚持通过现有法律调整这一原则，具体而言，应当从以下两方面着眼。其一，P2P 网络借贷行业监管法规的制定应当渐进化。监管立法更多的是政府的公共管理活动，P2P 网络借贷监管立法是互联网金融新的技术模式下的调控需要。P2P 网络借贷行业的发展是一个逐步成熟的过程，法理上认为，法是一种对社会关系进行确认和调整的行为规范，因此，在当前互联网金融中所牵涉的社会关系及其调整对象还很不

① 主要为 P2P 网络借贷平台实施的非法集资及非法吸储等风险。

确定的情况下，出台的法律也是易变的（汪振江和张驰，2014）。P2P 网络借贷监管的法律法规制定一步到位并不现实。当前，出台《办法》就是一个阶段性的尝试，应当通过制定行政法规、部门规章或者地方性法规渐进性完善监管制度，最终制定 P2P 网络借贷乃至互联网金融领域的监管法律、行政法规。其二，需要完善现有法律，调整其中与新金融形态相冲突的部分。因互联网金融具有特殊性，监管立法需要针对其新的特性，制定相关的监管要求；其他有关消费者权益保护、民刑法律关系等传统法律可以调整的部分，可在充分发挥现有法律作用的同时，立足互联网金融的特点，注重法益的衡量，控制刑事打击的力度。

2. 完善市场准入和退出机制

《办法》规定 P2P 网络借贷行业准入采取备案制。一则，这在某种程度上也与平台定性为信息中介相符；二则，中国银行保险监督委员会牵头制定监管规范效力仅为部门规章而未上升到行政法规，仅仅是其在职权范围内的试探性监管。P2P 网络借贷行业尚处在发展期，采取备案制具有一定积极意义，实现了互联网条件下 P2P 网络借贷行业的低准入。但是，仅加以形式审查而不对实质条件加以规定，低准入之下 P2P 网络借贷平台公司注册资本较弱，缺乏风险管控经验及风险损失承受能力。笔者认为在实行备案制的同时，应当采取实缴注册资本制，控制准入门槛。

P2P 网络借贷的退出涉及平台自身利益及金融投资消费者群体的利益，应当完善相应的退出机制。《办法》虽然明确了网络借贷平台业务的暂停与终止、破产隔离和备案注销制度，从原则上规定了退出机制，但是并没有详细性的制度构建，也不具有实际操作可行性。笔者认为完善退出机制，首先应当明确退出机制的不同模式，如区分自愿退出、经营不善破产退出及监管机关强制退出，就不同的退出情形明确退出的标准。其次应当就退出后的存量业务维持、金融消费者保护等做出规定，较为可行的是建立托管机制，即通过自行委托、行业协会或者监管机关指定第三方网络借贷平台，对退出平台的存量业务进行托管，借此避免在退出过程中出现挤兑等负面事件。

3. 完善征信体系，推动信息共享

我国的社会征信体系尚未完全建立[①]，成为 P2P 网络借贷发展的一大阻碍。目前平台主要采取了线上通过个人信息、财产状况、收入证明、缴费记录等综合评估，线下核查的方式主要是对借款人信用加以评估，当前评估方式存在风险的

① 据中国人民银行征信中心官网显示，截至 2019 年底，征信系统收录 10.2 亿自然人、2834.1 万户企业和其他组织的信息，规模已位居世界前列。

同时也加大了平台运营成本。行业发展初期，平台自有信用评估模式或许能够支撑平台经营，但就整个行业的良性发展来说，应当构建统一开放的征信体系，完善信用评级。《办法》也明确指出网络借贷信息中介机构应当加强与金融信用信息基础数据库运行机构、征信机构等的业务合作，依法提供、查询和使用有关金融信用信息。从实践可能性来看，接入中国人民银行征信中心主导建立的金融信用信息基础数据库具有积极的现实意义。同时，P2P 网络借贷平台应当引入民间征信机构数据作为参考，以蚂蚁金服旗下芝麻信用为例，依托淘宝电商数据和蚂蚁金服的互联网金融数据，其征信数据具有很强的参考价值。但是，最直接有效的办法是早日将社会现有的独立征信信息纳入中国人民银行征信系统范畴，构建统一开放的征信体系，并在此基础上设立标准化的信用评级制度。另外，P2P 网络借贷平台之间也要开展广泛合作，进行信息共享，建立黑名单制度，对具有不良信息记录的客户进行重点标注，对投资者进行必要的风险提示。

4. 增强行业自律

新兴行业发展迅速、法律监管一般都不完善，因此行业的健康发展在很大程度上依赖于行业自律和社会声誉，其核心在于行业的透明度。行业自律是国家监管的有益补充，作为行业内部的一种自我约束、自我监督机制，在规范行业发展方面具有重要的作用（武长海，2016）。在我国 P2P 网络借贷行业的规范化发展过程中，行业内部的自律监管起着不可替代的作用。与政府的监管相比较，行业自律组织的自律监管可以更多地站在整个行业发展的角度，与政府及传统金融机构进行谈判。无论是制定行业规则还是实施行业规则，一般都会得到行业人员的认可，也有利于整个行业的发展（潘迎和刘志云，2015）。从我国目前的金融行业监管来看，行业协会是承担自律监管的主要机构。自律组织不但承担着规范平台自身健康发展的职能，还承担着向监管部门反馈平台信息、协助监管部门实施监管政策的职能（杨涛，2016）。行业自律组织相比政府监管者掌握着更多的行业信息，可以通过行业协会会员的共同探讨，让其制定出可操作性强、适用性更强的行业规范，也可以通过行业自律组织推进行业规范的实施，减少实施的成本。全国性的 P2P 网络借贷行业自律组织还可以发挥以下作用：一是信息共享。全国性自律组织可以建立业内的信息共享平台，尤其是征信信息共享及黑名单公示机制。二是监督和警示责任。全国性自律组织应该承担道义监督和警示责任，如及时跟进平台的信用评级信息，监督平台的业务操作，对于信用级别低、进行违规操作等的平台及时将情况反馈给监管部门，并且予以公布，提高投资者的警惕。三是促进平台之间的交流合作。促进平台之间的交流合作可以防止投资人或者借款人重复借贷和过度投资。

P2P 网络借贷行业进入我国之后，行业自律组织就逐步形成了，而且随着 P2P

网络借贷行业的快速发展，行业自律组织的规模越来越大。比如，以广东互联网金融协会为代表的由地方政府牵头成立的行业自律组织，以及以互联网金融专业委员会、中国小额信贷联盟等为代表的全国性行业自律组织相继成立。2011 年 10 月，P2P 网络借贷行业第一个自律组织中国小额信贷服务中介机构联席会成立，并发布了自律公约，随后国内第一家网络信贷服务业企业联盟成立。但是这些行业自律组织仅仅是由部分企业自发组织形成的，组织较为分散，自律作用不强。2016 年 3 月 25 日，中国互联网金融协会正式挂牌成立，体现了国家对行业自律的鼓励和重视。然而，我国目前并未成立全国统一的 P2P 网络借贷平台行业自律协会。

目前，中国小额信贷联盟发布了规范 P2P 网络借贷行业的自律公约，作为我国第一个 P2P 网络借贷行业的自律公约，其对平台管理层的任职资格、信息披露等进行了明确的规定，为我国 P2P 网络借贷行业的健康发展做出了积极贡献，但是该机构发挥的作用有限。笔者认为我国政府应该尽快督促 P2P 网络借贷市场建立统一的自律组织，制定行业标准，将合法注册的平台均纳入监管范围。因此，为使行业协会发挥实质性的自律作用，具体还应建立以下配套制度：第一，建立征信信息共享和黑名单公示制度；第二，建立监督平台不正当竞争的黑名单制度；第三，建立平台运营、借款人违规的同业投诉与处理机制。

5. 完善 P2P 网络借贷平台风险控制手段

目前，我国 P2P 网络借贷平台的风险控制主要是设立类似银行拨备的风险保证金，该部分资金主要由平台自主提供，来源则为平台初期投资和后期利润，如果投资者无法收回投资，则由风险保证金先行赔付。除此之外，笔者认为还可以从以下几个方面来加强 P2P 网络借贷平台的风险控制与预防。

（1）加强网络借贷平台的风险识别与预防。首先，健全贷款人审核体系，降低借款人的信用风险。借款人的信用风险既是 P2P 网络借贷平台面临的首要风险，也是最主要的风险。对借款人审查太松懈造成的信用风险是我国 P2P 网络借贷平台风险事件不断爆发的最主要原因之一。P2P 网络借贷平台的借款者大多数都是难以从传统正规金融渠道贷款的小微企业和个人，他们信用等级低、偿还能力弱，对应的信用风险也就越高。因此，笔者认为，为了强化 P2P 网络借贷平台的风险识别能力与预防风险，P2P 网络借贷平台应该至少在借款人的基本信息、偿还能力、历史信用状况、借款条件等四个方面对借款方进行全面的审查。对于借款方提供的数据与信息要通过专业人士充分的审查与鉴别，避免因借款人提供虚假信息而造成其获得严重超出自身还款能力的情况。其次，建立投资者审核机制。目前，我国 P2P 网络借贷平台均未建立投资者审核机制与相关制度，对投资者的审核处于空白期。在平台交易量小、涉及资金数额低的情况下，投资者利用

P2P 网络借贷平台进行洗钱的风险相对较小。但是，随着 P2P 网络借贷平台交易量和交易者的不断增多，P2P 网络借贷平台极有可能成为不法分子洗钱的工具和场所。因此，为了社会公众利益，也为了 P2P 网络借贷平台自身的利益，P2P 网络借贷平台要加强对投资者的审核。

（2）建立风险化解、风险转移与再分配机制。风险化解、风险转移与再分配是 P2P 网络借贷平台在风险发生后应采取的应对措施。为了防止 P2P 网络借贷平台倒闭、跑路等风险的产生，笔者认为 P2P 网络借贷平台应从以下几个方面建立风险化解转移机制。首先，建立科学、有效的逾期借款支付机制。从 P2P 网络借贷平台风险的产生到最后平台风险爆发的整个过程来看，投资者对 P2P 网络借贷平台的公信力的认可程度有决定性的作用。在逾期借款支付机制缺失的情况下，投资者为了自身利益，在项目出现逾期支付的情况下，会立即将自己在 P2P 网络借贷平台的剩余资金取出，这样很容易造成羊群效应。投资者的这种羊群效应会直接导致 P2P 网络借贷平台风险的快速扩大并使其倒闭、跑路。而科学、有效的逾期支付制度对于 P2P 网络借贷平台的公信力有很大的维护与促进作用。其次，强化坏账风险转移机制。为了降低 P2P 网络借贷平台自身的运营风险，P2P 网络借贷平台要综合运用社会服务体系中的配套服务机构进行坏账风险的转移。笔者认为，可以通过加强与保险公司、担保公司的合作，也可以设置坏账准备金，强化 P2P 网络借贷平台自身消化坏账的能力。最后，建立贷款重组机制。在特殊情况下允许贷款展期。贷款展期，是指在借款人不能按期归还贷款的情况下，若借款人提出申请，审查人员确定其近期有还款能力的，可以对贷款进行一定期限的延期（杨涛，2016）。

三、P2P 网络借贷的资金存管制度

1. P2P 网络借贷的资金存管制度阐释

根据是否引入第三方主体参与网络借贷资金监管，网络借贷平台资金存管模式分为两类：一是 P2P 网络借贷平台自行存管；二是第三方存管。第一种模式下容易发生 P2P 网络借贷平台挪用客户资金的情形，同时易涉嫌“资金池”等违规业务，因此该模式在实践中逐渐减少；第二种模式是指客户将资金汇入第三方机构的账户，由第三方机构根据法律规定或者合同约定将资金集中汇入借款方账户，还款时按上述路径返还。该模式下 P2P 网络借贷平台通过引入第三方机构（通常为银行或者支付机构）共同参与客户资金划拨，不仅减少了资金挪用的风险，也便于对资金运用情况进行监督。

根据第三方机构主体的不同，第三方存管可以分为两类。

（1）第三方银行资金存管。目前已有多家商业银行与 P2P 网络借贷平台合作开展第三方存管业务，具体而言，首先借贷双方均在与 P2P 网络借贷平台有合作业务的第三方银行开立账户；其次银行按照协议约定的指令进行资金的划拨，实现借贷双方之间的资金流动。由于第三方银行资金存管要求借贷双方都要在存管银行开设账户并签订存管协议，手续烦琐，该模式在 P2P 网络借贷行业中较少，采用此模式的平台主要有宜人贷、你我贷。

（2）第三方支付机构资金存管。由于第三方支付机构业务监管环境较为宽松，因此 P2P 网络借贷平台与第三方支付机构开展资金存管业务的模式较为普遍。在该模式下，根据 P2P 网络借贷平台在开展业务的过程中是否接受客户资金，第三方支付机构资金存管模式又可分为两类：一是支付机构纯通道模式；二是支付机构虚拟账户模式（虞磊珉，2015）。

2. 第三方银行资金存管模式的法律分析

1）P2P 网络借贷客户资金第三方存管的法律依据

由于 P2P 网络借贷平台频繁发生侵害投资者权益的行为，因此监管部门不断推出关于 P2P 网络借贷平台资金管理的相关监管政策。2015 年中国人民银行联合相关部门发布了《关于促进互联网金融健康发展的指导意见》，在该文件中，第一次肯定了 P2P 网络借贷的合法性，并提出 P2P 网络借贷平台客户资金第三方存管制度，将存管的主体确定为银行业金融机构。2016 年 10 月 13 日国务院办公厅发布了《互联网金融风险专项整治工作实施方案》，规定 P2P 网络借贷平台须将自有资金与客户资金进行隔离，并建立客户资金第三方存管制度。P2P 网络借贷平台不能挪用客户资金，要确保客户资金安全。该文件从法律上阐释了 P2P 网络借贷平台进行客户资金第三方存管的作用。但对于“存管”并未给出概念界定，其与实践中的“托管”有什么区别，还需要进一步做出解释。

现阶段 P2P 网络借贷采用客户资金第三方存管制度，其实源于证券交易中的“托管”。“托管”一词最早用于证券交易中，自我国证券市场建立初期，由券商提供对客户交易结算资金的托管，由于出现大规模资金风险，开始由特定的金融机构提供专门的资金保存和代为处理有关事宜的服务。由于金融体系进一步完善与成熟，“托管”与“存管”的行为产生了分化，2005 年的《中华人民共和国证券法》将“托管”统一改为“存管”。具体而言，托管是指证券公司在金融机构开设账户，将涉及的交易资金和风险备付金存放在金融机构，但资金的控制权仍然在证券公司，存管机构按照指令拨转资金，并没有监督资金流向的义务（吴韬等，2016）；而存管是指投资方与借款方单独开设账户，将投资方与 P2P 网络借贷平台的自有资金进行隔离，需要存管机构对客户资金的流动性与安全性进行监督。

P2P 网络借贷的客户资金第三方存管制度是通过出借人与借款人单独设立自己的个人账户，通过将客户资金或风险准备金存放在第三方支付机构或者银行的账户上，对出借方、借款方及平台资金进行隔离，三方资金彼此独立管理。通过客户资金第三方存管制度对 P2P 网络借贷资金进行隔离并对其安全性与流通性进行监督，保证资金安全，避免擅自挪用资金，对出借人来说多了一道保护墙。《办法》明确银行作为资金存管机构，而没有用“托管”，但赋予了存管机构管理和监督客户资金账户的职能，存管机构根据出借人和借款人向平台发出的指令，对资金进行存管、划付。

2）第三方银行资金存管与第三方支付机构资金存管

与第三方支付机构资金存管相比，第三方银行资金存管可以实现资金在投资方与借款方之间点对点的流转，促使 P2P 网络借贷平台将业务重点放在融资信息的撮合上，避免产生“资金池”等问题，防止客户的资金被 P2P 网络借贷平台违规挪用。但是银行须受到支付监管法律法规限制，在安全性与效率性之间更注重安全，因此银行存管的资金安全性更高。相比较而言，第三方支付机构则无须受到传统银行支付监管法律法规的制约，更注重效率，甚至在一定程度上会牺牲支付安全以谋求市场，因此在客户体验和支付便捷上要更胜一筹。同时，由于第三方支付机构自身存在管理和运营风险，这也会影响到客户资金安全，易与 P2P 网络借贷平台的违规风险叠加，进一步扩大客户资金安全。

3）银行存管与银行托管

证券业监督管理机构颁布的《证券公司客户交易结算资金商业银行第三方存管技术指引》对第三方存管进行了定义：“本指引所指的第三方存管，是指证券公司将客户交易结算资金存放在指定的商业银行，并以每个客户名义单独立户管理，商业银行负责资金存取，发挥第三方监督作用，以保障客户资金安全为目的的资金存管方式。”而《商业银行客户资金托管业务指引》则对客户资金托管业务进行了定义：“本指引所称客户资金托管业务，是指商业银行作为托管人接受客户的委托，按照法律法规规定和合同约定，履行安全保管客户资金、办理资金结算、监督资金使用情况、披露资金保管及使用信息等职责，为客户保障资金专款专用、提高效率、防范风险、提升信用的资产托管业务。”可见，存管与托管的区别在于是否监督资金的使用情况，即银行对客户资金存取符合法律法规规定或者合同约定的情况是否有义务进行核对和监督。笔者认为 P2P 网络借贷平台主要是撮合借贷信息，其在资金成本上根本无法与商业银行进行竞争，若是要求 P2P 网络借贷平台也向资金受托银行披露借贷信息，很可能会引发 P2P 网络借贷平台丢失未来客户资源，进而丧失一定的积极性。而且，商业银行也很难去核实借贷信息的真实性，故而将商业银行在 P2P 网络借贷业务中的资金监管业务定义为第三方存管更为合适。

3. P2P 网络借贷资金存管制度的完善

目前中国人民银行和银行业监督管理机构并未对商业银行开展第三方存管业务做出明确规定。银行存管能够将平台自由资金与客户资金进行有效的隔离，但在实践中面临困境。首先，银行对于 P2P 网络借贷资金存管业务并没有形成统一的明确标准，现有的存管条件非常苛刻，尽管《办法》并未对 P2P 网络借贷平台的注册资本门槛提出要求，但多数银行在资金存管上设有较高的资质门槛。如要求是国有企业、国企参股控股或者上市公司，注册资本在 3000 万元到 5000 万元，存续期在三年以上，还需要交大笔保障金，这就使得许多 P2P 网络借贷平台被银行拒之门外。其次，银行办理 P2P 网络借贷资金存管需要配备专门的员工，改进技术系统，可能导致存管成本过高，超出存管带来的收益。再加上 P2P 网络借贷平台可能会爆发平台风险，以致损害银行信誉，给银行造成不良影响，这使得银行不愿意办理“风险大、收益小”的 P2P 网络借贷资金存管业务。完善 P2P 网络借贷平台资金存管体系是确保 P2P 网络借贷行业可持续发展的关键。从监管层面来说，应加快法律规制进程，完善 P2P 网络借贷平台资金存管配套制度设计，实现规范存管。对存管资质、存管性质、存管流程、存管权责等各个环节进行立法规范，为银行开展 P2P 网络借贷资金存管业务提供明确的规范指引。具体建议如下。

1）对 P2P 网络借贷平台采取适度监管的原则

互联网金融的生命力在于创新，其监管也应鼓励互联网金融企业不断进行创新，促进互联网金融健康发展。互联网金融应遵循适度监管、创新监管的原则。P2P 网络借贷能够促进传统金融体制进行改革，打破传统金融机构的垄断地位，提高资源配置效率，促进小微企业获得正规、合法的资金来源，促进普惠金融实现。因此，对 P2P 网络借贷平台的监管不能过于严苛，监管层对 P2P 网络借贷资金存管创新的形式应当进行实时关注，对那些规范的、诚实的经营模式，采取适度宽松的监管措施。

2）P2P 网络借贷资金存管制度完善的立法建议

尽管《办法》提出客户资金由银行存管的要求，但目前仍然缺乏明确的法律依据和可操作的监管规则，因此可借鉴证券业监督管理机构颁布的《证券公司客户交易结算资金商业银行第三方存管技术指引》和《商业银行客户资金托管业务指引》，来完善 P2P 网络借贷资金存管制度。具体而言，存管银行可以根据网络借贷平台业务模式的不同采取不同的资金存管方式。

在纯信息中介模式下，借贷双方直接建立债权债务法律关系，P2P 网络借贷平台只提供信息咨询服务，不参与资金管理。在该模式下，资金存管银行只是接受借贷双方的委托，为双方分别开设资金账户并按要求办理资金划拨。在债权转让模式下，P2P 网络借贷平台先以贷款人的身份与借款人签订合同，然后将债权拆分，转让给投资者。在该模式下，资金存管银行接受投资人、平台和借款人的三方委托，对借款资金运用情况进行核实。

因此，应当从保护投资者权益和确保资金安全使用的角度出发，参照商业银行托管业务，由银行业监督管理机构指定相应的存管业务监管细则。同时，应当确保资金存管银行的独立性以避免产生道德风险，并且禁止商业银行为其参股或者控股的 P2P 网络借贷平台提供资金存管业务。在具体业务监管规则上，首先应当加强银行对客户的风险提示，要向投资人充分提示风险及注意事项。其次应对 P2P 网络借贷平台资金存管业务设立单独的交易监控规则。

第二节 P2P 网络借贷的风险隐蔽性特征、系统性风险防范

一、P2P 网络借贷的风险隐蔽性特征

一方面，随着互联网金融参与主体的多样化发展，甚至同一主体可能具有多重身份，加上互联网金融混业经营的大趋势，P2P 网络借贷的风险更易于隐藏起来。另一方面，互联网金融监管政策与法律法规尚处于完善的过程中，由于监管的不到位，P2P 网络借贷风险更难以被发现①。

P2P 网络借贷的隐蔽性主要表现在：违规方式隐蔽性增强、参与主体身份隐蔽性增强、互联网破坏平台技术隐蔽性增强，能在短时间内解散平台，给投资人带来一定经济损失，但由于其采取手段过于隐蔽，不易被发现，因此法律制裁总有滞后性。

1. 违规方式隐蔽性增强

目前，为非法集资，一些借贷平台诈骗手段多样，越来越不易被发现，如不法分子通过大量虚假宣传，以低投资、高利率、高回报等方式，短时间内吸引大

① P2P 网络借贷的风险隐蔽性特征主要是由信息不对称引发的，在借贷业务中，投资者难以识别融资者的隐蔽信息，导致借贷平台无法在网络上鉴别融资者的风险承受能力和水平，致使投资者在甄别客户时处于别动地位，隐蔽性风险增加。

量投资人，聚敛大量社会资金，后又跑路[①]。全国通过 P2P 网络借贷平台、互联网金融等方式进行非法集资的案件众多且作案方式隐蔽性越来越强：有以投资项目开发、房地产、生态保护、建设庄园为噱头，通过P2P网络借贷平台进行非法集资的，另有通过办理会员卡、铂金卡、优惠券等借助P2P网络借贷平台、互联网金融等方式集资的，还有以股票分红、认领股份等为噱头，借助P2P网络借贷平台、互联网金融方式集资的，不法分子通过各种噱头，骗取投资人的信任。

2. 参与主体身份隐蔽性增强

随着互联网金融体系日渐完善，普及性日渐增强，互联网金融活动中参与主体逐渐多样化，同一主体可能具有多重身份，甚至参与主体会隐藏身份或者不法分子会伪造身份，再加之经营本身也具有混业的特点，使得风险隐蔽性增强。从参与主体身份认证情况来看，通过身份证号码、手机短信验证码等方式认证身份的流程较为简单，由于门槛较低，参与主体容易隐藏身份甚至冒用身份、伪造身份，从事集资诈骗、非法集资、洗钱等违法犯罪行为。因此，应尽快完善相关政策法规，加强对 P2P 网络借贷参与主体的身份认证，建立征信体系，防止冒用、伪造他人身份信息和向社会公众虚假宣传、短期聚集大量财富后跑路事件的发生。

3. 互联网破坏平台技术隐蔽性增强

由于P2P网络借贷平台主要是借助互联网进行运营的且涉及大额款项资金流动与存放，加上互联网自身存在固有风险，因而P2P网络借贷更易受到破坏。在互联网技术进步的同时，网络安全攻击技术也在与时俱进，隐蔽性增强。对于此种技术支持风险，P2P 网络借贷平台应及时更新病毒、黑客检测与监控，不断更新先进的安全技术支持，防止平台内大量资金、出借方、借款人的身份信息、财产信息、交易记录、信用记录被黑客、病毒等攻击盗用。

二、P2P网络借贷系统性风险防范

1. 系统性风险的概念与特征

系统性风险对经济运行和社会生活的方方面面都有强烈的破坏力。截至目前，国内外对系统性风险尚无统一界定。有观点认为系统性风险是指由单个或少数金

① 2019年3月28日，东莞市公安局通报：3月27日，团贷网实际控制人唐某、张某主动向东莞市公安局投案，警方以涉嫌非法吸收公众存款案对团贷网立案侦查，并对实控人唐某、张某采取刑事强制措施。而在团贷网之后，包括鑫合汇、网利宝、信和大金融、捞财宝等在内的多家规模较大的平台，均在 2019 年被立案侦查。

融机构破产或巨额损失导致的整个金融系统崩溃的风险，以及对实体经济产生严重的负面效应的可能性。主流观点认为系统性风险是指由经济周期、宏观经济政策的调整、外部金融冲击等相关因素引发一国金融体系产生剧烈波动的可能性。在传统的纸质支付交易结算当中，对于出现的偶然性差错或失误还有一定的时间进行纠正，而在互联网金融的网络环境中，回旋余地就大为减小，因为移动互联网内流动的并不仅仅是现实的货币资金，而更多的是数字化虚拟信息。当金融风险在短时间内突然爆发时进行预防和化解就比较困难，这也增大了金融风险的扩散面积和补救的成本。从这点来说，互联网金融的系统性风险对金融系统和实体经济的冲击更大，一旦爆发危机，其破坏性可能更大，持续时间可能更长。系统性风险具有隐匿性、积累性和传染性特征。P2P 网络借贷系统性风险除具备传统金融风险特征外，也具备自身风险特征。

（1）交叉感染性。互联网金融不同于采取分业经营或分业监管的传统金融方式，不能将不同金融领域风险进行隔离，使其得到独立的管理与监控，互联网金融是多种业务相互交叉、相互关联的，这就使得多种参与主体进行交叉性活动，极易带来业务的交叉性传染特征，从而带来系统性风险。

（2）负外部性。除具有交叉感染性外，因为 P2P 网络借贷主要依托互联网金融，其风险传播速度快、可控性低。无论 P2P 网络借贷平台、众筹平台或者第三方支付平台，都是依托互联网发挥其作用。P2P 网络借贷平台出现问题风险时，其所具有的负外部性将被扩大，对整个金融市场产生大范围的影响。

2. *P2P 网络借贷系统性风险的防范措施*

1）加快金融监管体制改革，建立系统性风险防范机制

完善互联网金融风险防控体系，是所有互联网金融企业、金融机构等进行金融风险防范、风险控制的基础和核心竞争力。随着互联网金融的快速发展，金融混业经营现象越来越多，我国现有的分业监管模式显得力不从心。当前，缺乏系统性风险防范机制仍然是我国金融监管体系最主要的问题之一。在理论上，防范和化解系统性风险的职能是由中国人民银行承担的，具体由中国人民银行下设的金融稳定局负责。但是在实践中并没有有效的系统性风险防范应对机制，尤其是没有专门负责系统性风险监管的权威机构。因此笔者建议成立我国的金融稳定委员会，作为专门的系统性风险防范机构，弥补对系统性风险监管的不足。具体可以从以下几个方面构建。

首先，建立科学的互联网金融风险评价体系。互联网金融评价体系可以较为准确地对金融风险识别、金融风险衡量、选择各种处置风险的工具及金融风险管理对策等各个方面进行评估。结合互联网金融模式的运营特点及主要风险特点制定适当的风险评价体系，针对 P2P 网络借贷，应侧重对中间账户管理和业务真实

性进行分析和评价，采取必要的方法将风险进行科学量化，并以此作为衡量金融风险的重要指标。

其次，加强 P2P 网络借贷平台风险内控机制建设。对于 P2P 网络借贷平台来讲，建立和完善 P2P 网络借贷平台风险内控机制，能够有效地对 P2P 网络借贷平台风险进行事前预警、事中控制、事后弥补与纠正。可采取的措施有：第一，设立专门的风险防控部门。建立科学的信用评级系统，合理评价投资者、借贷双方等；建立风险识别与评估模型，建立 P2P 网络借贷平台风险预警机制，设置专人专岗进行实时监控和识别。第二，建立和完善风险准备金提取制度。根据 P2P 网络借贷平台的规模大小、产品性质、风险承受能力等情况，确定合适的风险准备金数额并允许足额提取，以充足的拨备和较高的资本金抵御流动性风险。例如，相关机构可以鼓励 P2P 网络借贷平台创新风险控制机制，创新 P2P 网络借贷利率定价机制。以当前的利率市场化为契机，结合地区、行业、产业等实际情况，确定 P2P 网络借贷平台合理的利率范围，建立实时的监测和预警机制，规范 P2P 网络借贷平台利率定价，严肃遏制平台高利贷行为。第三，创新贷后管理机制。借鉴国外网站的成熟经验，P2P 网络借贷平台可以通过成立贷款小组负责人和网络联保的方式，提高贷后管理的有效性，降低贷款违约概率。

最后，建立科学的信息安全防范体系。在互联网金融背景下，个人信息的泄露可能会带来难以挽回的损失。P2P 网络借贷平台应高度重视信息安全①，防止借贷双方的身份、资金、交易等信息泄露，保证相关信息的安全性和秘密性，对信息采取专人专管专查，进而确保 P2P 网络借贷平台的正常运营。

2）完善 P2P 网络借贷系统性风险监管的相关规则

为有效监管 P2P 网络借贷系统性风险，应在加快完善金融监管体制改革的基础上，完善 P2P 网络借贷相关监管规则。应当继续完善 P2P 网络借贷平台的准入和退出机制。2016 年 8 月 24 日发布的《办法》，在准入机制上，规定对 P2P 网络借贷平台实行备案登记制度。笔者建议应将备案登记与实缴注册资本制并行以提高 P2P 网络借贷平台准入门槛，防止 P2P 网络借贷平台系统性风险的发生；在退出机制上，《办法》虽然明确了网络借贷平台业务暂停与终止、破产隔离和备案注销制度，从原则上规定了退出机制，但是并没有细节性的制度构建，也不具有实际操作可行性。因此，应继续完善相应的退出机制。建立更加透明的信息披露制度并进行风险提示，促使 P2P 网络借贷平台稳健经营和控制风险。信息披露是防范系统性风险的重要内容。尽管目前《办法》中也有涉及信息披露和风险提示方面的规定，但是对于具体的详细披露规则及内容尚待完善。

① P2P 网络借贷平台应当加强内部建设和风险管控，更加注重技术安全和信息的真实性。

第三节　P2P 网络借贷投资者的分类与限定

由于金融市场上产品繁多，其在功能、结构、风险等方面都存在巨大差异，不同的投资者在资产规模、专业水平和风险承受能力等诸多方面千差万别，对投资者的保护不能一概而论，应当建立在对投资者和产品的适当性匹配的基础上。因此，欲对 P2P 网络借贷的投资者做出分类与限定，应当先探索合格投资者制度。2015 年中国人民银行等十部委联合发布的《关于促进互联网金融健康发展的指导意见》明确提出要建立互联网金融合格投资者制度。合格投资者制度是发展我国互联网金融和化解监管争议的核心和基础（陈森，2015）。合格投资者指的是那些拥有大量净资产并具有一定的投资经验和知识，具有相应的风险识别和风险承受能力的人（傅芸，2015）。在 P2P 网络借贷中，过高的投资者准入门槛会排除大量的中小投资者，而过低的标准又会使投资者承受的风险过高，进而造成难以承受的损失。各国对合格投资者的评判标准基本一致，包括投资者身份、投资经验、财务状况、专业知识等。而目前我国主要以投资者身份和财务状况为衡量标准，忽视了投资经验、专业知识、投资者对融资项目的风险识别与承受能力。但在实际操作过程中，投资者的投资经验、专业知识、对融资项目的风险识别与承受能力都会综合影响到投资者的综合投资决策水平。例如，一个个人投资者，无论其财务状况如何，若是其具备丰富的专业知识和投资经验，则他的风险识别能力和承受能力都会比一般投资者强。我国合格投资者制度的构建，需要综合考虑多种参数的影响，这些参数包括但不限于对投资者身份、教育背景、工作经验、投资经验、财务状况、专业知识等；同时也要采取灵活的合格投资者标准。

一、P2P 网络借贷投资者的分类

保护投资者权益是国际证监会组织确立的证券监管的三大目标之一，也是资本市场持续健康发展的基础。投资者的分类就是根据金融产品的特征与风险，依据投资者自身的风险识别能力与风险承受能力，将适当的产品卖给适当的投资者，避免将金融产品销售给与其风险识别和风险承受能力不匹配的投资者，给投资者造成不必要的损失，进而影响金融市场的稳定。近年来，我国虽然始终强调保护投资者的合法权益，但由于法律法规的不健全，投资者的分类缺乏顶层设计。目前对于投资者的分类，主要分散在行政法规、地方性规章和行业协会的自律规则之中，没有上升到法律层面，强制约束力与威慑力不足。而且，随着多层次资本市场的建设发展，互联网金融产品创新源源不断，金融监管的对象日益丰富，我国原有的监管理念、监管模式及监管方法已不能适应当前快速发展的资本市场。因此，明确投资者的分类对资本市场乃至金融市场的创新有着重大意义。

对于投资者的分类，国际上主要有三个分类标准：一是要求投资者的净资产达到规定的比例；二是全年投资总额必须控制在一定的范围内；三是要综合各种条件和参数对投资者的投资能力进行分析。美国将投资者分为可接受投资者、合格投资者、合格购买者和合格客户；欧盟依据投资者在知识储备、投资经验等方面的差异将投资者分为零售客户、专业客户和合格对手方三类，对不同的投资者提供不同的法律保护；德国根据《有价证券交易法》将投资者分为专业投资者和非专业投资者，所有的非专业投资者都视为零售客户，所有的投资者最初都属于零售客户，法律对其提供全面的保护。当然，通过申请并经金融机构审核通过后，零售客户也可以升级为专业投资者。英国将投资者分为零售客户、专业客户和选择性专业客户。法人或者机构投资者为专业客户，自然人不能成为专业客户，而选择性专业客户必须由零售客户或者专业客户提出申请。法国并没有对合格投资者的标准做出规定，在《参与性融资法令》中将投资者同普通投资者等同对待。意大利对合格投资者采用的是多层次分类标准，将投资者分为普通投资者和专业投资者，专业投资者包括私人专业投资者和公众专业投资者。投资者的种类不同，相应的监管要求也不同。日本法律对于合格投资者的界定比较保守，在《金融商品交易法》中，合格投资者主要包括机构投资者、政府、银行、投资者保护基金和法律规定的其他投资者，并将投资者分为一般投资者和特定投资者。

我国并没有明确投资者分类制度。因此笔者认为我国投资者分类制度应参考国外经验，依据投资者的财务状况、是否具备投资经验及相关投资知识将投资人分为专业类投资者和普通类投资者两类。机构投资者是法定的专业类投资者。机构投资者是专门的投资机构，有专业的投资团队，具有雄厚的经济实力，也具有足够的风险识别能力和风险承受能力。机构投资者主要包括证券公司、保险公司、证券投资基金管理公司、财务公司及信托投资公司等，但是养老机构和银行除外。与融资者存在特殊关系的投资者为专业类投资者。这类投资者主要包括融资企业公司董事、监事、高级管理人员或者与融资企业有关联的公司或者其他组织机构（梁清华，2015）。

二、P2P 网络借贷投资者的限定

投资者的分类是投资者限定的基础。不同的国家对于投资者的分类不同，以至对投资者限定的标准也不同。但总的来说，投资者的限定主要以信息获取能力、专业性和财务状况为主。

1. 信息获取能力

信息获取能力就是投资者掌握做出投资决策所需要的必要信息的能力。依据美国证券法的相关规定，在认定个人投资者是否为合格投资者时，若投资者能够掌握其他投资者无法获得的信息，或者能够通过某些渠道，如向专业投资人士咨询、参与投资类研讨会等获取信息，在很大程度上可以被认定为合格投资者。与传统金融相比，互联网金融的信息产生与积累大大降低了信息的不对称，同时也降低了交易成本。在互联网金融时代，随着网络技术的快速发展，信息的获取方式发生了变化，投资者可以通过融资者的网站主页了解其预计投资产品的信息，还可以利用第三方网站了解相关的新闻、对该金融产品的分析预测及监管部门出具的监管报告，而且也可以通过 QQ 群、微信群、微博等网络社交平台了解投资者期望获取的有利于他们做出投资决策的信息。随着大数据的运用，投资者也可以随时随地地利用图片、视频等多媒体获取信息。虽然获取信息的便捷性提高了，但是投资者如何从海量的信息中提取有用信息，还需要依靠自身的专业性。

2. 专业性

随着互联网金融创新和混业经营的快速发展，资本市场涌现出了一批专业性投资机构，如私募股权基金、资产管理公司、对冲基金和信托公司等。投资者对资产的投资方向、方式和时机都没有决定权，投资者与金融机构之间存在严重的信息不对称，可能购买自己完全不了解的金融产品而遭受损失（杨东，2014a）。因此对投资者进行限定的时候，专业性是必须要考虑的因素。专业性主要指投资者在做出投资决策时在其投资知识、投资能力及投资经验上所具备的专业性，主要体现在教育背景、投资经验、职业等方面。例如，投资经验的差异会导致风险承受能力上的差异，对于具备长期资本市场投资经验的自然人投资者来说，不管其是否具有强大的资金实力，都比一般投资者的风险识别能力和风险承受能力强。而对于法人投资者而言，金融行业的法人必然比其他行业的法人具备更加丰富的投资经验和更加专业的投资策略。在国外的立法中，只有具备专业金融知识和丰富的投资经验的自然人投资者，才可以成为专业投资者。对于专业性的具体标准，英国相关法律中规定在1年中平均每季度进行10宗交易并有至少1年担任相关交易的专业职位经历，即可认定为具有专业性。我国《证券公司投资者适当性制度指引》中规定的专业性标准为“具有 2 年及以上从事证券、期货、黄金、外汇等相关市场投资交易的经历，且过去 12 个月中证券交易不少于 40 次；或者具有 2 年及以上在专业投资机构从事金融产品或者金融服务的设计、投资或保险精算、金融风险管理工作经历”。综上，只有专业投资者才能投资风险大、复杂的金融产品。

投资者对产品的认知程度的限定也属于专业性范畴，P2P 网络借贷平台要求投资人对产品具备一定的认知程度。投资人对产品具有一定的了解与专业知识，会帮助其衡量与分析产品的产品收益与风险。同时，由于投资项目较多，品种较为丰富，投资者对产品认知程度强，可为其带来收益，为再一轮投资提供资金储备。与普通投资者相比，专业投资者有专业人士为其提供服务，产品认知程度高。

3. 财务状况

除了信息获取能力与专业性外，财务状况也是投资者限定的重要条件之一。纵观各国立法，财务状况良好或者说具有经济实力的投资者往往被认定为是合格投资者，而将财务状况不好的投资者视为普通金融消费者。根据投资者的财务状况、投资经验和对产品的认知及风险偏好，将投资者分为专业投资者与普通投资者。财务状况是专业投资者首要考虑的要素。美国在对投资人进行分类时，认定投资人为机构投资者或合格投资者或认可投资者的首要考虑因素就是投资人的财务状况，在美国《1993 年证券法》中，要求若投资者为自然人，则其自有资产或者与其配偶的共同资产净值不低于 100 万美元，或者最近 2 年内其个人收入不低于 20 万美元，或者与其配偶的共同收入不低于 30 万美元；若是机构投资者，则要求其总资产超过500万美元（吴艳梅和李敏，2017）。我国对于投资者财务状况的要求规定在《证券公司投资者适当性制度指引》第十条第四款第一项中，规定金融类资产不低于 500 万人民币的自然人投资者为专业投资者。

因此笔者在划分投资者时首要考虑的也是投资者的财务状况。投资者的财务状况是这三个因素中最为客观的限定条件，资产金额可采取两种方式进行衡量，第一种是个人持有的资产净值与其配偶共同持有的净资产或者机构总资产数额。第二种是一定期限内可合理预期的个人年收入或者与配偶共同的年收入。专业投资者意味着投资者财力状况较好，具有大量投资资金与周转资金且个人偿债能力强，债务负担轻，总之，与普通投资者相比，专业投资人具备雄厚的资金实力。而普通投资人利用手中的闲散资金进行投资，个人财务状况都会受到限制，并不具备成为专业投资者的关键条件。

除上述对投资人进行分类主要考虑的三种因素外，还应借鉴国外投资人分类经验，结合投资人的投资风险偏好、投资组合等其他要素。对投资人进行分类，并不是对其的歧视，而是为了规范对投资者的分类管理工作，采取提高投资者选择权及安全投资权益的方式，加强经营机构对客户的社会责任，使客户得到公平对待，建立金融市场有序秩序。

第四节　P2P 网络借贷的信用体系建设、监管体制构建

一、P2P 网络借贷建设信用体系的意义

P2P 网络借贷基于互联网虚拟平台完成借贷交易，平台的虚拟性使得借贷交易双方很难准确评估对方信用水平，如果不注重网络借贷信用体系的建设，会潜在地加大借款人违约风险，导致投资人与平台运营利益的持续性受损。具体而言，信用风险既包括借款人的违约风险，也包括平台对投资人的违约风险。因此，除了监控借款人信用风险外，也应当对平台违约风险进行动态监控。平台在吸引投资人投资时，为顺利融资，通常都会与其达成协议，约定给予投资人一定的收益。但如果平台经济实力弱或者运营不善导致实际违约便形成了 P2P 网络借贷平台信用风险。实践中 P2P 网络借贷平台不具备一定的周转资金，最终导致停业倒闭，这就是信用风险的体现。现阶段，借助我国互联网金融的逐渐兴起与日益完善，P2P 网络借贷平台的借贷业务也得到不断发展，但 P2P 网络借贷的法律法规约束机制具有追责及司法执行上的困难，导致借款人违约事件大量发生。总而言之，信用体系建设的作用在于声誉高的 P2P 网络借贷平台为保持其在信用方面的优势，会严控风险、合理运营，从而维持其较高的评级；而声誉低的 P2P 网络借贷平台则会有动力完善其风控措施、提升抗风险能力，尽量提高自身评级，从而对接征信系统，显著降低其征信成本。为降低 P2P 网络借贷信用风险，必须建立完善的信用体系，对 P2P 网络借贷信用风险进行动态评估与监控，以便更好地促进我国 P2P 网络借贷健康发展。

二、P2P 网络借贷信用风险及其产生的原因

1. P2P 网络借贷信用风险

1）概念

P2P 网络借贷行业发展方兴未艾，其背后的信用风险日益凸显。不断出现的涉嫌非法集资案件，如于 2015 年 12 月爆发的“e 租宝”事件，就在国内互联网金融领域引发了轩然大波。而且伴随着 P2P 网络借贷平台总数的快速增长，出现跑路、停业等违约情形的 P2P 网络借贷“问题平台”数量也大幅增加，进一步使 P2P 网络借贷平台信用风险呈现出前所未有的危机。一般而言，风险是指决策者在面临不确定情况时做出决策，并承担由此带来的自身利益的增加或者减少。P2P 网络借贷信用风险是指信贷风险，即借款人违约对贷款人造成损失的可能性（姜岩，2014）。作为最主要的金融风险，信用风险也指在资金借贷过程中各参与方签订合同之后，某参与方未按照事先约定的合同要求履行义务，从而导致其他参与方产生经济收益损失的风险。

2）P2P 网络借贷信用风险的类型

收益与风险总是成正比的，收益越高，风险就越高，而 P2P 网络借贷平台存在的信用风险，主要分有两种：一种是 P2P 网络借贷平台的信用风险，一种是借款人的信用风险。

（1）P2P 网络借贷平台的信用风险。对于 P2P 网络借贷而言，其信用风险主要指平台对投资者的违约行为：平台方与投资者签订合同，约定投资者通过平台方为资金寻找借款者而平台方需按照合同约定在到期后将本金归还投资者并保证利息收入，一旦平台方未能于到期时将本息支付给投资方就算发生违约，投资方即面临无法收回本金和获得预期利息收入的经济损失。因而，P2P 网络借贷平台信用风险的积累意味着投资方的潜在经济损失。交易中买者和卖者往往掌握不同信息，这就容易形成信息不对称，掌握信息比较充分的一方往往处于比较有利的地位，掌握信息不充分的一方则处于比较不利的地位。P2P 网络借贷平台就处于有利地位的一方，而借款人则处于比较被动的位置。在 P2P 网络借贷虚拟的交易环境下，各主体信息掌握程度不同，信息不对称问题就更为严重。此外，我国 P2P 网贷平台征信体系不完善，无法像部分征信体系完善的国家通过征信系统全面了解借贷平台的资信情况，进行有效的风险控制和贷后管理。

（2）借款人的信用风险。一般来讲，P2P 网络借贷平台是通过对借款人上交的资料数据进行信用评估，来决定借款人最大借款额度的。目前有些国家的信用

评级制度比较完善，P2P 网络借贷平台可以有效地获取借款人的信用信息，从而减少个人的信用风险。但就我国而言，在这一领域相对薄弱。各 P2P 网络借贷平台在进行交易撮合时，主要是根据借款人提供的身份证明、财产证明、缴费记录、熟人评价等信息评价借款人的信用。一方面，此种证明信息极易造假，给信用评价提供错误依据；另一方面，纵然是真实的证明材料，也存在片面性，P2P 网络借贷平台无法全面了解借款人的信息，做出正确、客观的信用评价。而一些不法分子就是利用这一点，在 P2P 网络借贷平台套取大量资金，导致平台出现坏账，损害投资者的利益。

2. P2P 网络借贷信用风险产生的原因

皇甫秀颜（2006）认为信用风险的产生原因有以下三点：社会分工与交易方式多元化是信用风险产生的前提；"经济人"是信用风险产生和形成的必要条件；信息不对称是信用风险产生的根源。P2P 网络借贷平台的信用风险包括借款人违约风险和平台对投资人违约风险两种。信用风险一般为借款合同中一方当事人不履行合同约定，不能按期还本付息，导致另一方当事人丧失期待利益的风险。笔者认为 P2P 网络借贷信用风险产生的原因主要有以下几个方面。

首先，借贷双方的信息不对称。借贷双方的信息不对称是 P2P 网络借贷信用风险产生的首要根源。

其次，征信体系不健全，借款方违约及重复违约成本低。我国的征信体系尚不健全，可以参考的立法仅有《个人信用信息基础数据库管理暂行办法》（2005 年）、《中国人民银行信用评级管理指导意见》（2006 年）、《征信业管理条例》（2013 年）、《征信机构管理办法》（2013 年）。虽然法律法规确立了征信的准则，但没有配套的具体实施办法，在具体落实上存在法律障碍。当前我国的社会信用环境不完善，征信体系不成熟，P2P 网络借贷平台难以有效便捷地掌握借款人的身份信息、财务状况、还款能力及借款资金的用途。同时，由于 P2P 网络借贷行业准入门槛较低，绝大部分的 P2P 网络借贷平台缺乏专门的信贷管理人员。再加上银行的信用系统并未对 P2P 网络借贷平台开放，平台之间也没有实现信息共享，借款人的违约成本低，这些都会构成潜在的信用风险。而且各征信机构信用评价不统一、数据互相割裂，为实现数据信息共建、共享增加了难度。再加上借款人与 P2P 网络借贷平台之间存在信息不对称，一旦出现违约，基本是靠 P2P 网络借贷平台自己消化损失。虽然 P2P 网络借贷平台为了降低风险采取了一些措施，但这些都不足以充分化解违约风险，当借款人实际违约时，P2P 网络借贷平台只能自己解决问题，如果超过自身承受能力，只能限制提现、关门甚至跑路。平台自身在运营过程中也存在问题。有的 P2P 网络借贷平台收费过高，加重了借款人的负担，增大了借款人的违约概率。据调查，一般 P2P 网络借贷平台发放贷款的平均利率在 10%~15%，加上各种管理费，借款人实际承担的利率会高达 20%~30%，这样的利率接近高利贷的边缘了。而且，一些网络借贷平台出于非法目的，隐瞒资金用途，上演“庞氏骗局”。

最后，P2P 网络借贷信用风险产生的另一重要原因是借款人存在信用叠加。目前缺乏实时共享的信用数据记录，容易导致同一位借款人可能会在多家 P2P 网络借贷平台上连续借款，这样就会产生同一借款人在同一时期的借款总额超过其信用偿还能力，易导致信用风险爆发。

三、P2P 网络借贷平台监管体制的构建与信用体系的建设

信用风险是金融市场上面临的首要风险，当下加强信用风险防控是所有互联网金融公司强化核心竞争力的必然道路。近年来，P2P 网络借贷平台发生大量欺骗消费者、平台跑路及借款人拖欠大额平台资金事件，P2P 网络借贷平台如果不能很好地加强信用体系的建设与监管体制的构建，很容易导致互联网金融体系的破坏。因此，必须尽快构建信用体系，加大对 P2P 网络借贷平台信用监管，促进金融体系稳定与和谐发展。

1. P2P 网络借贷平台监管体制的构建

2016 年 8 月 17 日，中国银行业监督管理委员会会同工业和信息化部、中华人民共和国公安部和中华人民共和国国家互联网信息办公室等十部委联合发布了《办法》，一定程度上改变了我国 P2P 网络借贷平台性质定位不明确、行业准入规则缺乏、监管制度不健全的状态。《办法》从监管主体、监管模式和监管规则对 P2P 网络借贷平台进行了有效的细化规定，具有针对性和实用性。对规范互联网金融的发展，引领行业走向法治轨道有重要的意义。但是《办法》只是大致确定了各监管主体的职能分工，但并未明确地方各金融部门的具体工作职责，其规定有待于进一步细化。因此，应建立多层次的监管体系。

2. P2P 网络借贷平台信用体系的建设

1）建立 P2P 网络借贷平台评级机构，确立行业评级标准

目前国内监管部门尚未设立专门针对 P2P 网络借贷平台的权威评级机构，虽然有少数类似于“网贷之家”的商业性网站从事平台的数据收集及评级工作，但一方面，不同于监管部门，此类商业性机构收集的相关数据极为有限，并无权限获得反映平台内部运营情况的诸多详细数据；另一方面，网站间各自为政，没有

统一全面的平台评级标准，依据各自内部评分原则得出的评级结果只能提供参考，远不如国家在监管层面成立的专门评级机构给出的结果权威可靠。鉴于此，成立专门的平台评级机构和确立评级标准显得尤为必要。平台评级机构应建立专门的数据库，并以互联网为媒介与各平台的子数据库连接，从而获取各平台运营的实时数据，在整理数据并对其风险评测后，定期发布各平台的评级报告，以反映各平台的真实运行情况。当评级实现常态化并日臻完善，就可以逐步明晰描述平台运营各方面状况的评级标准，最终形成一套覆盖P2P网络借贷平台全行业的评级制度，为声誉机制发挥效用提供外在的制度基础。

2）综合P2P网络借贷平台征信系统，实现各平台信息共享

征信系统是P2P网络借贷平台信用信息主要的来源，一方面依赖于各平台在撮合投融资过程中审核和累积的信用数据，另一方面则依靠平台之间信用信息的共享。更重要的是，信用信息资源在互联网金融时代对一个企业来说至关重要，各个P2P网络借贷平台也对自身的资源非常重视。但是在经济全球化、国际金融的大背景下，信用风险是互联网金融所面临的首要风险，加强信用风险防控是互联网金融企业强化其市场竞争力的必然道路。所以，在P2P网络借贷平台信用风险防控机制建设过程中，除了继续推进互联网金融风险信息共享系统外，还应进一步加速P2P网络借贷平台之间的信息共享①。

现阶段我国征信体制尚不健全，P2P网络借贷平台无法针对借款人的历史信用记录进行参考，导致信用风险预警能力大大减弱。同时，P2P网络借贷平台不健全的征信机制也会导致P2P网络借贷平台通过融资渠道获取贷款的信用信息没有体现在征信报告上，这会导致金融类机构短时间内重复放款的情况，从而增加借款人的负债与违约风险。为降低借款人违约风险及P2P网络借贷平台对投资人的违约风险，可以从以下两个方面来完善P2P网络借贷平台信用体系：第一，拓宽征信渠道，扩大征信体系的覆盖面。征信渠道不应仅限于银行等金融机构，征信体系的覆盖面也不应局限于信贷层面，反映企业和个人信息的其他经济社会活动都应当纳入征信体系。比如，水电、燃气等生活费用及手机通话费用的缴纳是否及时、是否拖欠，再如是否有违反交通、公共场所秩序的记录等，均可作为信用信息的重要参考。第二，实现中国人民银行征信系统与P2P网络借贷平台的有限对接。要对P2P网络借贷平台开放企业与个人信用信息数据库，以降低平台的征信成本，增强征信数据的可靠性，从源头上控制平台的信用风险。但值得注意的是，由于存在企业及个人隐私信息泄露及滥用的风险，对接的范围及对象应当

① 2019年9月初，互联网金融风险专项整治工作领导小组及网络借贷风险专项整治工作领导小组联合发布《关于加强P2P网贷领域征信体系建设的通知》，支持在营网络借贷机构接入征信系统，并要求各地整治办组织辖内在营的网络借贷机构接入金融信用信息基础数据库运行机构、百行征信等征信机构。

有限，即征信系统的开放对象仅限于在中长期始终保持较高评级水平的平台群体，同时还要及时对他们进行数据保密、平台运营的跟踪检查。第三，联合第三方征信机构，将平台自身的信用评价制度与第三方征信体系相结合，形成统一的征信体系，把平台用户个人信息及借贷交易信息纳入其中，形成数据资源共建共享，增强 P2P 网络借贷平台防范信贷风险的能力。

应当逐步建立适当的开放征信数据①，建立健全信用体系，降低金融服务成本。为真实了解借款人的个人身份信息、财务状况、信用记录等和平台真实运营情况，应当完善征信机制。要对 P2P 网络借贷平台开放企业与个人信用信息数据库，以降低平台的征信成本，增强征信数据的可靠性，从源头上控制平台的信用风险。此外，还可以通过运用大数据健全征信体制。各类互联网平台内部包含大量且多样的数据，如社交平台大量数据，这可帮助平台加深对用户的行为的了解，便于平台对借款人提交信息的真实性进行全面的分析，降低违约风险。

3）加强 P2P 网络借贷平台信息披露制度，提高行业透明度

在建立完善信息披露制度过程中，监管部门针对 P2P 网络借贷平台制定严格的强制披露机制是重中之重。其总的原则是，各平台必须及时、全面、准确地披露其运营状况及潜在风险。具体而言，各平台要披露公司的基本信息，包括股东法人信息、组织管理结构、基本业务模式等；各平台要披露平台资金和业务运作以保证其透明度，既包括资金的来源、流向、用途，又包括运营时间、收费标准、平台交易额、累计用户数等；最为核心的是平台方的风险敞口和风控措施，包括其借款集中度、待还资本比、坏账率、逾期率、投资标的风险评级及风险管理操作流程等，当然也要披露担保方的资质、偿还能力等信息；在技术层面，还应公开其数据传输、账户及网站的安全性计算机网络信息。各信息平台必须对其真实性、准确性负责，确保公开披露的信息内容无虚假、无严重误导性陈述或无重大遗漏，并且按统一口径统计、报送至监管部门。此外，平台还须定期接受第三方权威审计机构的审计核查并将审计结果对外公示。同时呼吁政府加强行业监管，引导行业自律，定期向社会披露相关法律法规及行业信息，提高行业透明度，让投资者了解更多真实的信息，减少投资风险，提高投资效率。

---

① 2013 年，上海资信有限公司建立了全国首个基于互联网提供服务的征信系统——网络金融征信系统，该系统将网络借贷企业征信数据纳入，实现网络借贷企业信息共享。

第五章　众筹的特性、发展与风险监管

第一节　众筹内涵阐述和特性

一、众筹内涵阐释及类型

众筹即大众筹资之简称，是指企业或个人将其项目介绍、筹资金额、筹资期限等相关信息经审核发布在互联网众筹平台，公开向大众筹集资金的新型融资模式[①]。国际证监会组织将其定义为："项目发起人通过互联网平台（众筹平台），从大量个人或组织（出资人）获得较少资金以满足项目、企业或个人资金需求的活动。"（封北麟，2017）众筹作为互联网金融的重要组成部分，根据回报形式的不同，主要分为四种类型：债权众筹、股权众筹、产品众筹及公益众筹。其中，债权众筹的属性为民间借贷法律关系，本质是P2P网络借贷行为，因其规模大，较众筹而言具有一定特色，现已独立于众筹领域，发展为互联网金融的组成部分之一，即P2P网络借贷。相关内容详见第四章，本章不予赘述，仅围绕股权众筹、产品众筹和公益众筹展开讨论。

股权众筹[②]有广义与狭义之分。广义的股权众筹是指通过中介机构撮合融资企业和投资者的权益性融资方式。狭义的股权众筹是指初创企业通过众筹平台将所需融资项目情况、融资需求及出让股份公布在众筹平台上，由注册的合格投资者认购股份，支持创业项目的发展，投资者获得一定的股权作为回报（邱勋和陈月

① 杨东教授把互联网金融定义为众筹金融，它是指依据移动互联网、大数据、云计算，实现支付清算、资金融通、风险防范等金融本质的回归，并且具有快速、便捷、高效、低成本的优势和场外、涉众、混同的特征，并能打破金融垄断，实现消费者福利。

② 如天使汇、大家投、众筹客、人人创。

波，2014）。本章所称股权众筹指狭义的股权众筹。

产品众筹[①]又称奖励众筹、回报众筹、预售众筹，是指融资者借助众筹平台发布其产品（或服务）原型或产品（或服务）的想法，吸引平台众多投资者从而获得资金，用以制造产品或提供服务，项目完成后给予投资者无偿或低价获得产品（或服务）、精神奖励等非金钱形式的回报。产品众筹范围广泛，包括电影、汽车、摄影、音乐等诸多领域。本质为预购合同法律关系，融资者兼具经营者身份，投资者可视为产品（或服务）的消费者，在产品（或服务）尚未成型时预先支付一定资金，最终获得成品。

公益众筹[②]与股权众筹、产品众筹相比，特征明显。股权众筹与产品众筹的投资者均要求获得一定回报，而公益众筹具有公益的性质，投资者往往不以回报为目的，而是出于慈善。公益众筹目的纯粹，旨在通过互联网众筹平台发起公益项目进而向社会公众募集资金。若目标金额完成，则开展公益项目，反之，平台向投资者退还资金，但并非所有公益众筹平台在项目失败时均如此。

二、众筹的特性

众筹具有大众、小额、公开、便捷高效、低成本、低门槛、发展潜力大等特性，并且这些特性适用于众筹的所有类型，可以称之为众筹的通性。

大众、小额是众筹最为典型的特性。众筹意为大众筹资，筹资者借助互联网众筹平台进行融资，平台面向社会公众，具有公开性，并且一般仅有募集总额的要求，对社会公众的投资额并无限制。因此，公众投资中小额资金居多。互联网众筹平台成本低、门槛低，筹资者可免费注册账号，并且在平台发布项目只需满足基本要求（如具备一定行为能力、遵守法律法规、贯彻诚实信用原则等）。而投资者一方也可针对自己感兴趣的项目直接投资，并在项目成功后获得一定回报。

基于众筹的以上特性，可见众筹之发展潜力巨大。

1. 股权众筹的特性

股权众筹具有证券属性、长期性和高风险、高回报等特性。

第一，股权众筹具有证券属性（汪振江，2017）。《中华人民共和国证券法》对证券进行了外延式的列举，如股票、公司债券和国务院依法认定的其他证券。尽管缺乏精确的定义，但还是可以通过借鉴美国证券的认定标准来分析其证券特

① 如京东众筹、淘宝众筹、点筹网。

② 如微公益、水滴筹、米公益。

性。首先，投资者需要投入资金；其次，该笔资金投资于共同事业；再次，投资者具有从中收获利益的期望；最后，所获得的利益主要来自他人的努力。股权众筹是互联网金融时代的一种融资模式，它是指融资人面向广大普通投资者，通过出让一定比例股份的方式来筹集资金的融资模式，投资者可以通过出资入股该公司，从而成为其股东，并享有一定的股东权利，期待在未来获得一定的增值收益。通过股权众筹的方式进行融资的一般是尚在初期发展阶段的初创企业或中小微企业。结合上述证券性质的判断标准，股权众筹活动中有一批投资者投入资金，他们投入同一个众筹项目，并且希望能够获得预期的收益，其所获利益完全取决于融资公司的经营业绩，而投资者本人并不参与公司的日常化经营活动。因此，股权众筹完全符合证券的特征，但是至今仍没有办法将其归入某一类证券中，具体原因如下：①股权众筹与债权性质的债券格格不入，当然也不属于证券衍生产品；②股权众筹与股票看似最为接近，但两者的发行主体完全不同，前者是初创企业，后者是成熟的大型企业；③股权众筹也不属于证券投资基金，因为证券投资基金的投资对象仅限于股票、债券、国务院证券监督管理机构规定的其他证券及衍生品种。至此，应将股权众筹单独列为一类证券融资模式，并有待《中华人民共和国证券法》进一步规范。

第二，股权众筹具有长期性。股权众筹是融资人通过出让一定比例股权进行筹资的新型融资模式，投资人投入资金后即取得相应股权作为回报，享有利润分配请求权等股份利益。股权众筹不同于其他众筹类型。产品众筹投资人完成投资，项目成功即将产品（或服务）投入实施，此过程一般较为短暂和固定。公益众筹投资人不以回报为目的，一旦以资金支持公益项目，众筹即告结束。而股权众筹有赖于融资公司的经营状况，以公司盈利为前提，将税后所得予以分配。我们知道，公司的经营是一个长期性的过程。由此，股权众筹自项目筹资到获得股份利益也具有长期性。

第三，股权众筹是一种高风险、高回报的融资模式。如前所述，股权众筹有赖于融资公司的经营状况，以公司盈利为前提，而公司经营具有一定的风险，在公司整体运营的过程中存在诸多不确定因素，往往“牵一发而动全身”，一旦公司无法经营导致失败，投资人将遭受损失。当然，投资人选择的融资公司经营状况良好，收益高，其获得的股份利益也相对较多。较其他众筹而言，股权众筹是一种高风险、高回报的众筹类型。

2. 产品众筹的特性

产品众筹具有预购性、团购性、广泛性、低风险、低回报等特性。

第一，产品众筹为“预购+团购”模式。其实质类似于商品预售，本质属性为预购合同法律关系。产品众筹在互联网众筹平台上发布项目信息，面向社会公众开放，针对同一个项目会有多个投资人选择支持、投入资金，单一项目的成功依靠大众整体投资，当数额达到筹资目标时，项目才可继续进行。此种融资模式还带有强烈的团购属性。

第二，产品众筹具有广泛性。产品众筹的客体是产品或服务，根据产品或服务的类型，可分为汽车众筹、电影众筹、出版众筹等，并且随着经济与科技的发展，还将会出现新的产品众筹类型，所涵盖的领域极为广泛。

第三，低风险、低回报也是产品众筹的特性。产品众筹较股权众筹、公益众筹最大的不同在于其回报形式的特殊性。股权众筹以股份利益作为回报，公益众筹不要求回报，而产品众筹以无偿或低价获得产品或服务为主要的回报方式且为非金钱形式。相较于股权众筹，产品众筹的回报较少，有时甚至仅能获得诸如电影片尾致谢之类的精神奖励。与此同时，产品众筹带来的风险也一般较低。投资人主要面临投入资金后无法获得产品或服务或其他精神回报的风险。

3. 公益众筹的特性

公益众筹具有公益性、救助性等特性。

公益性是公益众筹最为典型的特性。公益众筹的投资人出于慈善投入资金，无偿支持公益项目，并非以给自己带来利益为目的。因此，公益众筹本质属性为赠与合同法律关系。投资人进行投资不是出于收益，而是基于公益。投资人往往不求回报，但会因此获得源于道德良知的内心满足感。

救助性是公益众筹的又一特性。发起人发起公益众筹一般针对弱势群体，如儿童、老人、残障人士等。这些群体在社会生活中处于相对弱势的地位，需要获得大众的救助，而互联网公益众筹相较于传统型公益活动具有较多优势。一是互联网公益众筹更加便捷。发起人通过互联网公益众筹平台发布公益项目信息，可以不受时间与空间的限制，使得任一公益项目均能随时随地进行，大大提高了弱势群体及时得到社会救助的可能性。二是互联网公益众筹同其他众筹类型一样，也是低成本、低门槛的。项目发起方通过压缩项目人员及办公场地的成本，使公益众筹融资成本降低，使更多的善款资金用于有需要之人。同时，平台的开放性、资源的共享性、项目的公开性，也使得网络公益众筹项目的进入门槛偏低，减少了对参与人的要求，有利于践行“人人参与”的公益众筹理念，提高公众的参与性，增强普通大众的参与感和公益体验感（杨睿宇和马箫，2017）。因而低成本、低门槛使得互联网公益众筹的社会救助成本降低，便于公益众筹救助性的体现。

第二节 众筹的发展现状与发展趋势

一、众筹的发展现状

1. 国外发展现状

众筹最早源于美国，而产品众筹又是最初的众筹模式。美国 ArtistShare 于 2003 年 10 月在互联网站上发起了第一个项目融资，主要面向音乐界的艺术家及其粉丝。粉丝通过网站出资资助艺术家，艺术家通过网站融资，解决录制唱片过程中的费用，而所有出资的粉丝以获得艺术家的唱片为回报（李平等，2015）。可以说，ArtistShare 是互联网产品众筹模式的鼻祖。

2008 年金融危机给全球经济带来了巨大冲击，特别是中小微企业，这些企业规模较小，融资困难，突发的金融危机更加使其陷入困境。因此，中小微企业吸引投资的需求愈发强烈。这为股权众筹的出现打下基础。如前所述，股权众筹具有许多优良特性，大众、小额、低成本、低门槛等众筹通性亦适用于其自身。这些特性恰恰为中小微企业解决困境之良药。由此，股权众筹这种新型融资模式出现于大众视野，并且发展迅速。早在 2005 年成功上线的 EquityNet 为美国第一个涉及股权众筹业务的网站，而成立于 2011 年的 AngelList 作为美国股权众筹的鼻祖，开创了联合投资（即“领投+跟投”）的创新模式。联合投资意指 AngelList 上的大众投资人作为跟投人，跟随某个领投人并组成联合投资体，共同向领投人发掘出来的项目投资。待项目退出时，跟投人支付一定比例的投资收益给领投人作为回报。2012 年 7 月，FundersClub 成功上线，之后不足半年就吸引了超过 3400 名投资者，其中逾 10%的人参与过真正的投资（孙梦超和黄琳，2015）。2012 年美国《工商初创企业推动法》的通过也推动了股权众筹的发展。法案的主要内容是修改了美国证券市场的基准法律条例，从而对融资者借助众筹平台进行融资的合法性予以认可，使其不再徘徊于触碰法律底线的边缘。美国证券交易委员会还专门针对《工商初创企业推动法》中有关股权众筹内容的落实出台了《众筹条例》，引导股权众筹在美国持续健康发展。

日本的互联网金融发展较早，大致出现于 2000 年左右。因此，日本在互联网金融方面较其他国家更为成熟。但众筹作为互联网金融的一部分，在日本仍有待进一步发展，众筹的重要性亦将越发凸显，尤其是在中小微企业面临融资困境之时。于是，2014 年日本金融审议会向国会正式提交《金融商品交易法》等部分修改法案。该法案中规定：采用众筹融资的融资者不再需要提交专业的有价证券申报书或者通知书，即使采取的是隐名合伙形式进行出资的投资者也不用再通过烦琐复杂的过程注册成为金融产品交易者。但是修改法案中仍旧对融资平台进行了较为严格的限制。我们可以从修改法案中看出，日本开始逐渐重视众筹这一新型融资模式。

韩国目前从事的业务主要分为股份投资型、贷款型及捐款补偿型三类，已有的众筹平台包括 Money Auction、Wadiz、Open Trade 等。Money Auction 属于贷款型众筹平台，2013 年成立的 Wadiz 平台属于捐款补偿型，即投资者对初创企业进行项目投资获得企业产品的补偿。直至 2015 年 7 月，韩国国会通过了被称为“众筹法”的《金融投资服务与资本市场法案》，意味着互联网众筹在韩国即将步入合法时代。为防止互联网众筹诈骗等行为，该法案规定融资方对股份的处置权期限设置为一年，同时规定资本金在 5 亿韩元以上并进行注册即可设立互联网小额投资中介（即众筹平台），从而放宽了众筹平台的设立门槛。此外，该法案还规定了市场参与方的投融资限额，一家融资企业一年最多可通过众筹融资 7 亿韩元。

2. 国内发展现状

众筹在我国的发展极为迅速，但起步较晚。直至 2011 年 7 月，“点名时间”才正式上线。它是国内首个众筹网站。随后，其他众筹网站如雨后春笋般陆续出现，众筹业飞速发展[①]。有学者认为，2011 年是众筹的启蒙年，以“点名时间”正式上线为标志；2012 年是起步年，各类众筹网站陆续出现；2013 年是成长年，众筹模式日渐成熟；2014 年是监管元年，政府开始出台众筹相关规定，重视对众筹的规制，以 2014 年 12 月由中国证券业协会起草，目前尚处于讨论阶段的《私募股权众筹融资管理办法（试行）（征求意见稿）》为标志；2015 年是众筹的分水岭，一些规模小的众筹网站面临转型甚至下线，而规模较大（淘宝众筹、京东众筹、苏宁众筹等）或者转型成功的网站依旧风生水起，依笔者看来，2016 年是重点监管年，众筹在立法上的空白使得法律事件频发，加强监管已是迫在眉睫；2017 年是改革年，大型众筹网站的上线导致小规模众筹平台业务量急速下降，濒临破产，于是小规模众筹平台纷纷改革转型，细分市场，专攻于某一领域；2018 年则是规范年，尽管配套法律法规尚未出台，《私募股权众筹融资管理办法（试行）（征求意见稿）》也仍处于讨论阶段，但经过多年的发展，众筹在我国已渐趋成熟，实

① 2011 年 9 月，首个公益众筹平台追梦网上线；2011 年 11 月，股权众筹平台天使汇上线；随后大家投、众筹网、中国梦网等众筹网站陆续上线。

践中对于众筹的监管也越发规范化。

众筹家和烯易发布的《2019 年互联网众筹行业研究报告》显示，截至 2018 年 12 月底，运营的众筹平台仅 147 家，相比 2017 年，新上线与运营平台数量骤减（图 5.1）。

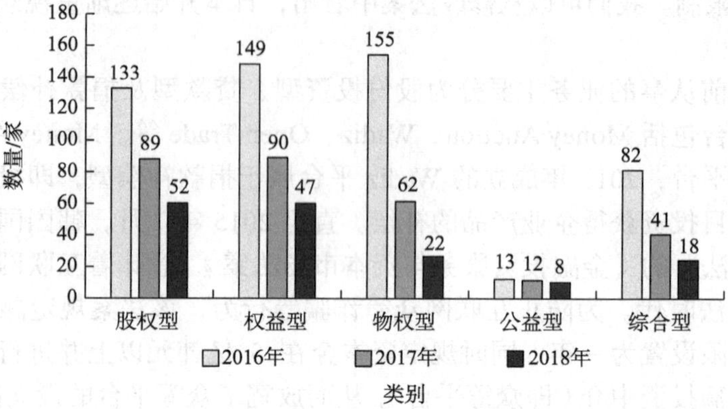

图 5.1　2016~2018 年在运营中的众筹平台分类走势图

另外，据众筹家旗下人创咨询统计，截至 2020 年 4 月底，我国处于运营状态的众筹平台共有 59 家。2020 年 3 月尚处于运营状态的平台中，有 5 家平台无法打开网页。运营中平台的类型分布为：股权型平台有 21 家，权益型平台有 22 家，物权型平台有 5 家，综合型平台有 7 家，公益型平台有 4 家（图 5.2）。

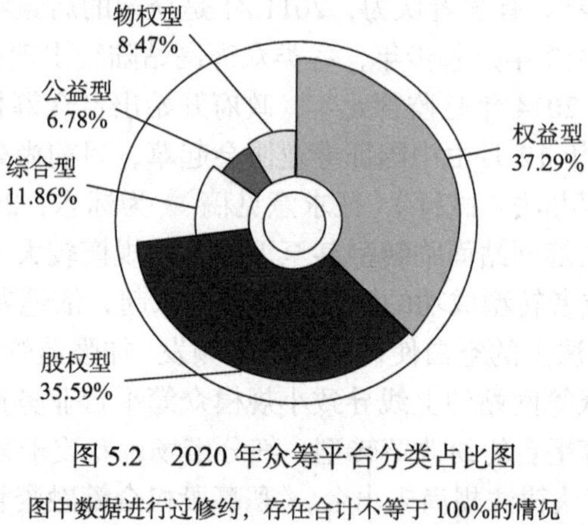

图 5.2　2020 年众筹平台分类占比图

图中数据进行过修约，存在合计不等于 100%的情况

从众筹成功项目与融资额总体情况来看，众筹家和烯易发布的《2019 年互联网众筹行业研究报告》显示，截至 2015 年，众筹平台总融资额为 110 亿元；2016 年，与众筹平台数量大幅下跌不同的是，众筹成功项目与融资额呈上升趋势；2018

年上半年，众筹平台成功项目为 40 274 个，成功项目融资额达到 137.11 亿元，与 2017 年同期融资总额 110.16 亿元相比增长了 24.46%。

据人创咨询统计，2020 年 4 月份，大部分股权型众筹平台几乎没有成功项目，仅第五创在 2020 年 4 月保持有 2 个成功项目的产出，成功项目的实际融资额为 164.55 万元。2020 年 3 月共有 8 个成功项目，成功项目的实际融资额约 127.69 万元。相比 2020 年 3 月，第五创的成功项目数量及投资人次呈现下降趋势，但实际众筹金额小幅增加，增幅为 28.87%。

2020 年 4 月，从权益型众筹平台发展情况来看，众筹家选取了五家权益型众筹平台作为分析样本，这五家平台分别是小米众筹、苏宁众筹、摩点网、淘宝众筹、京东众筹。2020 年 4 月这五个平台共成功 381 个项目，成功项目总融资额约 1.62 亿元，总支持人次约 115.49 万人次。五家权益型平台在 2020 年 3 月共成功 251 个项目，成功项目总融资额约 1.43 亿元，总支持人次约 62.43 万人次。同样五个平台的数据对比，2020 年 4 月的成功项目数、成功项目融资额和成功项目投资人数均呈现上升趋势，其中成功项目投资人数上升幅度最大，较 2020 年 3 月环比上升 84.97%（表 5.1）。

表5.1　权益型众筹平台发展情况

序号	平台名称	成功项目数/个	成功项目融资额/万元	成功项目投资人次
1	小米众筹	23	11 271.04	709 965
2	苏宁众筹	10	2 139.04	147 268
3	淘宝众筹	150	1 231.29	78 846
4	摩点网	77	1 055.27	44 217
5	京东众筹	121	530.92	174 559

从以上分析可以看出，从 2016 年开始，众筹平台数量大幅下跌，但 2017 年成功项目和融资额反而呈上升趋势，说明众筹行业已经出现头部平台资源聚拢，行业将朝着更加合理规范的方向发展。近年来，众筹行业项目日趋多样化，逐渐涉及酒店、民宿、农业、网络电影等项目①，随着众筹项目朝着多样化、纵深化发展，更具深度、广度、宽度的众筹行业将面临新的生机。

二、众筹的发展趋势

1. 监管趋严，网络众筹进入整合规范期

众筹自 2011 年进入我国大众视野以来，就颇受欢迎，特别是众筹化解了中小

① 如多彩投的“摩洛哥喜悦秘境酒店”的总融资额达到 9900 万元，远超预期融资额 1500 万元。

微企业长期融资困难的处境。根据经济学长尾理论，众筹的出现推翻了人们仅关注大企业的传统观念，将视线转向不被重视的中小微企业[①]，打破现有竞争局面。并且众筹大众、小额、公开、便捷高效等优良特性与如今的“互联网+”、大数据时代贴合。正是基于以上种种优势，众筹自首次进入公众视野便一直保持迅猛的发展态势。然而，随着众筹的野蛮生长，弊端也逐渐显现。诈骗、非法集资等一系列现象伴随着众筹一起出现，与此同时，众筹网站自身也存在监管漏洞。2014年，政府开始关注众筹行业的相关立法，可以说是众筹的监管元年。而2016年则是重点监管的时期，全国统一开展互联网金融专项整治活动，以非公开股权融资为重点。经过整改，有些众筹平台面临改革转型甚至下线。相较于过去，众筹网站的发展渐趋平缓。平台更加注重项目的质量及对投资人的筛选，在发布项目信息时也更加谨慎；投资人一方在积累了经验之后也不再盲目进行项目投资。众筹平台经过多年发展，从起步到成熟，加之相关政策的陆续出台，众筹行业日趋规范化。笔者认为，2018年为众筹规范年。此后相关规定正式公布实施，将引导众筹业步入更加规范的轨道。

2. 场景金融与细分市场相伴

2015年是众筹行业的分水岭，一些规模小的众筹网站面临改革转型甚至下线的风险，而规模较大（淘宝众筹、京东众筹、苏宁众筹等）或者转型成功的网站依旧风生水起。因大型众筹网站的上线导致小规模众筹平台业务量急速下降，濒临破产，综合类业务几乎被淘宝、京东、苏宁等众筹巨头所包揽，于是小规模平台纷纷走向改革转型之路，朝着市场细分，专攻于某一领域的众筹平台迈进，将项目做小、做精，更加专业化，打造自身特色，以此增强行业竞争力。

场景金融与细分市场相伴。互联网金融时代强调以用户需求为导向，以用户体验为核心，围绕着用户的个性化需求为用户定制个性化服务，是更人性化的服务模式，有利于提高用户的生活品质。在项目质量达到一定水平之后，众筹的竞争就是场景之争，得场景者得天下。

3. 移动端主流化

尽管目前中国众筹发展很快，但还是有很多人并没有实际参与到众筹的投资中，众筹在中国确实还没到家喻户晓的地步。未来，这种局面将会改变，智能手

① 众筹家和烯易发布的《2019年互联网众筹行业研究报告》统计显示，中国拥有5400万中小微企业，潜在资金需求高达4.4万亿美元，而当前资金供给仅为2.5万亿美元，资金缺口高达1.9万亿美元。正是中小微企业对早期发展资金迫切的需求催化了众筹行业的发展。

机会促使众筹成为主流。借助于全天候移动接口，投资者便能从多角度、多方位随时随地把控众筹的最新消息，不仅能够对众筹项目有全局性的了解，还能够加深对新科技的认识。倘若人们对某一项投资有兴趣，便能够成为某一类新颖产品的投资者，其过程的便捷性和快速性使之拥有超越 PC（personal computer，个人计算机）端的绝对优势，成为众筹平台未来发展的不二选择。

4. 信息披露透明化

在日新月异的信息时代，借助于互联网这一网络环境，信息呈现透明化的发展态势，每个投资者都能够对被投资的标的物有全局性的了解，依附于较为透明化、有序化的众筹平台，能够帮助投资者制定稳健化、高质量的决策，也能够培育理性的投资心态。透明由多方面的因素决定，即是否将被投资的项目信息详尽化、细致化地呈现在众筹平台，是否对被投资项目的发展动态实时把控，是否阐明投资方的详细概况。在投资者落实和践行投资行为后，平台需阐明被投资方的最新动态和发展进程，并提供相应的操作方式，使得投资者能够在该平台管理其已有的投资方案。基于这一过程，倘若投资人能够从多角度、多方位精细化地了解项目，便能够为优质化、准确化决策的诞生提供强有力的支撑，进而能够培育睿智和理性的投资心态。

5. 众筹创新化

当众筹亮相之时，便为市场发展倾注了与众不同的创新元素和生命力。即使部分创新方案有其不足之处，或是方案因政策而止步前行，然而，不可否认的是，这些创新方案能够沉淀许多新颖独特的思维和理念，能够为众筹行业的发展提供方向。在创新不断涌现的今天，众筹行业能够秉持理性和求真的态度，砥砺前行。创新是众筹行业的制胜筹码，在固有的思维模式中突破，最大限度地提升用户使用感，是众筹行业不竭的努力源泉。

6. 众筹生态化

众筹的发展不能仅仅依附于某一个平台，而需巧妙性地借助于资本市场的高效性和卓越性，提升与资本市场的联结性和紧密性，才能够彰显众筹的生态化。未来，众筹平台将会尝试与天使投资基金、创业服务者搭建合作的桥梁，使其能够为创业者的发展提供强有力的支撑，为优质项目的诞生积蓄力量，借助实用性强、适用性高的项目，将平台的效用彰显发挥出来。

第三节　众筹的风险识别及监管举措

一、众筹的风险识别

1. 法律风险

1）刑事责任

股权众筹作为一种新兴的互联网金融筹资模式，自其产生以来就面临着诸多风险。最为主要的是法律层面上的风险，一方面体现在公开发行性质的风险上，《中华人民共和国证券法》规定“有下列情形之一的，为公开发行：（一）向不特定对象发行证券；（二）向特定对象发行证券累计超过二百人，但依法实施员工持股计划的员工人数不计算在内；（三）法律、行政法规规定的其他发行行为。非公开发行证券，不得采用广告、公开劝诱和变相公开方式”。另一方面表现在非法集资的风险上，严重者可能主要触及以下几种刑事罪名：非法吸收公众存款或者变相吸收公众存款罪，集资诈骗罪，擅自发行股票、公司、企业债券罪。

根据中华人民共和国最高人民法院《关于审理非法集资刑事案件具体应用法律若干问题的解释》，下列行为属于非法吸收公众存款或者变相吸收公众存款罪：未经有关部门依法批准或者借用合法经营的形式吸收资金；通过媒体、推介会、传单、手机短信等途径向社会公开宣传；承诺在一定期限内以货币、实物、股权等方式还本付息或者给付回报；向社会公众即社会不特定对象吸收资金。反观股权众筹，其特性与非法吸收公众存款或者变相吸收公众存款罪的行为极其相符，因而现实中平台及项目融资人触犯此罪名的可能性很大。如果此时股权众筹平台与项目的融资人主观上具有非法占有之目的，则可能触及另一罪名——集资诈骗罪。而在实践中，也存在着股权众筹网站通过邮件邀请、社交网络或在投资者购买其他理财产品时附带邀请特定投资者就融资事项进行线下沟通，由投资者决定是否投资的模式，以此规避法律有关向不特定公众集资的规定（何欣奕，2015）。另外，股权众筹还存在着涉嫌擅自发行股票、公司、企业债券罪[1]的刑事法律风险。根据《中华人民共和国证券法》，面对不特定对象发行或者面向特定对象发行超过 200 人，以及非公开发行却采取公开劝诱等方式进行宣传的均属于公开发行的范畴，并且《中华人民共和国证券法》针对证券的公开发行做出了较为严格的规定。而股权众筹借助互联网媒介向社会公众募集资金，本质上应当属于证券的公开发行，但又不具备《中华人民共和国证券法》中所规定公开发行的资质等条件，由此看来，股权众筹涉嫌擅自发行股票、公司、企业债券罪实属不可避免。

产品众筹是指投资人将资金投资给融资人，用以开发一个产品或者提供一项服务，待该产品或服务对外出售或者具备向外界出售的条件时，融资人按照约定将开发的产品或服务无偿或低于成本价格的方式提供给投资人的一种众筹类型。其实质上就是商品或服务的预购，融资人提前收取了“货款”，投资者在一定程度上也可以被理解为产品的消费者。由于我国的产品众筹尚处于起步阶段，相关专业性的法律条文缺失，而传统的监管规定对其又表现出明显的滞后性，加之行业内存在着严重的信息不对称等问题，因此在这样的背景之下，极易引发产品众筹欺诈之现象。在实践中，国内最早上线的“点名时间”众筹平台已发生过此类欺诈案例，平台不仅因此名誉扫地，更使得整个社会对众筹行业产生了信任危机，从而在一定程度上阻滞了该行业的健康发展。

研究与“点名时间”平台相关的欺诈案例，笔者归纳出产品众筹欺诈主要表现在以下三个方面。其一是广告欺诈。发起人通过图文并茂、诙谐有趣的文字阐述自己的项目理念，有时候甚至会加入一些夸张的手法来夺人眼球。在这些给人带来精神和感官刺激的故事背后，有可能暗藏着欺诈的阴谋，具体而言，它们通常表现为以下几点：首先，虚构公司的资质、创业团队的研发能力，夸张描述项目的远大前景，同时利用虚构的信息获得投资者的青睐；其次，向投资者披露的信息不全面，往往只对产品性能优良的一面进行展示，对其存在的负面影响未予披露，或者在产品的一些关键性指标参数等重要信息上采用刻意隐瞒或模糊描述的方式进行介绍；最后，在广告宣传时，使用《中华人民共和国广告法》中明令禁止的用语，如“全行业第一”“全国最佳”等词汇，明显带有欺诈的烙印。其二是筹资欺诈。筹资平台本身并不设立“资金池”，但众筹平台应当对资金的使用情况及时向投资者予以披露，以维护其作为金融消费者的知情权。然而在实践中，

---

① 《关于审理非法集资刑事案件具体应用法律若干问题的解释》第六条规定“未经国家有关主管部门批准，向社会不特定对象发行、以转让股权等方式变相发行股票或者公司、企业债券，或者向特定对象发行、变相发行股票或者公司、企业债券累计超过 200 人的，应当认定为刑法第一百七十九条规定的‘擅自发行股票、公司、企业债券’。构成犯罪的，以擅自发行股票、公司、企业债券罪定罪处罚。”其中“向社会不特定对象发行、以转让股权等方式变相发行股票”的可解释空间较大，股权众筹按照一定的解释方法很可能会被囊括其中，面临着刑事制裁的风险。

因法律的空白及监管制度的不完善，常常会发生产品众筹的筹资欺诈。它一般有以下几种表现方式：一方面，筹资平台作为一个发布信息的中介，本身并不具备经营金融领域的资质，但有些网站凭借这种品牌优势，往往进行着“资金托管”“资金借贷”等非法业务，同时利用编造的虚假项目来为自己的“资金池”不断吸金；另一方面，发起人利用自身的信息优势地位，捏造信息对投资者进行欺诈，如项目发起人本身并不具备经营某个行业的资质或者根本没有进行任何经营活动，其仅仅是单方面地在利用一个“空壳”概念进行炒作，而实质是一种圈钱行为。其三是成品欺诈。产品众筹的发起人在成功筹资后，应按照合同约定的用途，将其用于产品的后期研发、试验、制造支出等环节，并且依据产品众筹的流程，待产品具备出售条件或者所提供的服务成熟时，发起人须兑现自己的诺言，以无偿或者低于成本的价格向投资者提供该产品或服务。但是，即便到了最后一个环节，仍然存在欺诈投资者的可能性，其突出表现在以下几个方面：首先，不按照合同约定的期限交货或者根本不交货。一般而言，在产品发起众筹之前，已经做过相应的评估测试，并对产品的开发期限进行了相应的限制，并将其体现于投资合同当中，明确了发起人履行义务的期限，若逾期不履行就有可能存在欺诈行为，并承担相应的责任。其次，产品的性能与之前宣传广告的内容相对比，存在着较为严重的出入，即所交付成品的性能部分欠缺或者根本不具有广告当中所宣传的性能，而发起人在明知存在这些瑕疵的情况下仍交付该成品，构成对投资人的恶意欺诈。最后，还有可能产生发起人用伪劣或缺陷产品进行交付的欺诈风险，而这些成品连正常合格品的质量都无法达到，更不用说其他功能了。以上各类欺诈现象的发生，均会导致投资人利益受损，并在一定程度上阻碍众筹行业的发展。

针对上述产品众筹中可能存在的各种欺诈方式，根据参与者的不同，存在以下几种刑事责任风险：第一，对于众筹平台来说，如果明知发起人所发布的融资信息存在瑕疵或者虚构现象，却仍然对投资者进行宣传、劝诱，造成投资者不必要的损失，那么众筹平台的负责人可能会因此而犯诈骗罪或者与非法集资相关的罪行，但平台已尽相应的审查义务的除外；第二，对于融资方来说，故意使用虚假的项目欺骗投资方，如果金额达到一定程度，除了构成集资诈骗罪外，还极有可能触及非法吸收公众存款罪、非法经营罪等刑事罪名。为了应对产品众筹运作过程中可能出现的刑事责任风险，监管层应当明确融资方的信息披露义务，融资方应当通过众筹平台如实地向投资者披露项目信息；平台协助融资方所筹集到的资金应托付于第三方进行监管，以防资金被挪用；针对众筹行业中普遍存在的参与方权利和责任不明晰的问题，监管方应当责成平台加强规则及制度的宣传、教育等，并对各方违反约定或不符合法律法规的行为出台明确的处罚办法，逐步在全行业中建立起一种良性机制，让守约方的权利得到更加充分的保障，同时明确违约方应当承担的责任。

众筹与非法集资存在着认定界限模糊的现状。根据最高人民法院关于非法集资的认定标准，非法集资活动应当是“违反国家金融管理法律规定，向社会公众（包括单位和个人）吸收资金的行为”。非法集资活动还应当同时具备四个条件：第一，未经有关部门依法批准或者借用合法经营的形式吸收资金；第二，通过媒体、推介会、传单、手机短信等途径向社会公开宣传；第三，承诺在一定期限内以货币、实物、股权等方式还本付息或者给付回报；第四，向社会公众即社会不特定对象吸收资金。笔者从中归纳出非法集资活动的四个特征：非法性、公开性、利诱性及社会性。反观产品众筹在运作过程中表现出来的特性，对以上非法集资的要点几乎是无落空地全部命中，完全符合“未经批准”“公开宣传”“承诺回报”“社会公众”这四个要件（杨东和苏伦嘎，2014）。首先，产品众筹的发起人一般是中小微初创企业，其本身不同于银行等金融机构组织，在众筹平台实施融资前并没有获得有关部门的批准，因而其实施吸收公众存款的行为缺乏法定的资质；其次，产品众筹的项目推广需要放到众筹网站上进行，通过这一公开的媒介向社会大众进行传播，而非针对特定人群；再次，产品众筹的发起人以将来开发出的产品或者服务为融资的对价，承诺于开发完成后的一定期限内将其交付给项目投资者；最后，产品众筹对于合格投资者的要求相较于股权众筹会低很多，凡是社会中手头有闲散资金的机构或者个人均可参与其中，而无投资人数及投资者经济能力的限制。因此，产品众筹更加具有社会性的特征。

综上分析，产品众筹所进行的筹集资金的行为从客观层面俨然已构成上述犯罪并且可能面临遭受严厉刑事处罚的风险。但是我们应当看到，产品众筹是一种融资方式，而非法吸收公众存款罪是非法集资的行为，两者最主要的区别在于其目的性不同。以发起众筹项目的形式进行融资，对于发起人而言，不仅是为了筹得用以自身发展的资金，还是其在这一过程中通过品牌的宣传与推广来赢得大家良好口碑的一种期待。而非法集资的目的则比较简单——仅仅为解决当前资金短缺的问题。

与此同时，公益众筹平台同样面临着刑事法律风险，如虚构慈善项目信息；平台携善款跑路；未将善款投入慈善而另作他用等，严重者可能触犯诈骗罪、非法吸收公众存款罪等有关刑事罪名，并依法承担相应的刑事责任。

2）行政责任

公益众筹所面临的主要的法律风险是项目发起人发布公益项目可能被定性为一种公开募捐行为，进而受到行政处罚。公益众筹相比于股权众筹、产品众筹，较少受到人们的关注，主要原因在于其公益性与救助性。参与者不要求回报且一般投入的金额较小，所面临的风险相对偏低。但公益众筹平台与发起人“诈捐”“骗捐”现象频发及自 2016 年 9 月 1 日实施的《中华人民共和国慈善法》（以下简称《慈善法》），使公益众筹所面临的法律风险备受关注，从而引发激烈讨论。

依据《慈善法》第二十一条第二款“慈善募捐，包括面向社会公众的公开募捐和面向特定对象的定向募捐”及第二十二条的“慈善组织开展公开募捐，应当取得公开募捐资格。依法登记满二年的慈善组织，可以向其登记的民政部门申请公开募捐资格。民政部门应当自受理申请之日起二十日内作出决定。慈善组织符合内部治理结构健全、运作规范的条件的，发给公开募捐资格证书；不符合条件的，不发给公开募捐资格证书并书面说明理由。法律、行政法规规定自登记之日起可以公开募捐的基金会和社会团体，由民政部门直接发给公开募捐资格证书”，若开展面向社会公众的公开募捐活动，应当依法取得公开募捐资格，并由民政部门发给资格证书。何谓“面向社会公众的公开募捐”？笔者认为，项目发起人主观以慈善为目的，即非出于利己而是利他之动机发起公益项目，并且针对不特定多数人展开的捐赠活动为公开募捐。反观公益众筹之特性，与此公开募捐极为吻合。而众筹平台对于项目发起人的资质一般不做过多要求，实践中往往不具备《慈善法》规定的公开募捐资格，因此随时面临着遭受行政处罚的风险。

除此之外，《慈善法》第二十三条三款规定：“慈善组织通过互联网开展公开募捐的，应当在国务院民政部门统一或者指定的慈善信息平台发布募捐信息，并可以同时在其网站发布募捐信息。”根据这一规定，目前我国绝大多数公益众筹平台或涉及公益募捐领域的综合平台均不符合发布慈善信息的要求，因而同样面临承担行政责任的法律风险。

因行政责任的广泛性，股权众筹与产品众筹运营的过程中同样会产生行政风险，但其实践中更易触碰刑法红线，所以笔者在此不予详述。

3）民事责任

如前所述，股权众筹重则极有可能触及刑事法律的底线，轻则徘徊于行政责任的边缘，甚至在民事方面也具有产生法律风险的潜在性。其一是因股权众筹平台下线或跑路导致的民事责任。投资人对众筹平台上发布的项目进行投资以期获得相应股份利益作为回报，但由于股权众筹投资风险高且依赖于融资公司的自身运营状况，因而公司经营不善导致项目最终失败，投资人利益受损的可能性较大。彼时，众筹平台亦受其牵连，面临倒闭下线的危机，并由此产生相应的民事赔偿责任。其二是投资人资金被盗及被平台挪用引发的民事纠纷。此类情况下，达到一定金额可能符合刑事犯罪的构成要件，触犯盗窃罪等财产类犯罪的相关法律条文；而未达金额时便会引发民事纠纷。实践中，股权众筹整体投资额很容易达到刑事标准，但是众筹平台及项目并未对单个投资人的投入金额有所要求，加之众筹平台大众、小额的特点，因此一般平台及项目融资人仅仅牵涉民事纠纷。其三是当事人因股权众筹涉嫌相关刑事犯罪而提起的刑事附带民事诉讼。实务中这一现象比较常见。股权众筹至今仍处于刑事犯罪的边缘，相关案例屡见不鲜，而案件当中的投资人往往因此遭受物质损失，通过提起刑事附带民事诉讼获得救济的情况极为普遍。

民事责任方面，产品众筹主要面临着知识产权风险，相关主体可能承担由此产生的民事侵权责任。项目发起人在将产品或项目发布到众筹平台上时，该产品或项目从设计理念、外观构造到功能、使用方法等都已经基本完成，为了筹集资金支持和达到扩大宣传的效果，项目发起人在众筹平台上都对项目或产品从创意上和可行性上进行了尽可能详细的描述。但是，这些项目或产品设计因为还未上市销售，所以大多数还没有申请专利，也就不受法律的保护。由于众筹平台的公开性，让任何人都可以接触到这些设计、创意或理念，被剽窃的可能性极大。这不仅增加了众筹产品或项目的知识产权风险，也大大降低了项目发起人参与的热情（宋坤和李永清，2016）。

公益众筹网站在运营过程中同样可能伴随着诸多法律风险，其中涉及民事的部分亦不在少数。诸如，众筹平台上发布的公益项目信息不实；“诈捐”“骗捐”现象严重；平台将善款另作他用或携款跑路时产生的民事责任。

2. 信用风险

信用风险也称违约风险，主要发生在项目融资人与众筹平台之间，但最终由投资人承担。一方面，融资人在平台发布项目信息时会想方设法吸引投资人对其投资，一般表现为承诺事后高回报、夸大投资等形式。然而，待融资成功，项目融资人却不完全遵守事先有关项目款项明细情况说明、投资回报，回报方式、期限等约定，导致投资人信赖利益受损。由于信息不对称，投资人对项目融资人掌握的信息有限，难以顺利维权。另一方面，对于众筹平台而言，主要依靠从融资人发起的项目中抽取一定佣金或服务费进行盈利。换句话说，项目进展越顺利，众筹平台盈利越充足。因而众筹平台受利益驱使，可能在项目审核时有所松懈甚至与项目融资人相互串通勾结致使劣质或者虚假的项目最终在平台上出现，误导投资人，产生信用风险，使投资人的合法权益遭受损失。

从股权众筹平台的运营模式来看，其信用风险主要包括以下几方面：一是“领投人”审核风险；二是项目审核风险；三是资金管理风险（邢会强，2018）。具体来看，由于我国股权众筹平台大多采用“领投+跟投”模式，即由领投人负责项目分析、尽职调查、股指议价等一系列前期工作，而普通投资人在进行项目投资时实为对领投人的选择，在肯定其工作成果的基础上跟随领投人一起投资。可见，领投人将直接影响到众多普通投资者的投资利益。因此，平台对于领投人的审核至关重要。尽管平台针对领投人设置了一些筛选条件，但由于审核能力受限及主客观因素的限制，无法面面俱到。实践中，领投人的工作能力、自身素质、道德水平等参差不齐，往往成为投资者利益受损的关键诱因。与此同时，众筹平台上发布的项目不排除存在不实或者虚构的可能性，加之平台的审核机制尚不健全，并且平台与项目发起人之间有利益牵连关系，由此最终于平台上线的项目往往存在安全隐患，甚至给投资者带来欺诈风险。此外，融资项目上线后所筹集的资金一般暂由众筹平台管理，并且基于股权众筹的长期性，平台内部大量资金沉淀，较易形成自己的“资金池”，给平台任意挪用筹款或携款跑路提供了有利条件，进而引起资金管理风险。因此笔者建议，应加强股权众筹的信用监管。股权众筹行业的规范化发展同样应建立类似于银行业的黑名单制度，以排除或警示那些有信用污点、证券欺诈前科或在一定时间内遭到过证券监管部门处罚的发行人、领投人。

产品众筹存在售后权益保护的信用风险。从我国众筹运营模式来看，众筹平台只是融资者与投资者的中介，在整个众筹的过程中仅仅起到媒介作用，对众筹投资项目的成功与否不承担保证责任。此外，若项目成功，平台则脱离中介角色，退出众筹运营流程，对之后产生的相关问题也不再负有责任。而产品众筹实质为产品或服务的预售，投资者即为产品或服务的消费者。除了销售环节，其售后服务也十分重要。那么，产品众筹的售后服务应当由谁负责呢？根据现有模式，平台只是中介，对售后服务并不负责。因此，承担责任的主体仅为在平台发布项目信息的融资者，而消费者往往对融资者掌握的信息有限，很多时候项目一旦成功融资，消费者就难以找寻项目融资人，致使自己陷入合法权益遭受侵犯却无处解决之境地。这显然是不合理的。笔者认为，平台在消费者售后权益保护方面也要承担一定责任。

公益众筹亦存在信用风险，诸如项目信息不实，平台或项目发起人将善款另作他用等。

3. 运作风险

股权众筹的运作风险，主要集中在项目的审核、执行及退出三个阶段。

在前期审核阶段，发起人披露的信息是否真实可信，尚且没有具体的检测标准。项目发起人审核机制的不健全会给投资人的利益带来损害。股权众筹具有众筹低成本、低门槛之通性，对发起人与投资人无资质、承担能力等方面的限制。因而参与股权众筹的投资人除一些具备投资相关知识及经验的专业机构外，更多的是金融知识缺乏且风险承担能力较弱的个人投资者。为了避免此类投资者的合法权益遭受侵害，平台应当加强对发起人及发起项目的信息审核与监管。否则，根据平台现有审核机制，将不能满足众多投资人未来的金融需求，并在很大程度上导致投资人出现资金风险，从而阻碍股权众筹的长远发展。另外，对股权众筹的项目审核机制不完善极有可能引起投资人盲目投资的现象，造成投资失败的后果，严重损害投资人的合法权益。因此，股权众筹平台应当针对投资项目的审核环节设置更多条件及更加严格的标准，确保所有发布于平台上的项目自身的可行性、信息的可靠性，不可只把平台盈利放在首位，忽视更为重要的安全投资环境。

实践中许多投资人基于对众筹平台的信任选择在该平台对感兴趣的项目进行投资，往往缺乏对所投资项目本身之价值进行判断的能力。由此可见，项目审核机制在股权众筹平台运作过程中的重要性。

众筹项目在执行过程中，发起人有可能未按照合同的计划使用资金或者未及时进行信息披露，给投资者带来合同欺诈风险。投资者在股权众筹中本身处于信息劣势地位，而融资人出于利己的考虑可能会刻意隐瞒关键信息或者进行信息误导。与此同时，众筹平台一般侧重于对项目本身的审核，发起人的真实身份有待考证。平台在项目进行中还须严格履行其监督义务，以防欺诈风险的发生。另外，众筹平台还会面临技术风险，如信息泄露、身份识别、信息掌控与处理、资金安全等。

即使众筹项目进行到后期，也难以脱离运作风险的困扰。其中最为重要的是项目融资成功后，众筹股东无法及时退出。当前，我国股权众筹的退出机制主要包括：股份转让、公司回购、上市退出，实践中大多数投资人股东选择第一种方式。现今股权式众筹项目在落地时，多采用有限合伙的形式，投资人退出项目的关键在于如何退出合伙企业。《中华人民共和国合伙企业法》第四十六条规定“合伙协议未约定合伙期限的，合伙人在不给企业事务执行造成不利影响的情况下，可以退伙，但应当提前三十日通知其他合伙人。”由于股权众筹均通过众筹平台进行操作，因而如果通过网络平台通知其他合伙人，在操作上会有一定难度；倘若直接通过线下通知，将花费较长时间及较大成本，操作性差（刘飞宇，2016）。所以在实践中，项目融资成功后顺利退出的投资者往往只是少数。

二、众筹的风险监管举措

众筹融资不仅促进了我国多层次资本市场的发展，提高了资本市场的活力，也为解决中小微企业融资难的问题提供了新的途径，尤其是股权众筹市场的迅猛发展，不仅带动了一大批股权众筹平台的崛起，同时也点燃了全社会“大众创业，万众创新”的激情。然而，它作为一个新生事物，仍然面临着诸多发展的障碍，为了促进众筹市场的良性发展，提出以下对策建议。

1. 立足为中小微初创企业服务

众筹的产生本身就是为了解决中小微企业融资难的问题，特别是针对初创企业。此外，在《私募股权众筹融资管理办法（试行）（征求意见稿）》中也指出了众筹融资者应当为中小微企业或其发起人，这在一定程度上明确了众筹的定位是为中小微初创企业服务，而非成熟的大型企业或者高科技企业，并且通过这种方式所筹集到的资金也不能用于房地产开发、重大工业型项目或者是长期性的投资。

坚持以这一融资模式向中小微企业不断“输血”，有利于引导更多的资本进入创新创业领域，改善中国的投资结构模式，同时也促进了众筹市场的进一步发展。

2. 加强立法，严格遵守并完善行业监管

目前与众筹行业相关的法律及司法解释主要存在于《中华人民共和国公司法》《中华人民共和国证券法》《中华人民共和国刑法》《中华人民共和国慈善法》《关于审理非法集资刑事案件具体应用法律若干问题的解释》等，并且于 2014 年 12 月由中国证券业协会起草并发布的《私募股权众筹融资管理办法（试行）（征求意见稿）》至今仍处于讨论阶段。由此可见，众筹行业不仅存在着违反行政法规的可能性，更有可能触碰到刑事法律的红线，存在着巨大的合规风险。就目前的形势而言，我国尚未针对众筹出台专门的法律法规等进行规制，亦未明确众筹平台的法律地位，并且立法及司法层对待其态度又显得偏紧。在这样的背景之下，欲推进众筹市场的健康发展，除了要加强立法，引导众筹行业在合法的轨道上迈进，明确众筹平台的合法化地位，还须严守行业监管有关法律并完善相应监管措施，在既定的红线范围内进行创新及优胜劣汰的竞争，促进行业自律，增强自身建设，尽可能多地发挥其自身积极作用，对具备前景的创新项目进行扶持，从而促进中国经济的健康发展。

为了避免股权众筹出现法律风险，监管层可考虑以下几点：首先，将股权众筹纳入《中华人民共和国证券法》的监管范围，对其进行定位，明确各参与者之间的权利义务关系，并对参与的人数限制适当放开，同时引入小额发行时的信息披露豁免制度等。其次，明确监管的主体，根据现行的《私募股权众筹融资管理办法（试行）（征求意见稿）》，股权众筹划归中国证券监督管理委员会统一监管，但目前而言中国证券监督管理委员会同时还担负着大量上市公司的监管职责，面对逐渐增长的股权众筹平台，恐力不从心，可考虑多部门立体交叉监管。再次，针对股权众筹平台应实行许可制。众筹所有类型中，股权众筹的风险最大，而项目融资者人数众多，不便直接管理。因而加强众筹平台的监管实为最优。笔者认为，股权众筹平台应当具备一定的资金、人力、技术等条件，在其上线之前中国证券监督管理委员会要进行核查，符合条件的予以许可。具体而言，股权众筹平台许可的关键条件应包括如下几个方面：①运营该平台的中介机构须达到一定的注册资本，并且其董事与高管应符合任职要求，以便更好地保护投资者利益；②众筹平台是开展股权众筹业务的核心，故平台必须拥有融资者和投资者获得服务的程序、撮合融资者与投资者的程序、处理投资者资金及对投资者的支付程序等，并且这些关键程序必须公平、有序、透明（樊云慧，2015）；③众筹平台要建立界定和管理融资者欺诈风险的制度，并具有相关措施；④众筹平台应具有使投资者获得充分信息的信息披露机制及较为严格的项目审核标准体系；⑤平台应当满足技术安全方面的要求，以防范因技术缺陷导致风险的发生。最后，应当规范众筹平台所履行的义务，并明确其承担的责任。诸如，平台应负有调查、监督、风险评估与警告等义务，并在其具有过错时对投资者承担损害赔偿责任。

针对在产品众筹中出现的非法集资等法律风险问题，监管层可以从以下几个方面进行防范：①完善相关法律条文，严格区分非法集资与合法融资的差异，尽早确立起产品众筹融资的合法地位；②从源头遏制非法集资，规范筹资平台的融资行为，在筹资前必须取得从事金融相关业务的经营资质，从而与非法集资类犯罪划清界限。

针对公益众筹面临的法律风险，笔者提出以下几点建议：首先，应当淡化公益众筹“捐”的色彩，明确其与网络公开募捐的区别。其次，专门的公益性众筹平台的运作机构，应争取在省级以上民政部门登记为慈善组织并取得公开募捐资格。最后，监管者应出台相关规定，规范众筹平台的业务，明确平台职责（柯湘，2017）。具体而言，其一是规范众筹平台的业务流程，包括前期对项目及项目发起人的审核、中期项目的执行情况及项目完成后的跟进或者项目筹资未达目标金额时所筹善款的返还。在上述任一流程中，众筹平台均须严格履行其调查、监督、风险评估等义务。其二是对众筹平台从事的业务予以合理限制，如禁止平台向支持者推荐项目；明确平台业务的中立性，不得自营自筹；专门针对公益领域的众筹平台不得从事营利性业务等。其三是众筹平台应当注重项目支持者的权益保护，包括知情权、隐私权、救济权等。平台须定期对涉及支持者的相关情况予以披露；保护支持者的隐私信息，不随意向他人泄露且不得用于商业途径；确保支持者合法权益遭受侵犯时依法获得救济的权利。

3. 构建众筹平台的准入机制及豁免制度

参与股权众筹的平台在其上线前，需要经过中国证券监督管理委员会的审核，具体标准包括：是否达到最低注册资本的要求；其董事、高管是否符合相应任职条件；是否具备关键程序等。审核合格后才能够赋予其运营的资格。这样做，有利于引入一批高质量的平台，在征信体系不健全的众筹市场，严把信息审核和披露的关卡。取得运营资质的平台上线之后，应当充分利用互联网金融、大数据的背景，构建起一套与平台自身相契合的资质审查标准及体系。也就是说，当融资者与投资者在众筹平台上注册完毕，平台须对融资者发起的项目进行数据分析，将虚构个人或单位机构信息及没有良好信用记录的项目剔除，确保最终发布于平台上的项目的可行性、信息的可靠性、投资的可观性。与此同时，投资者作为众筹行业的重要参与者，平台建立投资人的筛选分类机制，对于推进众筹市场长期稳定、健康及规范的发展至关重要。我国众筹市场中个人投资者基数大，手中掌控的资金数量可观，但是该群体中投资者的素质良莠不齐，特别是风险承担能力与投资经验千差万别，这一因素的存在导致了市场投机性的增强，并使其长期处于波动状态，不利于众筹行业的长远发展，因此平台应当建立投资人的筛选分类机制，根据投资者具有的风险承担能力、投资能力与经验等进行素质分类，将投资者分为普通投资者与合格投资者。作为一个合格的投资者，不仅需要具备一定的风险承受能力，更需要有清晰透彻的项目理解能力。平台可以采用合理差异化对待的标准，针对不同投资者的文化背景、风险承担能力、投资能力与经验等来推荐其熟悉领域的产品，从而降低相应的市场风险。此外平台还可以定期对投资者进行产品风险的知识教育，为市场培养合格的投资人。而从事慈善活动的公益众筹平台须到民政部门备案登记，符合公开募捐资格的平台，可以取得相应资质。

除了建立平台准入机制，加强事前监管，笔者认为，还应当针对股权众筹构建小额发行豁免制度。我国 2014 年出台的《私募股权众筹融资管理办法（试行）（征求意见稿）》中并未对这一制度进行规定，实属遗憾。而依照各国的立法经验，建立股权众筹小额发行豁免制度早已成为共性。美国《工商初创企业推动法》规定，股权众筹豁免包括以下内容。①众筹豁免标准：发行人出售给所有投资人的资产不应超过 100 万美元；发行人出售给任一单一投资者的额度不得超过 2000 美元或者不超过该投资者年收入或净资产总额的 5%，以二者高者为准。②众筹豁免资格：在美国证券交易委员会登记注册的经纪商；《1933 年证券法》所规定的集资门户；众筹发行前符合美国证券交易委员会特定标准的。③众筹豁免权丧失：在经营期限内参与证券、银行、保险类业务；发行人被查出曾经参与证券欺诈或向美国证券交易委员会提供虚假文书。④众筹发行义务：只有当实际发行总额超过目标总额时，发行收益才属于发行人，发行人必须无条件允诺投资者撤回其投资行为；发行人必须确保在 12 个月内任何单一投资者投资额不得超过上述①中的标准；不得向发行经纪商或集资门户提前支付发行报酬；禁止经纪商或集资门户的董事、合伙人在发行人处获取经济利益；不得对发行条件进行广告宣传；每个会计年度向美国证券交易委员会报送会计报表和经营情况说明。⑤众筹发行责任：如发行人存在重大信息遗漏或向美国证券交易委员会提供虚假发行文件，将承担证券发行欺诈责任。日本新修改的《金融商品交易法》确立了众筹发行有限豁免制度。新修改的韩国《资本市场法》增加了互联网小额投资中介的法律界定，即我们通常意义上的众筹投资平台，并对股权众筹发行中介采取发行豁免制度。根据韩国的《资本市场法》，通过互联网进行的小型证券募集行为，即募集资金在 5 亿韩元以下的资金募集行为，可以豁免进行证券发行的申报（彭真明和曹晓路，2017）。综合来看，笔者认为我国也应当构建股权众筹小额发行豁免制度。具体的豁免标准、豁免资格、豁免权丧失等可借鉴以上内容，在吸收各国现有规定之精华的基础上充分考虑我国市场发展的综合情况，并结合我国基本国情，形成一套具有中国特色的股权众筹小额发行豁免体系。该体系的形成具有十分重大的意义：

股权众筹在项目融资的过程中将一定的发行金额设置在豁免的范围内，有利于中小微初创企业在成长期顺利获得融资，扩大发展规模。

另外，站在投资人的角度，在股权众筹小额发行豁免制度的构建中，应当为机构投资者、合格投资者等特殊主体设立投资额度豁免制度（万国华等，2016）。为了更好保护投资者的利益，应当首先对投资者进行分类，根据投资者的组织形式可将其分为个人投资者与机构投资者；依照投资经验及风险承担能力，又可分为普通投资者与合格投资者。针对普通投资者，可以适当限制其投资额度，以此进行风险防范。而对于合格投资者来说，具有一定的风险承担能力及投资经验，无须对其投资额度进行限制。否则，既不利于中小微初创企业成功融资，又不便于投资人获取股权利益，从而在一定程度上阻碍众筹平台的长远发展。

4. 完善征信体系，增强融资项目的透明度

征信体系的存在主要是为了解决金融市场信息不对称的问题。信息不对称存在于项目融资人和投资人之间。第一，融资人作为项目的发起者，对项目有透彻的了解，而投资人可能缺乏投资经验、投资能力及风险评估能力，加之对项目的了解十分有限，极有可能面临由信息不对称带来的投资风险。项目融资人在填写项目审核信息时将重点放在项目的投资可观性上，往往对项目投资可能面临的风险不加介绍，单纯以吸引投资为目的。第二，若融资人并非实际拥有项目的主体，而是虚构项目信息或侵犯知识产权盗取他人成果的违法犯罪者，而众筹平台侧重项目的审核，对融资人的真实身份难以核验，项目融资人利用其对项目信息的全面掌握，夸大项目投资的可观性吸引资金，致使投资人盲目投资，利益受损。第三，项目融资完毕，筹资成功的项目融资人应当定期报告项目进展情况，便于投资人知晓相关信息。如果项目融资人未按约定及时汇报或者报喜不报忧，投资人一方难以掌握项目的推进信息，完全处于被动地位，从而增加信息不对称导致的风险。

实践中，众筹平台一般会要求融资方按照其要求进行信息披露，而融资企业大多数处于初创阶段，公司管理水平及内控机制还很不完善，同时由于缺乏信用评估机制，可能会存在信息大量造假，给投资者带来巨额损失。因此，为推动众筹行业的健康发展，很有必要加强行业征信体系的建设，并将征信系统予以公开，提高不法企业的违约成本。此外，还可以与知名的第三方征信机构展开合作，降低众筹平台审查的难度和成本。鼓励行业间信用信息的互联互通，主动规避黑名单企业，从而降低行业的整体风险。

融资项目的透明度是众筹市场健康发展的一个重要因素，它突出地表现在事前与事后的信息披露上。对此，《私募股权众筹融资管理办法（试行）（征求意见稿）》第五章做了规定，确立信息报送制度。该制度主要内容为股权众筹平台应当

按时将年度报告连同各种备案变更及违规应诉事项一并报送给中国证券业协会。尽管其针对信息披露有所规定，但表述模糊，缺乏具体可操作性。反观各国相关立法经验，美国、韩国等在信息披露制度上有较为详细的规定，值得我国借鉴。美国《工商初创企业推动法》对尚处发展阶段的初创公司构建了小额发行豁免机制，同时对其发行报备程序予以适当简化，但这并不意味着监管的松懈。此类公司在进行小额募集发行时须重点保护投资者的利益，并且公司在发行过程中的信息披露义务较为严格，即无论是否在豁免额度范围内，均不免除其信息披露义务，另外《工商初创企业推动法》还规定了相应的惩罚性赔偿责任。韩国《资本市场法》也对融资人的信息披露义务做了严格规定，要求发行人定期向韩国金融委员会披露相关的财务和运营信息。此外，为更好保护互联网金融投资者的利益，《资本市场法》还赋予投资者以反悔权，即在募集行为截止日前，投资者有权行使反悔权，撤回其已投的资金。

综上，我国可以借鉴美国、韩国的立法经验，使现有信息披露制度更加完善。一方面，加强股权众筹发起人融资前的信息披露责任，要求其对所筹集的资金用途向筹资平台进行说明，并定期出具相应的财务报告，以监管资金的流向。具体而言，在融资前，公司应当对以下信息予以披露：公司的财务状况、募集资金的用途、公司的股权架构、公司的治理模式、公司业务的发展战略等。此外，众筹平台在做完尽职调查后，应当将客观真实情况向投资者予以公布。与此同时，股权众筹发行后的信息披露责任亦不可小觑。众筹投资人在融资成功后发生了身份的转变，通过投入资金获得股权，成为公司的股东。众筹融资人应当定期将其经营的真实财务情况予以披露。另一方面，在融资成功后，平台应当及时对项目进行跟踪监督，尤其是对资金的使用情况须进行严格监控。同时，融资方还应严格按照合同的时间节点向投资者披露项目的进展及公司的财务状况，并且在必要时，还可以引入独立的第三方评估机制，如由会计师事务所出具企业的审计报告，以此来打造众筹行业良好的市场生态环境。

5. 引进平台第三方资金监管机构，保障投资安全

目前的众筹模式涉及融资者、众筹平台、投资者三方主体，投资者对项目进行投资后资金暂由平台保管，待项目融资成功由平台转交给融资者。一旦项目融资者与众筹平台相互串通勾结，可能会严重侵害投资者的利益，带来资金风险，因而现有模式下平台跑路、融资者携款消失的情况屡见不鲜，此时需要平台加强自身监管力度，但更好的解决方式为引进第三方资金监管机构。投资者投入的项目资金直接汇入第三方账户，众筹平台不参与资金的保管、发放与退回。如果众筹项目成功，则第三方资金监管机构可以按比例分期将资金发放给融资者；倘若项目失败，则将筹集到的资金退还给投资者。在众筹项目成功后，笔者建议第三

方资金监管机构按比例分期对融资者发放资金主要是出于防止平台跑路、融资者携款消失等类似情况出现的考虑，同时便于对融资者的后续监督和管理。当然，若根据项目性质或者协议约定须一次性将筹集到的全部资金发放给融资者，则按照约定全部发放。

第四节　众筹的投资限制与投资者保护

一、众筹的投资限制

在众筹的诸多模式中，股权众筹的风险最大且牵扯的利益面最为广泛，因此受到较多当前监管层面的约束。关于此类投资的限制主要表现在以下三个方面：第一，对于投资人数的限制；第二，对于合格投资者的限制；第三，对于投资总额的限制。具体内容如下。

第一，对于投资人数的限制。《中华人民共和国证券法》规定，向不特定对象或向特定对象累计超过 200 人发行证券，属于公开发行证券。而公开发行证券必须经国务院证券监督管理机构或者国务院授权的部门核准。就目前实践中遇到的情况而言，股权众筹主要是通过互联网媒介的公开平台向特定人群进行募集，一旦投资人数突破法律上限 200 人的限制，就变成了公开发行，此举不仅与现有的《中华人民共和国证券法》条文相抵触，更有可能触及《中华人民共和国刑法》第一百七十九条规定的刑事罪名——擅自发行股票、公司、企业债券罪。目前，监管层之所以未针对股权众筹设置小额发行豁免制度，主要是因为考虑到对于风险较高的融资项目宜采取私募方式且面向合格投资者发行；而风险较低的融资项目则可采取公募方式并面向社会公众发行，由于股权众筹的融资风险较大，宜采用私募的方式进行。但笔者对此持不同意见，我国应当借鉴国外有益立法经验，构建股权众筹的小额发行豁免机制。

第二，对于合格投资者的限制。首要的是设定合格投资者的准入门槛。《私募股权众筹融资管理办法（试行）（征求意见稿）》中规定："私募股权众筹融资的投资者是指符合下列条件之一的单位或个人：（一）《私募投资基金监督管理暂行办法》规定的合格投资者；（二）投资单个融资项目的最低金额不低于 100 万元人民币的单位或个人；（三）社会保障基金、企业年金等养老基金，慈善基金等社会公益基金，以及依法设立并在中国证券投资基金业协会备案的投资计划；（四）净资产不低于 1000 万元人民币的单位；（五）金融资产不低于 300 万元人民币或最近三年个人年均收入不低于 50 万元人民币的个人。”并且，投资者除了具备一定的财力外，还应当能够辨识、判断和承担相应的投资风险。对于该项规定，笔者认为有欠妥当。当前，我国众筹行业发展潜力巨大，而其恰以大众、小额为主要特性，若对其施以过于严苛的限制将使其偏离“众筹”之意，成为特定人群的“私有之物”。因此，笔者建议将上述限制适当放宽。此举一方面有利于更好地保障投资者的合法权益，另一方面也为众筹行业的健康、长远发展预留出充足空间。

第三，对于投资总额的限制。虽然就目前而言，我国的法律法规尚未对此做出明确规定。但为了提高众筹市场的融资效率，规范市场的健康运营，我国可以在这个方面借鉴美国《工商初创企业推动法》的立法经验，以居民的实际收支情况作为参考标准，进而设置合理的投资限额。关于此项限制，美国的《工商初创企业推动法》做出了如下规定：若成熟的投资者年收入或者净资产低于 10 万美元时，最近 12 个月内对单个项目的总投资额不能超过 2000 美元；若成熟的投资者年收入或者净资产高于 10 万美元时，最近 12 个月内对单个项目的总投资额不能超过年收入或者净资产的 10%，且最高不能超过 10 万美元。对于融资者则更加强调信息披露义务，包括向美国证券交易委员会备案及对投资者与中介机构进行信息披露、向美国证券交易委员会及投资者提交企业年度财务和运行报告、不得以广告形式进行促销、与投资者达成补偿促销者协议（杨东和刘翔，2014）。做出以上限制，一方面可以减少信息不对称，保护投资者权益，另一方面也可以促进众筹市场的平稳运行（陈勇，2015）。

二、众筹的投资者保护

相较于传统的融资模式，众筹具有效率高、成本低、受众广等独特优势，尤其是股权众筹，在解决中小微初创企业首次融资难的问题上发挥了巨大作用，它改变了这些企业长期处于资金短缺状态的不利局面，为其进一步发展提供了资金保障。但是目前的众筹行业，由于缺少相应的法律监管，其法律定位不清晰，发展的阻碍处处凸显，这些桎梏导致整个行业只能在细小的夹缝中生存，参与者稍有不慎就有可能会触及法律的红线。因此，众筹的投资保护应当主要立足于以下两个方面：其一是众筹的合法化运行。我国应当加强立法，尽早出台相关监管法律，对其进行准确定位，促进良好投资环境的形成及整个众筹行业的健康发展。其二便是对众筹的投资者进行有效保护，多角度维护其正当权益。

笔者建议，为了保证众筹投资的健康发展，我国有必要走出当前的制度困境，使其获得法律层面的认可，从而能够在合法化的轨道上运营。当前，阻碍我国众筹行业发展最大的桎梏在于股权众筹法律定位的不准确性。既有学者认为它属于私募融资，也存在相反观点主张其本质应为公募，更有甚者认为其公私并存。先看私募发行与股权众筹，两者的本质属性和功能定位均不相同，前者更加注重融资的效率且面向的人群都是具备一定财产实力的成熟投资阶层，而后者则更为关注大众参与和金融普惠，其针对的群体也大多数为草根阶层的投资者。只有将两者进行明确的区分及合理的定位，才能更好发挥二者互相补充、配合与衔接的作用。另据上文分析，股权众筹具有公开发行证券的特征，那么就应当将股权众筹这一模式列入《中华人民共和国证券法》之中加以规范，而不应当归入“其他证券”这一兜底条款中，使其始终处于法律的灰色地带，无法获得长远的发展。另外，在监管主体的问题上可以考虑以中国证券监督管理委员会为主，多部门交叉监管的管理模式，减小中国证券监督管理委员会的压力，减轻其工作负担。

另外，在众筹融资的活动当中，各参与者之间因信息掌握的程度不同而存在信息差，在这之中呈现出融资方、股权众筹平台、众筹股东递减的态势。从中我们可以看出，投资者不仅资本实力薄弱，难以与发起股东相抗衡，并且在关键信息掌握的程度上也处于相对弱势的地位，如果不采取相关措施对其加以保护，极有可能会引发行业风险和道德风险，使得众筹行业偏离发展的初衷。除此之外，投资者即众筹融资中的“众”，众筹如果失去了投资人，也就意味着失去了其赖以生存发展的基础。纵观整个资本市场发展和规范的经验，投资者保护是资本市场的永恒主题，也是行为监管的核心所在。当然，众筹行业也不例外。为了更好地保护众筹投资者的利益，笔者建议可以从以下几方面入手：①建立完整的融资方信息披露制度，既要考虑到中小微初创企业的披露成本，也要考虑到信息披露的重要性程度；②建立完整的征信机制，鼓励平台之间征信信息共享，融资前对于发起人的信息严控把关，从而有效地保护投资者的合法利益；③平台在融资成功后对于项目的进展实施监督，对于可能存在的项目欺诈及时向投资者予以披露。

第六章　商业银行互联网金融创新的路径选择

互联网的迅速发展，给了互联网金融一个发展契机。谢平和邹传伟（2012）认为，互联网金融是既不同于商业银行的间接融资，也不同于资本市场的直接融资，属于第三种金融融资模式。笔者认为互联网金融，简单来说就是通过计算机信息技术将线下的金融服务转化为线上的金融服务，从而实现融资、支付、信息中介等服务的新型金融模式。从目前的研究来看，互联网金融不仅仅是互联网技术和传统金融产业的简单结合，而且进行了改革和转变，逐渐形成了一种全新的金融模式，该模式和传统的金融行业相比有很大的不同，其范围更广，效率更高，参与的年龄层次更低。互联网金融的本质还是金融，是建立在互联网技术上的金融活动，是互联网与金融的跨界和融合。互联网金融同传统金融行业相比，互联网金融覆盖的范围更广，而且从本质上拓展了现有的市场，让整个金融业发生了变化，它是金融脱媒化和民主化的产物。互联网金融作为一种全新的金融模式，使每个参与者都享有充分的权利和手段参与金融活动，在信息相对对称的公平环境下，充分获取金融服务带来的便捷和收益（赵南岳，2013）。

根据 2019 年 8 月中国互联网络信息中心在北京发布的第 44 次《中国互联网络发展状况统计报告》，自 1996 年互联网引进我国以来，截至 2019 年 6 月，我国网民规模达 8.54 亿人，普及率达到 61.2%，其中，手机网民规模达 8.47 亿人，网民使用手机上网的比例达 99.1%。截至 2019 年 6 月，我国互联网理财用户达 1.7 亿人，网络支付用户达 6.33 亿人，占网民整体的 74.1%；手机网络支付用户 6.21 亿人，占手机网民的 73.4%。目前，中国网民规模已经超过欧洲人口总量。由此数据可以看出，涉网消费者已经呈现出覆盖面愈发广泛的趋势。在互联网经济时代，“互联网+”的发展，使得金融互联网化和互联网金融化趋势十分明显，并且互联网在发展过程中，云计算、大数据、定位服务、物联网等前沿信息技术在互联网金融业接连不断地创新，使得新型的互联网金融模式呈现出快捷、方便、成本低等明显优势，为互联网金融提供了更好的发展动力。与此同时，政府的支持也推动着互联网金融的前进。2014 年至 2018 年，互联网金融连续五年被写入政府工作报告，并且被放在经济结构调整、培养经济新增长点、促进新业态发展，鼓励创新的战略位置之上，希望互联网金融能发挥解决小微企业融资难方面的优势。到了 2019 年，政府工作报告关于互联网金融的表述则更加具体。互联网金融蓬勃的发展，使中国金融市场悄然发生变化。信息化大背景下智能化的金融运营方式，使得客户不再依赖固定的实体银行，金融消费者产生了心理变化：希望拥有“主控权”、高效便捷的服务和多重选择。而传统银行业在中国一直处于金融的中心地位，但如今在互联网时代和经济转型的大背景下，传统金融机构经营模式固化、创新不足，竞争力明显减弱。而互联网企业通过近几年对海量客户数据的积累，掌握了客户对金融方面更多的需求。互联网金融的迅速崛起给传统银行业带来了巨大的挑战，不断占领以商业银行为主导的传统金融机构的业务领地，给其带来了严重的冲击，有些业务种类甚至面临着被替代的危机。互联网金融相对于传统金融，不仅有着成本低、效率高的优势，更令传统银行业担忧的是互联网金融使人们生活中的金融习惯发生改变，这些都推动了传统商业银行自身的转型。因此，探讨目前传统银行的优劣势、互联网金融的特点和探索互联网金融未来发展路径很有必要。内忧外患之下，商业银行应当正视互联网金融模式的机遇与挑战，乘势而上，力行改革，通过经营模式与服务创新实现“超互联”，在互联网金融时代不断提升市场竞争力。

第一节　商业银行体系的僵化与不足

相较于互联网金融的便捷高效和低成本运作，商业银行的运行体系凸显出很多僵化和不足之处。

一、组织结构庞杂

传统商业银行，尤其是大型商业银行内部依然是总分行制组织结构，其管理形式分为直线职能制和事业部制，即总行机关属于直线职能制，总行和分行之间属于事业部制，表现为典型的“金字塔”式结构。具体而言，总行机关按照职能的不同划分为若干个部门，而每一部门均由主管行长直接管理，形成职员、经理、部门总经理、行领导的报告路线；总行之下的各分行对上级机构负责并报告工作，分行及二级分行的各部门主要向分行行长报告，形成支行、分行、总行的报告路线。在当前市场竞争环境下，这种结构逐渐显现了一些问题：①机构重置。组织架构烦冗、决策链条长、管理层次多、部门分工过细，易导致信息传递失真，造成决策迟缓、效率不高。②资源竞争。各事业部独立核算，容易出现只考虑自身利益，或过多考虑经济关系的现象，影响事业部之间的协作。③管理成本上升。事业部过度增加会导致协调困难，加大了银行内部管理、沟通、协调和交易成本，降低了风险防范能力，削弱了整体竞争力和资源配置力。庞大的管理层次、机构设置、员工数量及资产规模使得银行组织效率相对低下，对经营活力存在较大的束缚。商业银行庞杂的组织体制造成其内部运营流程僵化而复杂，在这种体制下，信息传导是逐级上传，流程设计是环环相扣的串联模式，导致众多个性化的客户需求被忽视（王炯，2018），很难满足互联网经济时代客户掌握“主控权”的消费心理需求。

二、经营模式僵化

商业银行的业务流程是一系列直接或间接为顾客创造价值的相关逻辑活动的有序集合，不同的业务流程设计是商业银行绩效和组织结构的基础。由于商业银行是经营媒介，即货币、信用具有同质性，银行与银行之间的差别源于其在业务流程上的差异，业务流程成为建立竞争优势和竞争壁垒的重要因素。目前，商业银行还没有真正建立起符合市场竞争需要的治理结构和运营管理体系，传统的科层结构和僵化的业务流程仍没有彻底改变。商业银行现有业务流程大体分为两种：一种是直接创造价值的客户服务流程，其中信贷业务流程很重要；另一种是直接创造价值活动服务的后台支持流程，在后台支持流程中参评开发与信息管理流程很重要。但是，面对需求日益多样化的客户及复杂的市场环境，传统的商业银行业务流程往往是一个闭环，会造成多重相似工序并行，重复性的工作不仅浪费了信息资源、人力、物力和财力，更重要的是降低了业务处理能力的效率，使银行的竞争力减弱（芮晓武和刘烈宏，2018）。

另外，如今多数商业银行仍停留在依赖物理网点，以前台关系型营销为主导的阶段。其运营模式依然是以存贷款为基础的银行体系内的资金流自循环，并未直接介入客户的交易行为，而是被动满足客户的需求，与如今信息化时代的高效便捷要求相差甚远。客户随时可以使用手机解决支付、转账、甚至贷款融资等问题，完全没有去物理网点办理业务的必要。虽然商业银行也在尽力开发远程支付（如 POS 机）、互联网行动 App 等产品以跟上信息化发展，迎合客户需求，但是在其资金流自循环的僵化运营模式基础上开发的互联网金融产品，跟客户在银行的物理渠道办理业务所依赖的账户、信息、风险控制系统、业务审批和处理系统、核算系统基本相同，并未从根本上改变传统的运作模式。从网上银行到手机银行再到微信小程序不断做出产品和服务的创新，虽然商业银行不断努力向互联网金融新方式靠近，但目前还是没有摆脱“新瓶装旧酒”的嫌疑。这种固化的运作模式，在主观上主要表现为对大数据、云计算等信息技术应用不足，在客观上表现为互联网金融产品和服务的超前性导致传统服务和产品“被淘汰”。加之监管政策严苛导致产品开发受限制，各种累积因素最终导致商业银行在产品和服务的拓展方面左支右绌，离客户需要的“超互联”服务还有很大距离。

三、风险防控过度

商业银行所做的风险防控一般包括金融风险防控和操作风险防控。金融风险是金融机构在经营过程中，由于决策失误、客观情况变化或其他原因使资金、财产、信誉有遭受损失的可能性。一定量的金融资产在未来的时期内到底能产生多大的货币收入流量，还有相当的不确定性。这种预期收入遭受损失的可能性，就是通常所说的金融风险。操作风险是指由不完善或有问题的内部程序、员工和信息科技系统，以及外部事件所造成损失的风险（本定义所指操作风险包括法律风险，但不包括策略风险和声誉风险）。商业银行为了避免客户损失累及自身，在经营活动中，通常将风险控制放在第一位。

首先，在金融产品种类方面，为了防控金融风险，商业银行的理财产品多趋向于低风险和中低风险的基金、保险、债券、信托等理财产品，其相应的利率也仅仅稍高于银行同期定期利率，相比一些市场上的 P2P 网络借贷、余额宝等互联网金融产品的利率较低。信息化时代，客户对利率的敏感性十分高，而商业银行因高风险防控所推出的均为保守型理财产品，这就导致一部分利率敏感型客户流失，从而降低商业银行融资能力。在传统银行运营模式下，风险管理成本往往较高，不论出于监管考虑、运营成本考虑还是风险管理考虑，传统银行都有意识或无意识地“放弃”了中小微企业和长尾客户群体。而互联网金融采取了不同的运营思维和运营模式。一是通过技术提高风险防控能力。凭借互联网技术，尤其是人工智能、大数据、区块链、云计算等技术的深度应用，通过对客户金融数据、非结构数据等内容进行分析，将风险和金融交易行为变得可视化、立体化，使风险管理更加可控，风险管理成本逐步降低，较之商业银行，互联网金融的流程灵活便捷、门槛低、效率高，吸收了大量不在传统银行服务范围之内的中小微企业客户和长尾客户，并迅速将商业银行的其他客户分流。二是“法无禁止即可为”。互联网金融企业利用政策空白，抢先在互联网上线金融业务，在业务发展过程中探索风控新模式，形成自己的脉络，刷新了监管者和商业银行对风控的认识和容忍度。

其次，在操作风险防控方面，商业银行出于账户安全的考虑，其推出的互联网金融产品往往设计了诸多的风险控制措施，实际影响用户体验，如商业银行提供的网上银行及手机银行服务，为了保护客户资产安全，商业银行提供的网上银行服务通常要求客户使用 U-key，辅之以密码验证等烦琐流程。手机银行亦是如此，一个最简单的转账就需要输入登录验证码、填写身份证号码、对方账号、对方开户行信息、输入短信验证码、支付密码等，极其不适应小额业务模式需求，给客户带来诸多不便。相比之下，互联网企业推出的在线支付，只需要输入密码进行验证就可以完成操作，如果开通指纹支付，仅需要刷取指纹，就可以轻松完成支付过程。互联网的优势本来就是便捷、高效，基于互联网技术开发的金融产品更应秉承这一特点，商业银行如果仍用传统思维，无法做到风险防控与服务管理流程简化创新的合理平衡，而附加过多风险防控措施，不仅影响客户体验，更有悖于互联网所追求的高效便捷理念。

四、监管未能有效促进银行业的发展

商业银行监管的目的是防控银行业的整体风险，规制银行业的同业竞争,维护商业银行的合法、稳健、高效运行，促进经济健康有序发展。目前我国的银行监管，虽然已经有了一定的体系性，但是仍然有不完备、不灵活、不协调的方面，对商业银行的发展产生了一定影响。首先，行政干预的痕迹影响市场竞争力。一些监管商业银行的法规实际上是固化行政干预的手段。有关信贷资金管理的规定，实际上阻碍了市场机制的作用，使得商业银行被牵制和束缚，无法真正展开市场竞争。其次，对于金融产品的监管，影响了商业银行的发展。商业银行经营活动，尤其是金融产品的销售受到中国人民银行、中国银行保险监督管理委员会的严格监管。商业银行需要接受严格的资本监管和产品准入审批，客户必须亲见亲签，第一次购买要签署协议。这种严格的监管在一定程度上给客户（尤其是小微企业）造成不便。而近年来互联网金融的快速崛起在很大程度上得益于监管的容忍。无论是余额宝，还是京东白条，事实上均是金融产品，但从事这些业务的互联网企业仍然被定义为普通企业，未被纳入金融监管范畴。相较之下，这些互联网金融产品因其高效性和便利性快速占领了市场。商业银行的优势在于丰富的金融业务经验，尤其是理财产品的设计，但严格的监管使得商业银行无法像互联网企业一样远程开户，通过网络远程完成金融产品的交易。而互联网金融的优势在于技术和平台，借此与金融机构合作开展理财业务不受监管制约，既发挥了互联网的技术优势，提高了客户体验度，又规避了监管约束，造成商业银行与互联网企业不公平竞争的局面。很显然，这种不对等监管立场在很大程度上限制了商业银行互联网金融化发展路径，制约了其经营模式和服务类型的创新。中国人民银行和中国银行保险监督管理委员会应当对商业银行适度放松监管，给予虚拟电子账户与传统银行账户相同的身份。最后，金融业监管的有效性影响银行业的发展。对于银行业而言，合理的监督不可或缺，但是现有的监督体系与当前的中国金融业高速发展现状不同步、不匹配。我国银行监督体系已经较为完善，但中国金融业遵循分业经营和分业监管的原则，监管部门难以应对目前金融业混业经营的趋势，影响监管功效。

五、创新和升级滞后

传统商业银行文化氛围相对保守，内部普遍缺乏创新动力。中国银行保险监督管理委员会公布的数据显示，截至 2019 年 8 月末，银行业金融机构总资产（境内）达 275.86 万亿元，商业银行总资产为 226.16 万亿元，占银行业金融机构总资产的 82.0%。长期以来，商业银行占据金融业主体地位，形成垄断态势，除了因同业竞争需要而做出的创新，鲜有来自外部的系统竞争者和系统性压力，导致其普遍缺乏创新动力。虽然信息化背景下的商业银行为了争取市场，明显加大了科技投入，不断加强网上银行、电子银行业务，积极开发互联网金融产品，但其所承受的严格监管及长期形成的较为严谨和保守的经营模式和文化氛围制约了其在互联网领域的创新。在这种文化主导下，传统商业银行的经营理念产生了中心化、主观化、综合化的特点，束缚了经营理念的更新。中心化指商业银行经营过程中，大都从本行、本部门、本人出发思考问题，很少从客户的角度来设计产品或制度，以自我为中心，不能为用户提供良好的服务。主观化则指商业银行的高管人员在经营决策中还较多地根据经验、感觉来进行决策，而不是从实实在在的数据中来分析问题，寻找答案。而综合化是指各家商业银行都力求本行大而全和小而全，追求业务的覆盖面广。忽视各项业务的精深挖掘，无法形成本企业的核心竞争力和经营特色。这三种特点对于理念的更新都是致命问题。商业银行进行各项业务时，首先强调的是程序和规则，因而设计了很多制约程序和监控措施，如业务授权与事后监督及系统控制等。这使得商业银行在开发互联网产品时，难以快速响应客户需求。其所开发出的互联网金融产品也因为受传统流程和风险管理限制，升级周期缓慢，难以跟上当今互联网信息时代的更迭速度。

惯性思维导致创新不足，而创新不足导致业务流失。审视互联网金融服务机构及其创设的一些“新业态”可以发现，众多互联网金融产品或服务并非全部是从无到有，而是将传统银行已有的，但是又不愿涉足、不屑涉足、未曾涉足的业务在互联网上拓展并形成巨额规模，从分取银行的一杯羹发展到对传统银行业务构成竞争威胁再到演化出新商业模式，对传统银行业务造成冲击。对传统银行而言，互联网金融产品和服务是一片蓝海，但对于金融科技企业而言，这是一片一直都存在的红海。传统银行拥有海量客户，本可以充分利用数据挖掘技术分析客户需求并创新产品、升级服务，但传统银行低估了金融科技的力量，也忽视了小微企业和个人对资产业务的需求，相较之下，互联网金融在技术发展中敏锐地嗅到了市场需求，以其创新速度快、效率高，产品更新换代快等优势迅速占了上风。以对商业银行资产业务影响较大的 P2P 网络借贷业务为例，传统商业银行对小微企业和个人的放贷门槛往往较高，P2P 网络借贷业务以其灵活、便利、门槛低等特点，迅速占领市场，将商业银行的资产业务盈利分流。在负债业务领域，余额宝、微信钱包等理财工具以灵活、便捷、利率高等特点分流了大量银行存款业务，对银行负债类业务形成巨大冲击。第三方支付业务的迅速发展和革新很大程度上颠覆了传统银行的中间业务经营范式，第三方支付平台将商业银行的客户截留并引流，商业银行的中间业务手续费等业务盈利被蚕食。商业银行的网上银行服务虽然安全性较高，但用户体验不佳，第三方支付平台以其普惠性、创新性、便捷性占领了市场先机。《2018 中国电子银行调查报告》显示，2018 年网上银行用户比例为 53%，手机银行用户比例为 57%，第三方支付用户比例为 78%，微信银行与电话银行用户比例分别为 34%与 22%。第三方支付用户占比占据绝对优势。

六、营销方式和力度不够

商业银行以其传统物理网点模式经营为主，以人工化运营为主。商业银行的运营流程主要依托人工作业，即便在电子化方面做出了诸多创新和突破，但其思维模式主要是将人工化作业向电子化作业的转变，核心是减少人工，仍旧属于人力依赖型。而互联网思维下的金融模式，主要是依赖信息技术进行流程化作业，人工主要用于弥补技术不足，主要体现的是去人工，属于信息技术依赖型。在流程作业方面，自 1998 年中国银行首次试水线上业务完成第一笔网上支付业务后，包括招商银行在内的多家商业银行开始在手机、电脑等移动端提供网上金融业务并取得很好的成效，但这类业务多是线下业务的线上版或加强版。在产品方面，产品设计偏于单一，其设计逻辑还是基于传统销售模式，并未颠覆性创新。在宣传服务方面，传统银行还是采用了以网点服务、电话服务为主的方式，边际成本较高。另外，传统银行受时间、空间、服务能力和水平的限制，无法为客户提供全天候、无差异的金融服务，服务力度不够。究其根本，传统银行业布局主要以线下为主，设置的机构比较多，人员也相对较多，其产品的推出与销售，需要经过的环节也相对较为复杂，相对而言成本就会变高，效率也会相对降低，甚至经常出现服务态度不好等现象，导致用户体验不佳。同时，由于银行利差的非市场化等原因，在传统银行业当中，产品同质化也十分严重，很多银行并不能通过服务和利率变化来精准地找到自己的市场定位，并锁定目标用户。这一方面是由于传统银行考虑成本控制，另一方面是由于现有银行的类垄断体制，保护了银行的高利差，使得银行仅通过目前的产品就已经可以保持高利润。如今信息时代互联网和大数据的广泛应用，不仅加快了金融业界的创新速度，也改变了客户的行为模式和心理需求。由于新产品更新速度快，客户有了更多的要求和选择，其流动就更加频繁，不会依赖于某一家金融机构。而且，互联网技术使得客户在不同金融机构之间的转换成本大为降低，客户有了更高的价格敏感度，所以产品的知名度和价格水平对客户的选择有了更大影响。因此，在信息化时代背景下，金融机构和金融产品也需要推广和营销。所以我们就能看到很多互联网金融企业在初期阶段都不惜重金想出各种办法提高知名度，吸引客户。其后期推出的理财产品也均比银行同期利率略高以吸引长期客户。而商业银行受监管及自身传统理念的影响，在营销力度上无法与互联网金融企业相比，在营销的方式方法上更不能突破传统，难以适应互联网信息时代的新趋势，这在很大程度对商业银行的发展形成了制约。此外，业务拓展逻辑单一也是制约营销效果的一项重要因素。许多互联网金融服务并非单一的金融服务机构，其金融服务是从基本业务衍生出的服务，与其基本业务构成一个完善的服务供应体系。以天猫、京东等电子商务平台为例，它们在发展基本零售业务的基础上，根据客户需求，创设了诸如花呗、京东白条等互联网金融借贷业务，分走了传统银行信用卡部分业务，不仅如此，部分电子商务平台更是逐渐衍生出借贷、理财、保险、支付结算等金融服务，涉足领域众多。商业银行对现有产品和服务的营销方式思考不足，最终导致业务“被分流”。

第二节　互联网金融的冲击与促进

在如今互联网时代和大数据时代，似乎一夜之间互联网金融公司和产品遍地开花。互联网金融产品因其高效、便利、新颖等特点再加上监管的容忍和互联网金融企业的大力宣传与投资，在商业银行未及反应之时便吸引了客户（尤其是小微企业客户），迅速占领了市场。这给商业银行带来巨大冲击。但是更激烈、更普遍的竞争也对商业银行的发展起到了促进作用，毕竟互联网金融的基本架构还是基于传统金融产品和服务，互联网作为催化剂，加速了金融产业的发展，并以技术为依托创设了一些全新的金融业态，但其基本元素并未改变，即商业银行和金融的本质并未发生实质性改变。互联网金融创设的新业态是经济新常态的一股强大动力，是在传统银行业务中拓展出来的，尚未演变为自成一脉的独立存在。

一、互联网金融的特点和优势

互联网金融产品和服务突破了时空限制与物理介质的限制，大幅提升了金融服务的便捷性、覆盖性、可得性和普惠性。传统银行存在的问题，为互联网金融提供了发展的机会空间，但是更为关键的是互联网金融本身的优势。所以，要分析互联网金融对传统银行的冲击与促进，首先要分析互联网金融的特点和优势。

1. 虚拟化

虚拟化是互联网金融区别于传统金融业的最大特征，主要体现为金融业务虚拟化、服务机构虚拟化和交易媒介货币虚拟化。金融业务虚拟化指的是互联网金融的交易、服务、办公都是互联网的电子文件化；服务机构虚拟化表现为建立电子银行和其他互联网金融机构等虚拟化的服务活动，大大降低了金融机构实体建筑的重要性；交易媒介货币虚拟化是社会发展中又一次观念货币代替实物货币的升级，作为电子数据、互联网钱包、互联网现金等通过互联网传播的媒介货币，体现了金融活动中的信用活动（陈敬民，2013）。

2. 开放性

互联网金融的开放性主要是指商业环境的开放性，表现为金融活动可以突破时间和空间的限制，打破传统的金融机构和经营网点的地域限制，吸引更大范围的客户。只要运营商开通互联网金融业务，任何人都有可能成为自己的客户，而且可以随时随地以各种方式为客户提供服务。同时因交易媒介的货币出现，也能摆脱各种货币形式的束缚，促进市场行为的国际化，推动国际金融服务的全面发展。

3. 透明性

互联网金融的透明性指的是市场运作的透明度，透明性主要表现在信息的传递、交易的执行、程序的清算和市场价格的形成上。互联网金融交易快速、便捷，使交易成本大大降低，而公开市场信息则大大提高了金融市场的透明度，对市场价格的选择和市场调节能力的提高起着十分重要的作用。

4. 普惠性

互联网金融的普惠性是指在机会平等、商业可持续的原则下，以较低成本为各社会群体提供有效的金融服务。2019年政府工作报告中不再涉及“互联网金融”字眼，取而代之的是普惠金融，彰显了互联网金融的核心价值。互联网的普惠性不仅仅是将更多的金融消费者纳入到金融体系中，更重要的是实现社会公平正义，而互联网金融恰恰具备实现普惠金融的独特技术优势。

互联网金融的以上特点，使它获得了与生俱来的发展优势。首先，善于应用多样、立体化的新方法。互联网金融的互联网基因决定了其相比于传统金融机构，更擅长使用互联网大数据、云计算、人工智能等金融科技手段。比如，在客户信用评估、风险管控方面，相比银行直观的资产及现金流分析，互联网公司已经能够通过建立数据模型，利用客户大量的历史交易、行为习惯等数据，将风险和需求可视化，实现更加立体化的判断，这一结果能够进一步帮助金融机构做出更加深入、有效、合理的决策。虽然这种方法的有效性还有待确定。也正是由于可选方法多样化，互联网金融可以开发出更多的业务模式和金融产品，增加了用户选择的空间。其次，降低交易成本，提高服务效率。互联网金融通过线上化、自助化的方式，能够有效地减少机构服务的边际成本。在理财与借贷方面，因为成本收益比的关系，传统金融业在服务大批量客户时更有积极性，对一些小微型客户不太重视，这就给了互联网金融机会。互联网金融企业可以运用先进科技手段，低成本地解决普通民众、小微企业等长尾用户的个性化需求，让互联网金融实现了更大范围人群的覆盖，在一定程度上增强了普惠的效果。在此基础上，互联网金融通过网络标准化的方式，不论是处理问题还是分析问题，都提高了服务效率和准确性。同时由于其植根于互联网，能够充分实现信息的开放与共享，进而提高了信息的对称性，也有利于在内部和外部监管部门之间构建一条通畅的信息沟通渠道，搭建起多方互联互通的监管体系。

二、互联网金融对商业银行的冲击

互联网金融的崛起，在给了客户更多主控权和自由的同时，也给商业银行造成了明显冲击，使得传统商业银行的盈利能力和经营水平在互联网的直接影响下逐渐降低：一是负债端业务被分流。互联网理财产品吸收了大量碎片化存款业务，商业银行的储蓄存款被蚕食和分流，增加了商业银行资金组织难度，导致银行资金成本不断攀升。二是中间业务被挤压。第三方支付平台直接挤压商业银行支付

建成本远远低于商业银行，具有一定的成本优势，可以将贷款利率降低以提高竞争力，因此具有较大的竞争优势。另外，在互联网金融公司办理融资业务时，申请门槛低、操作简便、审批效率高，一项业务办理下来往往只需要几天，网商银行小微经营者贷款服务做到了“310”：3 分钟申请；1 秒钟决定；0 人工干涉。而传统商业银行的业务办理，申请门槛高、手续繁杂、审批严格，需要客户经理进行贷前走访了解客户、资料审查、授信审批，办理时间长，满足不了中小企业客户贷款资金需求急、周期短的需求，导致银行原有客户流失、利差收入下降。

4. 消费信贷业务受到挑战

一些互联网企业为了刺激消费，利用自身的电子商务平台模仿信用卡透支功能，推出了消费金融服务（如蚂蚁花呗、京东白条等），实现了线上支付的透支功能。这项消费金融服务，不用像信用卡一样在柜台办理和开通，也无须提供各类担保或者提供担保人信息，可以自行开通，十分便利，而且还款方式也十分便利，如果客户的支付宝账户余额、余额宝内有足够的金额可以还款，那么到了还款日，花呗会自动扣除透支的金额，完全省去了计算还款日、支付还款这些烦琐的过程。更重要的是，这种消费透支类金融服务可以利用大数据自动分析客户现金流和还贷能力，分别给出一定的透支额度，这个透支额度基本可以满足日常的消费，这大大刺激了客户网上支付的频率，对银行的信用卡业务、消费贷款业务造成明显冲击。例如，在 2016 年“双十一”期间，自零点至一点的一个小时里，蚂蚁花呗支付笔数占比 30.14%，这也意味着，在一小时破 353 亿的天猫成交额中，有 106 亿是通过蚂蚁花呗支付的。蚂蚁花呗 2016 年发布的数据显示，花呗的用户中年轻人占比很高，特别是“90 后”。中国现在有近 1.7 亿的“90 后”，其中 4500 多万人开通了花呗，也就是说，每四个“90 后”就有一个用花呗。据悉，蚂蚁花呗除了应用于阿里巴巴电商平台，在滴滴打车、饿了么、12306 等外部渠道同样可用。

5. 垄断支付面临严峻的挑战

支付结算是银行区别于其他非银行金融机构的特点之一，伴随着互联网的兴起，随之而来的第三方支付，利用其能够接入不同银行进行支付的特点，逐步形成了独立的支付体系，形成了客户黏性，抢走了原属于银行的市场份额，对商业银行形成了强烈冲击。商业银行长期以来的支付和结算功能，不但扩大了社会交易的范围，而且降低了社会交易成本，成为当今经济高效运转的一个促进因素。而互联网金融的创新，赋予了支付结算功能新的内涵，对传统商业银行的支付功能发起了挑战，互联网金融产品自身更接近于消费需求，对银行长期垄断的支付结算功能产生冲击，形成了目前第三方支付和传统银行支付并存的格局，并且第三方支付市场份额有逐年扩大的趋势，2019 年中国第三方移动支付交易规模达

226.1 万亿元，同比增长 18.7%。

电子商务的快速发展使第三方支付潜在的客户量与日俱增，交易量自然也随之快速增加。其迅猛的增长势头降低了传统商业银行支付结算的占比，使商业银行的支付结算功能逐渐弱化。与传统银联网络收益模式不同，第三方支付平台减少了银行卡的部分手续费收入，能直接介入客户的消费行为，而非被动满足客户需求，便利性更为突出。第三方支付业务已快速发展成为目前多层次金融服务体系的重要组成部分，将长期与商业银行支付业务并存。目前互联网金融公司还在不断研发自己的快捷支付类产品，这些产品完全脱离了商业银行的支付结算功能，客户无须再登录商业银行网上银行界面便可完成交易支付，只需要一张信用卡就能够在网络环境下自由消费，不再受限于是否开通了网上银行。随着互联网技术在全社会的普及，未来的电子支付交易将成为社会发展的主流趋势。消费者的支付消费习惯正在因互联网公司创新的支付产品而发生改变，特别是近年来移动终端的发展，电子钱包、支付 App 等的应用，都有可能进一步蚕食商业银行现有的支付市场。未来，金融的主要客户是习惯于互联网时代的年轻人，年轻人一部手机“走天下”的惯性支付方式将给商业银行传统的银联网络支付模式带来很大挑战。互联网金融创新的脚步从未间断，不断加强与银行、保险等金融机构的密切合作也将改变目前支付市场的格局，金融市场的盈利空间将被互联网金融产品不断蚕食，商业银行的支付结算份额占比不断缩小。

6. 中间业务被抢占

除了存贷款间的利差收入外，商业银行另外一项重要的收入来源便是中间业务收入，主要有支付结算、投资理财、银行卡、造价咨询、代销业务及担保业务等基础业务，而在证券投资、金融衍生工具交易等高附加值的业务领域涉及较少。第三方支付业务的兴起，正在逐步蚕食商业银行的中间业务收入，从转账汇款到缴纳电费、保险代缴、话费充值等支付和结算业务，都能通过第三方支付来实现。随着第三方支付平台走向流程前端，与商业银行的业务范围不断重叠，原有的金融业务的格局将发生变化，第三方支付机构将会承接更多传统商业银行的中间业务项目。其中，小额、安全、便捷、灵活性的业务成为其主攻方向。

代销业务方面，基金等产品在传统意义上统一由银行代销，而互联网金融的崛起，使得很多网上基金销售平台（如天天基金网）兴起，与银行形成竞争。尤其是余额宝，作为以第三方支付平台与货币基金相结合的方式出现，降低了基金公司对中间业务提供方的依赖，同时也减少了商业银行中间业务收入。超短期理财方面，同非保本浮动收益类理财产品相比，商业银行对最低申购限制和申购赎回时间方面要求更高，并且不是按天复利计算收益。而余额宝等一些互联网金融产品则呈现出稳健性理财产品的特点，即可以随时买入和赎回，收益每日结算。

相较之下，余额宝等互联网金融产品因其高流动性和高利率抢占了很大的市场。另外，商业银行保险代销业务和其他理财业务也因为互联网理财平台的多元化和第三方支付的功能多样化逐渐萧条。

7. 市场主导地位受冲击

在长期计划经济体制下，商业银行占据了绝对垄断地位，掌握了金融行业绝大多数市场资源，具有绝对的行业竞争话语权。随着金融体制改革的推进，我国商业银行的市场地位开始受到各种新兴市场力量的冲击。如上文所述，商业银行的支付结算功能几乎被第三方支付所代替，定活期存款和基金代销又遭到互联网金融产品的巨大冲击。互联网金融企业的快速创新受到了社会各界的支持。它们利用高科技使民间金融发展到空前繁荣的程度，同时不断弥补传统金融体制存在的各种缺陷和漏洞。互联网金融自诞生之日起，就在不断打破现有金融市场结构，加剧了金融行业竞争：一是金融机构将逐渐增多，这也会打破大批市场原有的内部平衡结构，为谋求发展和互利互惠，互联网金融与中小银行将会通过进一步合作冲击现有银行市场结构。二是互联网金融凭借快速扩张的影响力，使商业银行尤其是国有银行的市场份额占比持续下降。如今，在余额宝面世之后，互联网行业掀起了一股金融创新热潮，一时之间由各互联网巨头推出的“活期宝”、“现金宝”、“微信宝”和“新浪微银行”等产品纷纷亮相，都企图从商业银行那里分一杯羹，商业银行市场地位明显被撼动。三是互联网金融利用高科技将移动端支付、理财作为主要发展趋势。中国互联网络信息中心 2020 年 4 月发布的第 45 次《中国互联网络发展状况统计报告》显示，截至 2020 年 3 月，我国手机网民规模达 8.97 亿人，较 2018 年底增长 7992 万人，我国网民使用手机上网的比例达 99.3%，较 2018 年底提升 0.7 个百分点。庞大的网民基数为移动理财的发展提供了基础。由此可以看出，移动端理财已经成为互联网金融的主流发展趋势。伴随着监管趋严，整体行业正在由野蛮增长时期转变为理性发展阶段，标志着移动理财的理性时代已经到来。

8. 客户资源被冲击

首先，商业银行逐渐失去了掌握客户信息的主动权。商业银行在长期的网络服务和业务发展中沉淀了大量的客户资料和客户交易信息，数据资源丰富，但缺乏对相关数据的挖掘和应用，未能对客户信息进行及时的提取、分析，客户评价体系效率较低，不能给客户提供相应的数据支持和定位服务。随着互联网金融的发展，第三方支付功能的优化，客户交易完全可以通过第三方支付系统完成，相关数据被第三方支付系统截留，阻断了银行与客户交易的通道，造成银行交易数据丢失，银行只能获取第三方支付系统在最后支付环节跳转到银行界面的交易金额。第三方支付系统则通过对客户其他交易痕迹的抓取，如客户的投资偏好、交易习惯、每种产品停留时间等大数据信息，进一步挖掘客户潜在价值。可以说第三方支付的数据阻隔行为严重阻碍了商业银行信息的获取和分析能力的提升。互联网技术的快速发展，大大降低了互联网金融公司信息的采集、分析和应用成本，商业银行则逐渐丧失了获取客户信息的主动权。移动支付、社交网络等创新平台，逐渐改变了市场信息不对称的现象，交易双方借助互联网平台相互匹配，方便快捷，剥夺了商业银行作为交易中介的功能。互联网金融模式下，资金供需双方的信息交流和沟通是完全通畅的，并且高效快捷，交易公开、公正、公平，相应的价格机制与市场匹配，银行以往轻松获取客户信息的优势逐渐丧失。

其次，商业银行客源有所流失。以往的商业银行是以业务为核心展开的。虽然在服务态度的提升方面不断努力，但在业务流程方面，服务理念一直没有转变。随着互联网金融时代的到来，客户需要的服务模式发生了改变，方便、快捷、有效成为客户的首选，商业银行的客户资源不断流失。国家统计局电子商务交易平台调查显示，2019 年全国电子商务交易额为 34.81 万亿元，比上年增长 6.7%。大规模的网络购物群体改变了传统商业银行客户群的服务理念，他们不再选择物理网点办理业务而是将互联网作为媒介体进行交易。在互联网金融时代，客户服务媒介由传统的物理网点转向互联网终端。在物理网点，商业银行提出在服务态度、业务环境、文明用语等方面做到统一规范，以期提高同业竞争力，提升客户满意度，但在互联网金融模式下，随着网络平台建设环境的不断完善，客户在业务办理中只需在终端服务处做出选择，对服务态度、业务环境、文明用语等方面不需要做出选择，更加偏好具有方便、快捷、高效、个性化的网络服务模式。互联网金融利用平台优势，提供了丰富的差异化性及个性化的服务，真正满足了客户的需求，创造了新的服务模式。新模式的建立不断分流商业银行的客户资源，对商业银行造成了外部竞争。科技的进步赋予客户越多主控权，就会让守旧的银行家越发辗转难眠。传统的中介业者若无法用科技和持续创新、新的方法在产业价值链中抢占一席之地的话，就将面临崩解消融的命运。鲶鱼效应倒逼商业银行转变思路，不断加强创新。

三、互联网金融对金融业的促进

互联网金融因其优势的发展，引领了金融业的整体变革，在对传统金融有所冲击的同时，也在一定程度上弥补了传统金融的一些局限，对金融业的繁荣有序发展产生了促进作用。

1. 交易信息更加对称

信息处理方式是商业银行运营的核心技术，商业银行数字化转型首先体现在信息创造方式的转变（韦颜秋等，2017）。在传统的融资模式下，金融机构对小微企业的信息获取成本较高，成本收益不匹配。在互联网金融模式下，交易双方之间的信息交换是透明的，完全以市场为导向定价，风险管理和信用评级的数据库保存完整。利用交易数据库，可以全面地了解企业或个人的财务和信用状况，降低信息不对称的程度。当贷款对象违约时，互联网金融企业通过公开其违约信息和降低其评级信息，增加其违约成本的方式对其予以相应惩戒。信息的充分程度和相关性是互联网金融交易质量的决定性因素。由于互联网通过云计算挖掘、识别、收集和处理数据，快速的信息传输能力和复制能力，决定了以往通过标准流程或复杂度相对较低的金融产品和服务在未来将非常适合转移至互联网。大数据的使用，可以清楚地展示这些互联网参与者的信用状况，因此风险识别、定价、营销和定制服务等都可以得到这些数据的有力支持。

2. 金融资源趋于平衡

过去，传统的商业银行无法及时、有效地处理小微企业和一些个人客户的业务需求。互联网金融的出现，打破了金融资源长期被垄断的局面，金融资源分配格局发生变化，更多客户在互联网上找到了所需的金融服务，推动了普惠金融的发展，客户参与金融活动的广度和深度不断加深，金融领域呈现出了前所未有的活力。传统金融业务机构设置多、人员成本高等因素，准入门槛较高；互联网金融交易成本低、限制少，可以提供普惠金融。近年来，我国建立了完整的金融机构和庞大的金融服务体系，但大型金融机构长期处于市场垄断地位，缺乏有力的市场竞争。而互联网倡导平等、共享的精神具备普惠金融的优势，互联网金融业务灵活、便捷的特点，为满足传统金融业忽视的中小客户和小微企业融资需求寻找到途径，以实现金融服务广度和深度的拓展。在传统融资模式下，由于信息不匹配，商业银行充当资金供给方和资金需求方的中介机构，互联网金融模式下，商业银行享有的中介功能将逐渐弱化，供求双方通过互联网平台完成信息采集、核对、匹配，最终完成整个交易过程，中介功能的弱化进一步加剧了商业银行的金融脱媒。通过挖掘各类与金融相关的信息，互联网金融的金融效率更高、交易成本和风险成本更低，进而可以扩大金融服务的覆盖面，对于加强金融体系的竞争具有十分积极的作用。

3. 促进银行业服务提升

商业银行在整体互联网金融引领的金融环境变革下，也在不断完善自身，以提高市场竞争力。

首先，服务意识转变。市场经济的竞争下，互联网金融企业以其追求提升用户体验的不懈努力，带动了市场金融服务水平的整体提高，又通过互联网的先进技术降低金融服务成本，从而降低服务费用，甚至提供一些免费服务。这给商业银行带来了较大竞争。商业银行的服务理念也有了根本性变革，开始形成以客户为中心的服务意识，并致力于开拓多样化、便捷化、个性化的服务吸引客户，增加市场竞争力。

其次，服务广度和深度的拓展。互联网信息技术的发展使市场产生了各种新型需求。在满足这些需求方面，互联网金融企业因其技术的先进性及监管的适当宽松而更具优势。它们可以开发很多跨界的金融产品，再利用广阔的客户群得到迅速发展。因此，在用户和竞争者的倒逼下，传统银行必须拓展原有服务的广度和深度，以适应互联网大潮的强力冲击。近几年，中国银行业见证了网上银行、手机银行、直销银行等多种互联网金融服务形式。互联网金融的发展，使银行业在传统物理网点之外进一步拓展了服务渠道，提高了经营效率，扩大了服务覆盖面，为更多的客户提供了基础金融服务，在很大程度上提升了服务的便利性。例如，农村电商服务的发展，搭建了农村金融网络，提高了金融服务在农村的覆盖面；银行的柜面人员利用远程交易技术摆脱传统柜面的束缚，借用专业的互联网终端设备，走进社区，为用户提供便捷的专业智能化服务；银行与交通部门合作，开展 ETC（electronic toll collection，电子不停车收费）充值、罚款缴纳等服务。

4. 促进银行业的产品创新

面对互联网金融企业对金融行业市场的争夺，银行业也从各个方面努力实现自身产品设计的创新。

首先，设计方式和结构越发体现出客户中心理念，以争夺客户为终极目标，开拓个性化产品，增强用户体验。简化结构、提高效率，满足客户简捷、便利、安全的要求。

其次，产品类型丰富化。一是传统业务产品电子化。把一些银行传统业务放在线上，利用银行的传统优势，加上电子化手段，巩固既有客户量，如网上银行、手机银行等均可以实现传统银行业务办理，并将传统业务门槛适当降低，增加受众，充分利用银行良好的信用度，提高覆盖面。二是整合金融资源增加平台应用场景。通过提升服务种类留住存量客户，开拓新客户，创造中间业务机会。一方面是整合金融资源开发新产品，如以百度钱包、微信银行等已有金融产品为媒介，推出了直销银行，打造集存款、理财、基金、贵金属、贷款等为一体的产品体系。另一方面是整合金融资源加强混业经营。商业银行可以让客户在一个平台享受更多的服务，形成用户黏性。传统模式是商业银行的支付功能内嵌在公司、商户、平台的后端，由商业银行完成资金的沉淀流转，而现在越来越多的企业开始自建第三方支付平台，商业银行的业务和利润逐渐被不断瓜分和蚕食。而商业银行可以将公司、商户、平台的服务接入到银行的生态系统中，使其成为银行金融服务平台的一部分，实现场景集中化。例如，在银行平台接入商家服务，提供生活服务、商业服务，在一个银行平台实现生活和工作的全覆盖，减少消费者切换平台的概率，加强用户对平台服务的依赖性，提高平台留存率。如果说互联网金融服务提升了金融业的服务效率，那么银行平台将具有资金需求的行业资源整合到一个平台的效果就是提升了全行业的金融服务效率，因为没有几个行业是可以脱离金融的。当然资源整合并非盲目的地毯式覆盖，而是要根据自己的业务特点构建功能齐全且层次分明的服务体系，既有碎片化、个性化的金融服务，也有全场景、全链条的金融服务方案。三是跨界合作产生新产品。近年来，银行纷纷展开与互联网平台的深入合作，开发出以银行电商平台、社交平台金融服务、移动金融等为代表的互联网金融模式。四是适当购买技术服务或将部分技术服务业务外包。银行单独组建金融科技团队除了进行研发外，还可以利用金融科技企业的云计算、大数据等技术研发能力、数据收集和分析能力，获得技术与数据支撑，帮助银行根据业务优势定向开发金融产品。例如，阿里巴巴就利用其先进技术向部分银行出售云计算服务，以支撑银行的互联网金融产品的开发。五是深耕垂直细分领域。挖掘行业需求，匹配市场需求，定制产品服务，在理财、金融租赁、金融衍生工具交易等领域优化产品设计和业务流程，丰富产品线、扩大用户覆盖面、提升用户体验。

5. 激发了银行业的组织结构变革

从互联网金融的身上，商业银行学到了以客户为中心的运营理念。传统上，银行的主要绩效指标是营收和产品销售。业务目标是怎样通过传统通路加强营收和产品销售。而行销也主要通过增加分行的活动和产品销售完成。所以，传统的银行组织结构是以产品和分行网络为中心构建的。随着互联网金融的发展，客户的选择更多，银行业务受到极大冲击，各家商业银行也在思考问题产生的原因，学习互联网金融的运营理念。在互联网时代要想提高营收和产品销售量，必须将运营理念由过去的以分行为主导转化为以客户为导向。行销模式也必须由过去的以产品和分行网络为中心转变为以产品和互联网为中心。此外，互联网金融服务和产品的设计、运营是技术驱动型的，产品迭代和产品多元化的需求较高，对运营团队组织架构的适应性、灵活性要求较高。因此，单独构建一个有相当自主决策权的、扁平化、分布式的网状组织更符合互联网金融的发展特点。网状分布的组织结构更加机动灵活，治理结构更加高效。基于商业银行稳定性高、监管严格等特点，保持网状组织机构的独立性能在一定程度上隔离风险，保障主业务稳定、安全地运营。对银行来说，产品的不断电子化、信息化才是发展的新通道。从银行内部结构来说，主要调整包含两类：一是成立针对性发展互联网金融的部门甚至子公司。例如，各个银行相继设立电子银行部、互联网金融营销中心等。例如，中国民生银行即设立了直销银行二级部门，其业务拓展不以柜台为基础，而是通过电子银行渠道营销金融产品、提供金融服务。二是成立专题组或项目组。这类项目组的设立主要是为完成银行的短期攻关。目标明确，时间确定，资源调配灵活，可高效地完成某一产品或服务的开发设计，能满足互联网产品时效性较高的要求。

6. 开启银行新模式

以网商银行、微众银行为代表的银行新模式——互联网银行进入人们视野。斯金纳（2015）认为：互联网银行是指借助现代数字通信、互联网、移动通信及物联网技术，通过云计算、大数据等方式在线实现为客户提供存款、贷款、支付、结算、汇转、电子票证、电子信用、账户管理、货币互换、P2P金融、投资理财、金融信息等的全方位无缝、快捷、安全和高效的互联网银行服务机构。互联网银行时代的企业管理和治理结构都将完全不同于传统银行的管理和治理结构。国内较为典型的互联网银行有微众银行、网商银行等。它们以平台化运营或“自营+平台化”为主要模式，走轻资产路线，不设立物理银行网点，而是依托互联网进行在线交易，提供差异化的金融服务。网商银行的经营模式侧重小存小贷，主要针对小微金融，客户群体大多为小微企业、个体户、三农户等；在风控方面，借助支付宝扫码付款技术获取商户位置信息等内容，利用大数据、人工智能等技术实现风险的管理和评估；在技术方面，是中国第一家以金融云架构为核心的银行；业绩方面，2018年网商银行净利润6.71亿元，截至2018年服务过1227万个小微企业和小微经营者，相当于每6家小微企业就有一家在网商银行贷过款。与之相似的微众银行的情况是，经营模式方面，侧重个存小贷，主要对标金融消费类业务，客户群体为各阶层消费者；技术方面，大数据、人工智能、区块链等技术在服务、营销、风控、运维等领域都有广泛应用，并实现了向合作伙伴的技术输出；业绩方面，根据微众银行发布的年报，2019年微众银行全年营业收入超过148亿元，净利润高达39.5亿元，跟中国市场中其他几家民营银行做比较，能够发现其净利润是网商银行净利润（12.56亿元）的3倍之多，也是以亿联银行、苏宁银行为首的其他六家民营银行合计净利润的4.78倍。除了浓厚的技术特征，互联网银行普遍都是以民营银行的身份出现在大众视野中，这是否是未来中国银行格局变化的触发点，有待时间来验证。

第三节　商业银行互联网金融化的路径选择

互联网金融的强势发展使得商业银行的各种业务遭受巨大冲击，商业银行在接下来的发展中，必须厘清思路，转型升级，逐步向互联网金融化过渡发展，从而争取市场份额。在此过程中，商业银行不仅要看到互联网金融企业的诸多优点，并加以学习和采纳，也要结合自身多年来在金融业奠定的扎实基础之优势，取长补短，开拓创新，走出具有自身特色的互联网金融化道路。

商业银行的传统优势方面，主要有以下几点。首先，宏观调控优势不可替代。一方面，只要中国人民银行继续发行货币，银行作为信用中介的主渠道功能就不会改变。商业银行在货币创造体系中的重要地位，受到现行法律法规的认可，也不会被轻易取代。互联网金融企业则不同，如果没有政策支持，互联网金融很难在较短时间构筑独立的信用体系。商业银行是维系整个社会经济循环的大动脉，维系着货币、资本、保险这个金融市场的命脉，而互联网金融则类似于毛细血管，它可以起到很好的补充作用，却难以独立撑起一片天。另一方面，商业银行还承担着稳定性职能。斯金纳（2016）认为，银行和政府政策融合，银行业非常规范，它是政治工具，它是政府控制社会秩序的机制，它控制着货币供给和经济稳定。其次，交易资源丰富。商业银行有着悠久的发展历史，长期以来，通过关系定价等策略，商业银行积累了丰富的客户资源。受到路径依赖等因素的影响，在未来很长一段时间，除非互联网金融产品具备明显的收益优势，传统客户仍将把商业银行产品作为资产配置中的重要部分，以期有效分散风险。再次，从贷款风险看，传统商业银行风险控制体系更加完善。20 世纪以来，国际上商业银行破产的案例屡有发生。由于商业银行破产倒闭可能引发社会不稳定，各国都从法律法规方面加强了对商业银行的监管。在外部强烈的监管压力下，商业银行逐步构筑起较为科学的风险监控体系，建立并完善风险控制指标，优化风险管理流程。而互联网金融产品为新生事物，一方面监管压力较小，另一方面为了吸引客户、扩大市场占有率，必须保证较高的收益，因此，千方百计压低成本，风险控制体系自然不如传统商业银行完善。最后，信用优势。从法律法规到产品设计，稳健性是商业银行的最重要的品格之一，加之商业银行一直受到严格监管，即便是破产后对消费者的保护制度方面，较之普通金融服务公司，商业银行对小微企业和普通民众也似乎更加友好。长期以来，用户对银行的信任度似乎从未因互联网金融的横空出世而降低，反而因 P2P 网络借贷平台爆雷、网络借贷霸王条款、比特币基金会等事件，对银行的信任度不断加深。因此，信任优势是商业银行在互联网金融发展浪潮中实现突围的重要机遇之一。

随着“互联网+”时代潮流的推动，互联网金融的发展是历史的必然，也是新阶段互联网信息技术对金融业产生革命性影响的开始。在此种背景下，商业银行要合理定位，取长补短，加速创新改革，运用互联网高新信息技术不断增强自身能力，强化市场竞争力、价值创造力和风险管控力，实现商业银行与互联网金融的融合共赢，打造中国金融健康发展新格局①。

在准确定位方面，商业银行有以下几点需要把握。首先，服务实体经济。金融发展是推动实体经济发展的重要因素，金融创新不能离开实体经济本身的发展轨道，过度的创新将会导致金融危机的发生，因此，在互联网金融背景下，商业银行的转型发展，必须与实体经济发展契合，符合实体经济发展的阶段和水平，推动经济结构转型升级，更好地服务于实体经济。其次，满足客户需求。在互联网快速发展的时代背景下，传统的商业银行改变现有的运作模式，从金融服务的深度和广度入手，满足客户的各种金融需求，通过定制化服务，进行全面、合理的客户关系管理和营销，使广泛、便利的普惠金融服务能够服务更多的客户。传统银行对小微企业和长尾客户金融需求的覆盖不够，其日常金融消费和生产经营方面的资金需求长期以来被忽视，但是互联网金融挖掘出了这片市场的巨大潜力，并与传统银行形成直接竞争。互联网金融的发展趋势是覆盖全类型客户，挖掘每一类客户不同金融需求，补齐短板，持续创新。再次，适应竞争格局。金融科技将传统商业银行运营中一些不可控的风险变得可视化、可控化，金融科技可以实现决策智能化、风险识别精准化、业务办理自动化，为放宽业务领域提供了诸多可能性。在互联网金融时代，金融混业经营是大势所趋，日后金融市场的竞争格局将更加残酷。从长远来看，商业银行和互联网金融并不是取代关系，而是长期共存关系，商业银行应找准自身的位置，采取适当的互联网金融化改革，适应未来金融市场竞争的新格局并积极地参与其中，实现金融生态系统的互补、完善和共赢。最后，加深金融科技应用水平。云计算、大数据、人工智能、区块链等互联网新技术的应用可以有效降低运营成本、管理成本、风控成本，从而提高利差水平，降低资产减值、违约损失等风险，提高金融服务的可得性，扩大用户的覆盖面，因此金融科技应用水平也是未来商业银行的一项核心竞争力。

以现有金融科技发展水平来看，商业银行在金融互联网化改革方面，大致需要经历以下阶段：第一阶段是信息化阶段。通过信息系统实现业务流程的电子化

---

① IBM 认为，银行数字化转型战略应包括：数字化愿景与目标、数字化能力成熟度、客群经营策略、全渠道经营策略和产品规划设计。在战略设计中，需对组织、文化、流程进行全面反思。三大发展阶段则包括：精简化、数字化、认知化。具体可参见杨涛. 2019. 商业银行数字化转型的重点与路径分析[J]. 农村金融研究，(6)：7-12.

与自动化，提高服务效率，降低运营成本。从 1993 年中国农业银行尝试将办公和业务系统自动化至今，目前几乎所有银行都已经完成了传统业务流程的电子化和自动化。这一阶段更多注重办公电子化和在线上提供传统业务服务，是传统业务在互联网的延伸，在运营模式和产品设计等方面并未发生颠覆性的变化。目前多数银行在业务流程、运营管理方面实现了信息化，但在信息数据的采集、分析等数据应用领域实践不足，信息数据的采集、分析等工作将是未来业务竞争的主要驱动力之一。回顾发展历史，在这一阶段的变革中，银行更多的是提升了自身运营方面的便捷度，在提升客户体验方面做得还远远不够。第二阶段是互联网融合阶段。首先是建立起云计算的基本架构。互联网金融模式下的金融业务大多都是基于云计算、大数据等金融科技手段实现的，金融交易的全流程都在数据端展开。这不仅符合互联网金融发展趋势，更符合政策导向。我国金融科技发展还面临诸多制约，科技创新企业高成长、高收益、高风险、无抵押、低信用等特点，使传统银行信贷模式很难适应其发展的需要，要推动构建覆盖交易、担保、债权、贷款、投资和评估等方面的创新型金融服务体系。这一阶段大数据的应用在很大程度上颠覆了传统商业银行的运营模式和逻辑。通过对数据的采集、分析和应用，打通交易参与主体的交互渠道，变革金融服务方式。这个阶段主要通过自建、并购、合作等方式对传统经营模式、组织架构进行解构、优化、重组，搭建互联网金融平台，构建产品服务体系，为下一步创新经营方式和创新服务产品做好基础，主要表现为线下业务为主、线上业务为辅。基于人口素质、消费者接受度、技术建设水平、运营能力等主观和客观因素影响，全线业务线上化还需要一定的等待期，互联网金融科技和用户习惯之间还有一定的磨合期。所以这个阶段的主要任务是客户习惯养成，也就是让越来越多的客户接受、认可、依赖线上服务模式。但对于受众较多、消费者接受度良好、技术建设水平较高的地区或业务类型，完全可以率先建立标准化、流程化、自动化的线上业务。同时，这一阶段也是监管发力阶段，随着监管制度的健全和调整，市场格局将逐渐明朗。第三阶段是体系架构阶段。这一阶段主要是完成基本技术体系的建设和新型业态的建立。目标是商业银行不断将新的金融科技手段应用到业务中，降低交易决策成本，提高风控水平，挖掘客户个性化需求和潜在价值，进一步挖掘普惠金融、数字化经济的市场潜力。路径是要努力实现在用户端“做减法”，在业务端“做加法”。在用户端“做减法”是指用户能够以便捷、高效的方式参与金融活动，让客户在尽量少的平台，通过尽量少和简洁的操作流程获取金融产品或金融服务。在业务端“做加法”是指商业银行在后台端通过金融科技手段将操作流程简单化、服务流程一体化、应用场景集中化。在方向上，要在普惠金融方面下更多功夫，重点是实现各阶层金融需求的嵌入和覆盖，短期内的重大突破对象是下沉市场。探索线上业务为主，线下业务为辅的发展模式。随着科学技术的发展，区块链、人工智能等技术趋于成熟，传统金融业务中存在的盲点和痛点均得到解决，金融业务线上化、移动化将成为主流方式，线下办理将成为辅助。虽然用户的诸多金融需求可以在线上或移动端完成，但并不意味着商业银行可以完全脱离物理网点而发展。物理网点给人带来的信任感、信任感、人情味是无法被取代的，复杂交易或特殊交易需要面对面接触也是无法被代替的。服务上，对于大客户，专注于定制化服务和方案。对于群体规模较大、客单价值低、流动性强、业务复杂、风控难的长尾客户，注重通过规模效应降低边际成本，从而实现盈利。同时开拓“接口服务”，定义场景并提供接口服务。比如，在医疗服务场景下，用户可以通过平台实现预约挂号、就诊、缴费等服务。当丰富了平台的应用场景，用户出于便利性和使用惯性的考虑，大概率会重复使用同一平台，这样就提高了用户黏性和活跃度。当用户在同一平台的行为记录越多，数据分析就变得更加有针对性，对客户的风控水平、营销精准度也随之提高，服务能力和水平也会随之提升。

在互联网金融化改革方面，商业银行有以下几种路径可供选择。

与纯粹的互联网金融机构或业务相比，商业银行在稳定性和监管方面具有严格的要求。商业银行互联网金融化进程中需保持稳定、循序渐进的步伐，以充分保障经济发展的稳定性和银行运营的安全性。

一、内部产品创新

1. 与货币基金对接，推出银行系理财产品

目前已有多家银行推出了类余额宝产品，如中国银行的“活期宝”、平安银行的“平安盈”等均对接了货币基金，银行系将这个已经诞生多年的基金产品推升至人人皆知的局面。这些产品大多具有“T+0”赎回到账、7 × 24 小时交易的特性。例如，中信银行携手信诚基金推出“中信银行薪金煲”。这款被誉为“宝宝”3.0版的基金产品，几乎囊括了现有银行卡的所有支付功能，俨然成为银行活期存款的替代品。该产品颠覆传统“T+0”赎回概念，支持信诚薪金宝货币基金份额的快速变现，包括但不限于所有 ATM（automated teller machine，自动取款机）/中信银行柜台取现、线上线下消费支付、转账等。客户发起柜台取现、ATM 取现、ATM 转账等资金划转指令后，当银行的活期账户资金金额不足时，系统将自动发起基金快速变现交易申请，快速变现款项将快速到达客户银行账户内供客户使用。单个基金账户单日快速变现限额为 50 万元。基金收益每日计算并分配，收益按日接转成基金份额。银行版余额宝的出现是银行主动迎接利率市场化的策略，在事实上的存款利率市场化面前，银行必须为广大客户让出一部分利润。

2. 推出 24 小时智能银行

除了手机银行等借助高新技术以达到 24 小时服务的银行 App 之外，为了和互联网金融竞争，一些传统银行业在服务理念上更上了一层台阶，采用了 24 小时智能人工服务等方式，为客户排忧解难。例如，广发银行推出了 24 小时智能银行，在传统 ATM 的存取款和转账功能的基础上，通过全天候的远程人工服务，实现了自助开户、自助申领借记卡和信用卡。广发银行的 24 小时智能银行采用了业界高端的高清视频系统原型，支持金融广告通过视频会议技术同步传输到客户前端。同时，24 小时智能银行为满足远程视频操作的合规性要求，应用蓝牙笔技术实现签字数字化，并且还能保持传统书写功能，既满足了传统网店业务中纸质单据的书写要求，又向今后的电子签名无纸化迈进了一大步。在未来，24 小时智能银行通过第三方软件开发可以将现有金融业务应用软件进行集成、协作，支持呼叫中心业务中一对一、一对多、多对多视频业务模式。业内人士认为，广发银行推出的 24 小时智能银行，将国内银行服务理念转变为“客户本位”，改变了过去“银行本位”的服务模式，是电子银行平台锐意改善的重要举措，它代表的不仅是广发银行自身的战略性行动，也是我国银行业的创新之举，使我国银行业服务进入“以客户为中心”的新局面。

3. 开创新的银行模式

一是打造金融服务圈。整合渠道和资源，搭建一体化平台，以客户生活圈、工作圈、商业活动圈为线索，挖掘客户生活、工作、商业活动中的金融需求点，着力打造“金融+生活圈”“金融+工作圈”“金融+商业圈”，将每个类型的应用场景集中化，深耕细分领域，统一交互规范，保证服务质量。

二是社区银行。我国第一家社区银行是龙江银行“小龙人”社区银行，它根据社区银行网点周边社区特点、居民特征，为社区居民提供特色化、差异化的社区银行服务。而后宁波银行、上海农村商业银行、兴业银行等均纷纷设立金融便利店。社区银行在一定程度上实现了普惠金融的目的，弥补了大型银行对小微企业和客户的忽视点，是又一增加客源的有效手段。在社区银行理念的基础上，招商银行更是另辟蹊径宣布与韩国第一大咖啡连锁品牌“咖啡陪你”合作，启动“咖啡银行”网点的建设，将银行开进咖啡店。此次跨业合作，是刷新技能服务体验的一次实践，也是合作双方实现双赢的新策略。根据媒体报道：招商银行不仅继续与“咖啡陪你”保持结算、收单领域的合作，还将在“咖啡银行”网点合作、特惠商户、客户优惠活动、小微金融产品等方面做更深入的探索。其中，双方首度发挥各自渠道优势，将银行“搬进”咖啡店，打造全新的“咖啡银行”模式，为客户带来不一样的感知和体验。

"咖啡银行"模式并不是招行首创，在美国，富国银行早就与星巴克合作建立了"咖啡银行"，英国 Abbey 国民银行也与 Costa 咖啡连锁店进行了合作。刘建军认为，银行业务的特殊性在于需要面对面的沟通与服务，物理网点、环境更加舒适的网店建设仍有必要。

长期以来，传统商业银行的信贷资源更多地投向大型企业，中小企业的融资需求长期不能得到满足。面对互联网金融产品更多地倾向中小企业客户发力，商业银行的收入和客户资源不断减少，充分暴露了商业银行在中小企业客户融资领域的不足，面对互联网金融的冲击，商业银行应不断通过互联网金融产品创新在中小企业融资上争取主动权。传统商业银行的贷款逻辑为被动授信放贷，一般是由客户提供担保或抵押信息，银行进行评估，决定是否贷款或贷款额度。互联网金融模式下，金融科技公司通过数据信息的挖掘和分析掌握客户的信贷状况，把被动授信放贷变为主动授信放贷；通过非结构化数据挖掘、自然语言分析等技术手段实现精准营销，从撒网式营销转变为定向营销，既能降低营销成本又能提高营销效率。因此，商业银行应当主动提升技术能力，开发和探索中小企业和其他长尾客户的需求和信贷状况，精准识别，精准发力。中国工商银行推出的中小企业在线信用贷款产品"逸贷"2014 年累计投放 2300 亿元，与 2015 年全国 P2P 网络借贷总规模 2471.8 亿元相比仅有百亿元差距。中国建设银行针对中小企业和个人推出的互联网金融产品"网银循环贷"和"快贷"，可以在线完成整个交易过程，客户可随时通过网络提交申请，不需要人工干预，真正实现了网络化操作，在减少融资成本的同时争取了大量的客户资源。2014 年，中国建设银行在"善融商务"平台推出了面对中小企业客户的"善融 e 贷"，该贷款属于信用贷款，只要是该平台上的会员都可以根据信用额度进行申请，截至 2015 年 6 月累计受理客户总量超 5.7 万户，增强了对中小企业客户的金融服务，同时也扩大了客户服务的覆盖面。

二、服务改善

1. 细分业务，拓展服务广度

细分业务要求商业银行不断扩大自身的金融生态圈，将个人和企业用户的金融需求尽可能地纳入自身的服务对象和范围，这样才能最大程度地整合服务。用户可以在一个账号、一个界面下实现生活、工作中涉及的众多金融需求。这种聚合式的服务能提高便捷性和用户活跃度，增强用户体验感和用户黏性。在互联网环境下，商业银行可以充分运用金融科技手段，优化跨渠道业务办理流程，高效整合后台运营支持体系，建立健全渠道利益协调机制，通过多渠道间的结合与互补实现“一点接入、多点协同”，为客户提供高效率、个性化、一体化的全渠道服务。可以推动电子渠道间客户注册、安全认证、产品发布、界面设计、信息推送、营销互动、管理运维等程序的集成整合，实现面向客户的跨渠道自由接入、顺畅切换、协同服务和一致体验。利用移动终端的可定位特点，实现对其他渠道的辅助认证、协同交易、增值服务功能。借助地理围栏、卫星导航等技术，实现线上与线下服务的全天候无缝对接，变物理网络优势为虚拟网络优势。细分业务还有一项巨大的优势就是能提升银行的风控水平。细分业务越多，银行积累的客户数据也越多，这些数据有助于商业银行进行产品的定制设计、精准营销、风险控制等。

2. 挖掘供应链中的需求，加深服务深度

商业银行需要转变服务理念，创新服务模式，丰富服务层次。供应链中的金融需求点是未来商业银行的重要利润增长点。商业银行需要把握好金融产品和服务的供应主体地位，利用资金优势、交易资源优势、政策优势、牌照优势，以客户的需求链为核心，推进内外部、线上下各类产品、信息和服务资源的整合，拓展服务功能，强化交叉销售，扩大用户覆盖面。例如，通过在物理网点配置移动终端或金融产品数字货架等，将线下客户流量转化为线上客户流量；通过网上银行、掌上银行、网络通信工具等发起产品体验、活动邀请、商户优惠券等线下活动，将线上客户流量转化为线下流量，实现客户营销服务线上线下全渠道整合，最终通过产品服务销售实现流量变现。完整追踪并整合各渠道上的客户需求、消费过程、消费习惯等信息，深度挖掘分析后为客户提供“大规模定制、个性化营销”等多样化服务。在同一业务范畴内提供不同层次的服务，不同地域、不同行业的客户群体特征不同，因此可以考虑开发适用于不同客户群体的业务。

加深智能客服的应用。智能客服系统是基于知识管理系统，在“应用—数据—训练”的闭环中，对相关内容进行知识管理、问题应答、统计分析，形成流程指引和解决方案，为企业的客户提供接待、管理、服务的智能化解决方案。其服务对象主要是企业的存量客户或目标客户。智能客服主要解决的是重复率和频次较高的问题，其优势在于降低企业人力成本和运营压力，提高互联网金融产品和服务的可得性，让客户与银行的交流变得简单、容易。

3. 创新客户关系管理和营销模式

传统商业银行的服务中，客户关系管理是一项重要内容，而客户关系管理受银行牌照、客户经理、产品等内容因素影响。结合互联网金融的普惠特点，商业银行可以实施以客户为中心的全渠道战略，融合线上和线下资源，全面提升客户关系营销管理水平，打造具备差异化竞争能力的自助渠道体系，提高客户黏性和活跃度。首先，加快完善客户关系管理系统。对散落在各部门、各业务系统的客户信息进行整合，建立统一、面向全体的对公和个人客户信息数据库，勾画出身份唯一、信息广泛并能多维度展现的客户全景信息视图，便于银行做出更优化的决策，为客户提供更具有竞争力的产品和服务。其次，实施客户交易行为分析。商业银行的交易数据和账户信息范围比互联网金融企业的范围广、历史长、数据准确、价值高，可获取客户社会关系、消费能力、风险偏好、金融兴趣等相关数据。通过数据分析，预测客户消费习惯和偏好，配置渠道营销策略，实施跨渠道的精准营销和交叉服务，实现以客户为中心的服务模式与体验。最后，实现推送型营销模式。通过大数据的分析结果，开展适时营销，通过手机银行、短信提示、大堂营销支持系统等预警机制和系统，在适宜的时间和地点，对高端客户进行跟踪、服务或推送适合客户需求的产品介绍，实现精准营销。

4. 提升客户体验及满意度，增强服务的便利性

互联网金融异军突起的一个重要原因是提供了更加便捷的个性化的金融解决方案，利用互联网技术，融合到社区场景①，将金融产品“关注用户体验”“致力界面友好”等设计理念发挥得淋漓尽致，增强了服务的准确度和响应度。例如，支付宝可方便地为消费者提供水费、电费等缴费服务，免去了老百姓排队的烦恼。小额快捷支付使用户摆脱了安全防护产品的烦琐操作。NFC 和无磁无密支付方式的应用，大大简化了交易程序，为客户提供方便、快捷的服务。阿里金融以商家在淘宝或天猫上的现金流和交易额作为放贷评估标准，建立了无担保、无抵押、纯信用的小额信贷模式，只需要几秒钟就能完成贷款从申请到发放的过程。

随着移动通信技术的发展及其应用，金融服务简便易用将成为金融业发展的方向，如何在为客户提供更方便服务的同时获取相应的收益，是商业银行应继续思考和解决的问题。商业银行要充分利用互联网技术，提高掌控支付终端和提供增值信息服务的能力，并积极与监管部门沟通，参与且力争主导用户习惯的培养和跨行业标准的制定，并将之体现在产品设计理念中，提升客户体验。

三、拓展新领域

商业银行要巩固自身传统金融业务优势，整合线上线下渠道，在传统业务中

① 社区场景即场景金融，是指将金融服务嵌入人们的生活场景之中以满足人们的金融需求。例如，美国安快银行（Umpqua bank）原本规模很小，通过网点转型带动战略转型，逐渐从不到 2 亿美元的规模发展到目前超过 200 亿美元，被评为美国最佳社区银行。这家银行就是将营业网点设立在社区中心，力争融入居民的日常生活。具体可参见巴曙松. 2020-07-21. 商业银行数字化转型的背景、现状与发展[N]. 中国银行保险报，（001）.

引入智能元素，进一步创新改革，简化流程，提高便捷性，开发针对网络客户的专属产品，丰富产品线，增强客户吸引力。另外，在巩固自身优势的同时，要拓展布局新领域。比较可行的有直销银行、互联网银行、电商平台、移动金融、P2P网络借贷等。

1. 直销银行

直销银行可以说是商业银行模仿互联网金融企业的运营模式而推出的一种金融产物。在此种经营模式下，银行不以实体网点和物理柜台为基础，客户主要通过电话、电脑、手机等远程渠道获取银行产品和服务。因为没有网点经营费用和管理费用，直销银行可以为客户提供更有竞争力的存贷款服务。目前已有北京银行、中国民生银行、上海银行等多家传统银行推出直销银行，此外还有互联网巨头与传统银行合作建立的百信银行，也是直销银行的发展新模式。可以看出，是余额宝等互联网余额理财产品的快速发展，抢占了商业银行的部分客户和业务，直接促使了直销银行的诞生。因此，为了提高市场竞争力，已上线运行的直销银行将余额理财作为主打和必备产品。直销银行不受地域限制可以跨区域开展业务的方式，可供很多银行采用。

2. 互联网银行

互联网银行不是简单地利用金融科技手段将业务电子化，而是对传统商业银行产业链布局和商业逻辑的重构，逐步实现组织架构转型、运营模式转型、决策机制转型、业务流程转型。金融科技手段作为核心驱动力，为金融参与主体、银行业务流程进行赋能，为产品创新、流程再造、服务升级提供技术支持和解决方案，实现金融场景的融合和金融服务的聚合。从技术角度考虑，金融科技水平已经具备转型的充分条件。大数据作为基础资源将采集、存储、关联分析等技术手段应用于客户画像、定向营销、风险管控、运营优化等领域。云计算作为基础设施提供了强大的运算和存储能力，实现了弹性配置数据资源、合理管理数据，保障了数据和系统的安全，极大地降低了金融服务成本并提高了金融服务效率。区块链作为基础机制，通过节点信任机制去中心化，解决了信息泄露、篡改的问题，重构了信用形成机制，提升了金融交易的安全性。人工智能作为核心驱动力，通过广泛应用机器学习、知识图谱、自然语言处理、计算机视觉等技术，实现了数据处理量级和速度的提升、基础知识的智能化应用、智能客服的应用与开发、身份验证和移动支付等。从运营角度考虑，金融科技降低了成本，提高了风控水平，能大幅提升金融效率，这使得运营变得直接、灵活、高效，符合市场对商业银行的期许。从市场角度考虑，互联网背景下，用户的活动半径横跨线上线下，用户接受在线金融服务的习惯逐渐养成，因此商业银行互联网化是客户需求使然。互联网银行的发展方向将是建立全场景、全链条、数字化、智能化的金融生态体系。

3. 电商平台

目前，包括中国工商银行、中国建设银行、招商银行在内的几家大型商业银行，以及兰州银行、上海农村商业银行等中小银行，均已开设网上商城。如果说商业银行设立直销银行的推动力来自互联网金融企业对商业银行的客户和业务的抢占，那么开设网上商城的推动力则来自互联网金融对传统金融业务模式的改变。阿里巴巴、当当、京东等互联网企业纷纷创新业务模式，依靠网上商城所积累的大量商家和用户的交易数据，实现对流量的控制，通过场景变换（将购物场景转变为金融场景）进入金融领域，将数据二次变现（第一次变现是通过购物实现，第二次变现是将购物客户转化为金融客户）对商业银行形成挑战。这些公司创造的互联网购物模式以其极大的便利性和更大的自由选择空间获得了客户的广泛认可，越来越多的人已将主要购物模式从实体消费转向在线消费。如今，依托大数据的创新，科技金融日益成为传统金融的未来发展方向。以天猫、京东为首的电商平台不仅拥有海量客户和交易数据，还通过第三方支付系统截取了用户的一手数据资源，虽然商业银行无法全面掌握这些客观的一手交易数据，但商业银行可以凭借其良好的信用体系自主搭建网上商城，积累交易数据，这也是商业银行的一个后备选项。目前，商品销售类渠道被以天猫、京东、苏宁、拼多多为代表的电商平台牢牢把控，本地生活类的餐饮、娱乐等被美团、猫眼等平台占据，商业银行搭建网上商城应当注意减少同质化服务的问题，可以尝试本地化生活服务类，借助实体网点的优势，提供衣食住行全类型的本地化生活服务，形成差异化优势。

4. 移动金融

互联网金融快速发展的一个重要原因在于其便捷性和良好的客户体验。如今第三方支付方兴未艾，商业银行也应该大力拓展移动金融支付模式，以应对第三方支付带来的冲击。一方面，商业银行可以借助自己传统的金融结算方式，加大创新开发力度，吸纳新兴支付方式，如快捷支付、二维码支付等，发展自己的移动金融平台，推出手机银行、掌上支付 App 等。例如，中信银行的“异度支付”实现了购物行为与支付行为分离、支付行为与结算方式分离、支付行为与支付工具分离，为用户创造出一种无界的时间和无限的空间，通过现实与虚拟的多种方式为客户提供零距离的贴心服务。另一方面，商业银行可以通过第三方支付的通道作用，加强自身的渠道资源。2015 年 12 月 28 日中国人民银行发布的《非银行支付机构网络支付业务管理办法》强调了第三方支付的“非银行”性和“非存款”

性，引导第三方支付回归其原有的作为商业银行支付的资金通道的角色。因此，商业银行利用第三方支付平台的通道作用，达到传统金融业务与移动金融支付方式的融合，也是发挥自身移动金融作用的选择之一。

5. P2P 网络借贷

P2P 网络借贷是互联网金融的典型模式之一。互联网金融企业的 P2P 网络借贷业务给商业银行传统借贷业务带来了冲击。尤其是 P2P 网络借贷这种方式吸引了大量中小微企业的借贷客户群。但是 P2P 网络借贷业务，实际上就是一种中介式服务，并没有什么门槛，商业银行也完全可以利用自己的手机银行或者网上银行来开展。虽然商业银行试水 P2P 网络借贷业务起步较比较晚，但是商业银行在此项业务上有着先天的传统优势。商业银行进入 P2P 网络借贷行业，带来了更先进的风险管理机制、更全面的征信体系及更庞大的客户群体，为风险较大的 P2P 网络借贷行业带来新气象。因此，商业银行参与建设的 P2P 网络借贷平台项目在同类产品中，更能被信赖，更能得到客户的青睐。发展 P2P 网络借贷业务，也为商业银行的转型发展开创了新的盈利途径。以往商业银行的借贷业务，无法满足中小微企业的需要，P2P 网络借贷无疑成了最好的补充，是商业银行吸引新客源的利器。商业银行发展 P2P 网络借贷业务的方式也可以灵活多变，既可以自建 P2P 网络借贷平台，将自己的一些传统理财项目整合后搬到线上，保持平台的完全运营控制权，又可以和一些第三方 P2P 网络借贷公司展开合作，抑或是投资入股 P2P 网络借贷企业等。

四、与互联网公司等机构跨界合作

1. 与社交平台合作，走社交金融路线

互联网金融逐渐将触角伸及社交领域，尤其 2014 年腾讯公司微信红包的推出，将社交金融推向高潮。在 2015 年春节晚会前后仅仅 2 天时间，微信绑定个人银行卡 2 亿张，完成了支付宝 8 年完成的事情。由此可见，社交行为和金融行为的融合力量是巨大的。社交金融的便利性和社交性是其最大优势，它沿袭了传统，贴近用户生活和朋友圈，亦可通过金融增加人际往来，通过社交推动资金应用。社交网络将会是未来互联网战略的关键元素之一。之后的借贷宝，更是利用社交网络进行“熟人借贷”而迅速崛起。通过社交和金融的融合，银行可以获得大量客观的用户数据和交易数据，这些大数据是互联网金融最为需要的推广依据和风控依据。商业银行也可以利用自身庞大的客户群，借助社交平台的便捷性，推出微信银行，既可以通过此渠道提高宣传，又可以同时在社交平台中融入网点查询、转账支付、理财购买等功能，提高客户体验度。社交平台属于流量之王，而银行巨大的存量客户又是丰富的资源，二者优势互补，可以实现客户的生活和工作场景交互引流，场景流量更加丰富。

2. 与互联网企业、移动运营商、政府等跨界合作

相较于传统金融，互联网金融的优势在于对金融产品与客户行为的跨界整合。银行通过开放部门业务和端口，打破垄断，加大金融场景的融合和渗透，全面覆盖客户衣食住行等生活场景，创造无缝、无界的服务。同时还可以尝试建立局域金融生态体系，如智慧医疗、智慧校园、电子政务等与用户生活密切相关、业务量庞大的局域金融生活场景，建立起较为完善的互联网商业和金融生态体系。在这方面，商业银行虽然有丰富的金融经验和庞大客户群，但是无法实现二者的线上集群化、平台化整合。因此，商业银行需要与各类机构开展合作，共同打造适合互联网金融业务开展的生态环境。一方面，商业银行可以针对综合服务，与其他机构合作，推出专门的移动金融 App，融合金融服务、消费、娱乐、缴费等生活场景，构建自己的移动金融生态。例如，很多银行推出的 ETC 服务，又如广发银行推出的“月光宝盒”，中国建设银行推出的“悦生活”等。商业银行和互联网企业合作，可以共享商户资源、客户信息和跨界人才，还可以实现优势互补，创造共赢的局面。对商业银行来说，可以借助互联网企业积累的海量交易数据库，发挥自身的风险管理优势，打造在线融资平台，为中小企业提供在线融资服务，有效发掘新客户群，降低零售成本，提升经营效率和收益。而且商业银行与互联网企业的合作，顺应现在信息技术发展的趋势，有利于促进金融业的改革和发展，甚至为中国经济未来发展创造一种崭新的金融服务体系和服务模式。另一方面，商业银行可以和 P2P 网络借贷企业合作，开展 P2P 网络借贷资金存管业务。随着主管和监管方向的明确，横在 P2P 网络借贷平台与商业银行中间那道“柏林墙”终于有了松动的迹象，越来越多的商业银行开始对 P2P 网络借贷平台的资金托管业务抛出“橄榄枝”。目前中国银行、招商银行、交通银行等银行均与各大 P2P 网络借贷平台签署了合作协议。2015 年《关于促进互联网金融健康发展的指导意见》规定：“从业机构应当选择符合条件的银行业金融机构作为资金存管机构，对客户资金进行管理和监督，实现客户资金与从业机构自身资金分账管理。”依据此规定，商业银行成为该领域主要的资金存管服务主体。而从合作内容来看，商业银行与 P2P 网络借贷平台双方合作的范畴则逐步从早期的风险保证金托管扩展到全部借贷资金托管，从简单账户公示扩展到全面托管服务和行业解决方案。没有诱人的托管费和沉淀资金，甚至在行业风险高发的当下，不少商业银行还要承担一定的声誉风险，银行争抢 P2P 网络借贷资金托管主要是因为 P2P 网络借贷平台的客户和数据、

潜在开卡量和活期存款。从投资端来说，银行有了客户信息完全可以向他们推销适合银行理财产品和资产配置服务，而在融资端，掌握了借款人的资金需求规模、每月还款情况，银行也可以直接提供融资服务了。当政府对 P2P 网络借贷的监管更为合理，市场更为规范化时，此类项业务将会成为所有商业银行的基本业务之一。另外，中国的商业银行可以利用自身庞大的客户群信息数据优势，和政府、互联网金融企业、担保公司等合作，逐渐建立中国的社会信用体系。只有中国整个社会信用体系建立了，金融业的风险控制才可以更为简捷，整个金融业的发展才能更为繁荣。传统商业银行的运营逻辑和惯性思维导致其创新不足，与金融科技公司合作设立孵化项目选取符合自身业务特点的孵化项目可以捕捉前沿科技，提高创新力，探索新型商业模式，降低同质化竞争风险，保持经营发展的竞争力。

五、银行的同业合作

实际工作中，商业银行之间并没有建立一套互联的客户信息数据库，互相无法做到信息互通，这严重限制了商业银行互联网金融创新发展。大数据时代，数据信息就是一切创新的基础，是财富的来源的基础。所以未来金融业的发展方向之一必然是“联盟化”，很多互联网金融企业已经纷纷开始搞“联盟化”战略。例如，2015 年 9 月，浙江互联网金融联盟成立；2017 年 1 月，中原互联网金融自律联盟成立；2017 年 5 月，粤港澳大湾区互联网金融联盟成立。这些互联网金融联盟的建立，势必会使互联网金融企业的发展更上一层楼，也会给商业银行的发展带来新的更大的冲击。商业银行若要重夺金融市场主导地位，必须要尽快铺开“联盟化”发展战略。商业银行之间可以开展合作，利用自身丰富的客户资源，大力合作打造“银银平台”，打破交易壁垒，降低客户资金跨行流动的成本。一方面是传统业务的合作，如广发银行和招商银行签署框架合作协议。另一方面，银行联盟之间需要建立互联网金融销售，降低经营管理费用，快速拓展业务。另外，在打造“银银平台”同时，还需在同行业中多方寻求合作机会，与证券、保险、基金等行业进行代理业务和资金业务等方面的合作。

此外，商业银行大规模发展互联网金融业务必然要依靠自律及与行业协会的合作，并通过各项完善措施，提高客户对互联网金融业务安全认同。银行主动提高自律水平，建立同行业统一的信息交换平台，披露相关数据、财务信息等，与会计事务所、律师事务所等机构进行深入合作，构建行业协会，积极主动提倡学习行业自律，对自身的信誉进行维护，从而获取客户的最终信任。

六、加强数据的挖掘和积累，实现大数据金融

金融行业竞争的是看谁能够通过数据挖掘发现具有高附加值和低风险的增信业务，互联网金融的优势在于对数据的挖掘和积累，即通过特殊的网络技术构架对海量数据进行自动分析，从而揭示数据之间隐藏的关系、模式和趋势，再提供相应的服务。大数据金融是建立在大规模数据信息上的金融行为，通过对其进行实时分析，挖掘客户的全方位信息，掌握客户的消费习惯和交易信息，为互联网金融企业提供精准营销，相比传统金融，大数据金融具有运营成本低、风控效率高、精准营销等优势。大数据金融分为平台模式和供应链模式，平台模式的代表是阿里金融，该模式平台上拥有大量客户，企业通过互联网技术将大量数据整合后，通过平台向客户提供优质的金融服务。供应链模式的代表是京东，在大量数据交易基础上，以信息提供方的身份通过和金融机构合作的方式，为产业链上的客户提供各种金融服务。阿里金融从隶属于集团内部的电商服务平台，发展为为消费者和小微企业提供网络化信贷的金融创新平台的关键就是注重客户数据的积累和挖掘，并逐步建立起信用评价体系和信用数据库及应对贷款风险的控制机制。所以说，如果银行业当初能够主动适应网络与数字化时代，那就没有互联网金融的机会了。

其实国内许多银行都有着庞大的客户基础，大型银行的客户数量甚至过亿。其中蕴含着海量的数据资源，只要运用得当，就能有效促进业务营销和产品创新。商业银行可以利用社交网络和云计算等信息技术，建立分层次的客户数据搜集、积累和运用机制，不断适应并创造客户需求，促进自身的发展和完善。

七、与互联网金融逐步融合，打造互利共赢、公正有序的金融环境

商业银行作为中国金融界的支柱担当，面对互联网金融的蓬勃发展，除了要深化自身的改革发展争取市场占有以外，还要主动与互联网金融企业合作，逐步融合，打造互联共赢、蓬勃有序的金融环境。首先，商业银行需要整合线上与线下交易数据，建立相互映射的数据链条，学习和汲取互联网企业的数据提炼、加工、分析技术，提高商业银行大数据挖掘能力，定位客户需求和把握其未来趋势的变化，以及构建客户交易风险模型，在此基础上实现精准营销服务，协助提高商业银行信用风险管理有效性。其次，努力配合建立统一征信平台，促进金融市

场发展。互联网金融中网络融资模式基于网络交易过程及结果等多样化信息，利用网络结构化和非结构化数据挖掘技术，构建用户信用评级。这区别于商业银行基于借贷交易的资信评级。互联网金融与商业银行的资信评价体系各有千秋，如果两者联手合作，融合各自的征信体系共同打造一个权威征信平台，就能够有效规避双方花费大量的人财物去建立各自的征信系统，降低消费者对资信评级质量的担忧，促进融资市场健康发展。然而互联网金融与商业银行两者合力共建征信平台可能会存在难题，这个难题是新兴网络技术的应用和严苛风险管控的要求难以得到平衡。互联网金融是网络信息新兴技术与金融业务领域相结合的代表，不确定性风险比较高，而商业银行风险控制比较完善，但缺乏创新能力。合力共建征信平台虽然对两者都有利，但可能会由于理念差别产生碰撞，意见难以统一。为解决这个难题，可以设立一个独立于互联网金融和商业银行的第三方资信评估机构，积极探寻两套资信评级体系的交集，基于商业银行已经建立起的征信系统，融合互联网金融信用等级评价技术，相互借鉴、扬长避短，建立一个统一独立的征信平台，促进金融市场健康有序的发展。

八、重视建设复合型人才队伍

互联网金融顾名思义是互联网和金融的融合，在业务流程、产品研发、营销策略及政策制定等很多方面与商业银行的工作模式有所不同，互联网金融的发展需要复合型人才，目前商业银行的岗位建设注重专业划分，信息技术和产品部分完全割裂，缺乏既懂业务又熟悉网络技术的复合型人才。因此，商业银行应加强对金融、计算机、营销等多方面技能专长和业务突出员工的重点培养并加大科技力量投入①。在互联网金融时代背景下，商业银行和互联网公司的一个重要壁垒在于复合型高端人才的储备，谁掌握了人力资源的优势，谁就取得了竞争的优势，面对互联网金融企业的飞速发展和不断冲击，商业银行应储备具有多方面知识和技能的人才。具体可以采取的措施包括以下几个。

1. 建立科学的人才培养机制

将人力资源管理理念融入人才引进和培养制度，通过建立多元化和多层次的培训教育体系来提高传统商业银行引进人才的素质程度和知识水平。不仅要在人

① 中国工商银行 2019 年科技投入为 163.74 亿元，占营收的 1.91%，全行科技人员达到 3.48 万人，占全行员工总数的 7.8%。中国建设银行科技投入 176.33 亿元，投入占营收的比例为 2.5%。中国银行和中国农业银行科技投入占营收的比例都超过了 2%。投入比例最高的是招商银行，2018 年占总营收的 2.8%，2019 年进一步增加到 3.72%。

才引进方面注重复合型人才的选用，还要在员工培养方面注重对复合型人才的培养和任用，并且建立适当的培训模式，加大通用技术平台输出，注重复合型人才的培养，尤其是金融科技专门人才的培养。对商业银行而言，未来的发展不仅仅是金融之战，更是金融科技之战，金融科技不仅决定了未来商业银行的竞争力，还影响安全性、稳健性等重要内容，金融科技人才在商业银行人才库中的比重将大幅上升。

2. 创新智力资源引进模式

一是商业银行可以根据自身业务发展需求，在高校、科研机构定向培养所需人才。二是实现从获取人力资源向获取智力成果的转变，一方面通过与科研机构合作开发项目或成立实验室，解决业务痛点；另一方面，通过业务外包、购买服务、合作研发、运营的方式获取智力资源。传统商业银行获取人力资源的方式是简单地获得人才，在获取人力资源成本高昂的情况下，完全可以通过外包、服务购买等方式单纯获得智力资源，而无须获得人力资源，如阿里巴巴已成功向多家银行实现技术输出服务。三是自建研发机构，如阿里巴巴于 2017 年成立的“达摩院”组建了 14 个实验室探索金融科技等领域。四是直接与互联网巨头合作，由商业银行提供支付牌照、产品、平台、运维服务，由互联网企业提供技术支持，最大限度地实现优势互补。

3. 员工评价机制也是人力资源合理开发和利用的重要一环

商业银行要提升人才的管理和利用水平，必须建立起合理的人力评价机制。应当定期对每名员工进行一定评价，将员工在对客户提供服务过程中的服务质量、处理投诉的结果、收集有价值的客户信息等都融入员工的个人评价体系，通过合理的评价机制考核传统商业银行的管理层人员和员工，这样就可以帮助传统商业银行合理配置所有的人才，让这些人才的个人能力发挥到合适的岗位当中。在传统商业银行管理模式下，受区域优势、部门利益、业务考核等因素影响，银行内部存在相当程度的内耗，但在互联网环境下，区域优势、部门利益在一定程度上被打破，人力资源之间的内耗在一定程度上可以转化为产品、技术方面的突破，因此在人力资源设计上要采取与传统不同的思维。

第七章　互联网金融投资者保护

第一节　互联网金融投资者的界定及特征

互联网金融投资者的界定不够明确、严谨，互联网金融消费者与金融投资者的关系、范畴在学界也一直存在争议。在 2015 年底发布的《网络借贷信息中介机构业务活动管理暂行办法（征求意见稿）》，使用的是“借款人”“出借人”的概念，既非“金融投资者”也非“投资者”，为了能更准确、到位地保护互联网金融投资者，需要明确互联网金融投资者的概念及特征。

一、互联网金融投资者的界定

对于互联网金融投资者与金融消费者的关系，即互联网金融投资者是否属于金融消费者的问题在学界存在着支持与反对两种观点。

反对互联网金融投资者属于金融消费者范畴的观点是围绕消费动机展开的。该观点认为金融消费者进行金融消费的动机是实现资金的保值增值或者实现盈利，而不是满足生活需要，同时再从消费者保护法的目的展开阐述，消费者保护法应当保护的是消费者的正常生活需要，资金增值和盈利不属于正常生活需要，因此应当将互联网金融投资者排斥在金融消费者范畴之外。总体而言，是把消费动机及消费者保护法立法目的作为分辨互联网金融投资者与金融消费者的理论根基。

支持互联网金融投资者属于金融消费者范畴的学者认为，要依据消费者利益保护的标准来区分二者。金融消费者在正常消费之外将个人资产拿出一部分进行投资获取收益，最终目的还是满足家庭生活需要。从这个意义上说，投资是一种延迟了的消费，投资者保护与消费者保护实际上是一枚硬币的两面，不能简单地在投资者与消费者之间划出明确界线（徐会志，2016）。因此有观点认为，金融消费者不应仅局限在金融消费领域，而应该扩大到投资领域，互联网金融投资者就属于金融消费者的一部分。

互联网金融投资者与金融消费者的关系的问题继续深入就涉及专业投资者是否也属于金融消费者这个层面。有学者提出包含各类金融投资者在内的统一的金融消费者概念，这种统一的金融消费者概念包括了从金融机构购买金融商品或服务的自然人、法人或其他组织，并将其分为专业金融消费者和一般金融消费者。专业投资机构和具有一定财力、专业能力及风险承受能力的主体是专业金融消费者，排除适用保护其他金融消费者的制度（杨东，2014b）。一般投资者和专业投资者二者的区别在于专业金融知识的掌握程度、金融风险识别能力、金融资产金额大小等方面。参照国外金融行业，有些国家设立了合格投资者的概念来区分二者，我国证券行业对此也有过尝试，但是在整个金融行业并没有形成全面且准确的专业投资者或合格投资者的概念。

对于一般投资者而言，大多数观点认为应当将其纳入消费者的概念，适用《中华人民共和国消费者权益保护法》的规定进行投资者保护，这是基于一般投资者在交易中的地位进行的考量，在互联网金融交易中一般投资者处于类似于普通消费者的弱势地位，风险承受能力及对于所购买产品或服务的理解基本与普通消费者无异，他们同样面临着因为信息不对称而承受损失的困境，一般投资者与普通消费者唯一的不同就在于一般投资者的金融交易目的在于获取利益。因此，有学者指出，对金融消费者的界定标准不能过度限制，不能仅仅限于金融消费领域，而应当将范围扩大到投资领域（廖凡，2012）。

至于专业投资者的界定，存在着两种观点，一种观点认为专业投资者与一般投资者同样应纳入消费者概念，都是金融交易中与经营者相对的一方，应适用《中华人民共和国消费者权益保护法》的规定。而另一种观点是金融消费者不应当包括专业投资者，因为专业投资者在金融交易中并不一定处于弱势地位，这点是异于一般投资者的，在美国、日本等发达国家的金融立法中对于专业投资者有比较明确的规定，当然有些国家采用的是合格投资者的概念，基于其完备的金融制度和信用体系，通过对个人资产金额、家庭投资额度、参与金融交易经验等方面信息的分析，确定某一消费者或投资者是否符合专业投资者的标准。

然而在我国互联网金融领域区分一般投资者与专业投资者相对困难，目前实践中普遍的做法是在消费者金融交易前做一个风险承受能力的测试，分辨出投资者风险承受能力的高、中、低的层次，但是这种方式过于简单。根据我国现实情况，即使专业投资者在互联网交易中能掌握一定程度的金融知识，获取相对广泛的信息，能够承受和识别比一般投资者更多的风险，但是毕竟处在我国互联网金融行业的发展阶段，制度的不完备及行业的相对落后决定了专业投资者也需要一定的保护，此类投资者并没有达到国外专业投资者或合格投资者的标准。因此，有学者认为，需要改变以往那种认为金融投资肯定不是金融消费的观点，实际上，绝大多数金融投资商品的购买者和金融服务的接受者都可以纳入金融消费者的范畴（杨东，2013）。笔者将互联网金融投资者推定为特殊的互联网金融消费者，适用我国对于消费者保护的规定，并且充分考虑其特殊性，参照域外经验并结合我国国情，对此展开分析。

二、互联网金融投资者保护的理论基础

1. 保护弱势消费者理论

法律作为社会公正的象征，在社会发展中的作用至关重要，其代表着社会正义价值的标准，保障着社会的和谐发展，法律本身的目标也在于保护弱势群体的合法利益，因此体现着较强的偏向性，对于实质正义的追求在这里也有了体现。然而，在互联网金融领域里，互联网金融企业一直在追求利益的最大化，通过互联网销售自己企业的产品或服务，再从投资者处获取利益，而且在这个过程中“卖家”掌握着更多的信息与交易的主动权，他们基于互联网产品的虚拟性与互联网平台的复杂性，有极高的欺诈“买家”的可能性，“买家”在此种环境中处于劣势地位，这也就造成了交易的不公平及二者间法律关系的不公平。因此，基于保护弱势消费者理论，法律应该为金融投资者提供更多的保护，为互联网金融产业提供一个更加透明、公平的环境（郭海云，2016）。

2. 信息不对称理论

信息不对称理论是微观经济学研究的核心内容，由美国经济学家乔治·阿克洛夫在 20 世纪 70 年代首先提出。该理论的产生始于对二手车市场的研究，通过建立交易模式发现信息不对称会导致“逆向选择”的问题，随后该理论拓展到包括金融市场的其他行业和领域，深化并发展了有关金融市场、金融中介问题的研究。

信息不对称是指影响交易决策的核心信息在交易双方之间分布呈现不均匀、不对称的状态，交易一方掌握比另一方更多的信息。信息不对称理论的核心内容包括两个层面：其一是交易信息呈现不对称分布，即上述交易一方在信息占有方面处于优势；其二是交易双方明确知晓自身在信息掌握方面所处的相对位置，这两个层面共同导致交易行为所在的市场出现“逆向选择”和“道德风险”①。信息

① 金融消费领域的“逆向选择”指由于金融消费者了解的信息不充分，信用质量高的金融机构反而不能实现高溢价水平的资金筹集，而信用低的金融机构则会利用价格优势，积极推销金融商品并以高出其价值的溢价水平售出，资金因此向劣质金融机构流动。金融消费领域的“道德风险”指在金融消费中，金融机构处于信息优势，而金融消费者处于信息劣势，金融机构为了谋求自身利润的最大化，有利用其信息优势地位损害消费者利益的动机。具体可参见曲一帆. 2011.金融消费者保护法律制度比较研究[D]. 北京：中国政法大学.

不对称广泛存在于各个行业领域的市场交易中，影响着市场交易价格及市场资源配置，甚至扭曲市场竞争。

具体而言，首先交易市场的信息不对称导致交易成本的提高和资源配置的低效，经营者与投资者在达成交易时，投资者受专业知识、经济条件等信息不对称条件的约束，难以区分交易产品或服务的质量等级，往往倾向于支付质量中等的商品价格，因此产品质量优良的经营者由于生产成本高而获取低于低劣产品经营者的利润，这就导致了质量优良产品的退出。此时只剩下以平均价格成交的质量较次的产品，投资者发现市场中产品质量下降后，也只愿支付更低的交易价格。综上，信息不对称的市场导致劣质产品将优质产品驱逐出交易市场，投资者的权益自然受到了侵害。

而且，市场经济中供需一直处于一种动态的结构，市场主体要对市场完全了解存在着很大的难度，而经营者相对投资者而言掌握着更多的信息资源，因此能够超前采取某些措施，提前迎合市场的需求，从而占领市场，而互联网金融投资者作为信息相对缺乏的一方就存在着天然的劣势。

在互联网金融行业中，以 P2P 网络借贷为例，交易双方的借款人与投资人在信息占有方面存在差异，投资人处于相对劣势的地位，投资人难以对借款人的信用质量和资金偿还概率做出可靠的判断，但是借款人能够合理地评价自己的信用，此时信息不对称会导致“逆向选择”的情况发生。在“逆向选择”的金融交易完成后，还有可能出现借款人“道德风险”，借款人有可能私自改变资金用途、隐瞒投资收益逃避偿付义务、懈怠经营致使借入资金损失，从而损害投资人利益，由此就降低了 P2P 网络借贷市场资源配置效率，削弱了 P2P 网络借贷交易平台资金融通能力，进而对金融投资者的财产安全和收益水平产生不利影响，这就需要改善双方的信息不对称状态，要求借款人披露相关信息，赋予投资人调查、查询、监督等权利。

3. “双峰”理论

金融监管理论的发展首先是受到社会分层理论的影响，侧重于保护经营者，在“双峰”理论提出后开始平衡协调经营者与投资者的利益，逐步倾向于保护投资者。社会分层理论认为社会中存在不同层次的群体，彼此之间存在着竞争、合作、吸引、冲突等纷繁复杂的关系，社会阶层与矛盾的存在使得不同阶层间的权利与义务、机遇和挑战有所差异，在这种不对等中，利益的天平往往倾向于经营者，奉行“经营者主义”，因此当经营者与投资者利益冲突时，受到侵害的往往是投资者。因而金融监管的目标开始转向，投资者的保护开始受到关注。

“双峰”理论是由英国经济学家迈克·泰勒提出的，该理论正式确定了经营者与投资者权益保护的平衡，泰勒认为金融监管有两个目标，其一是实施宏观审慎的监管，侧重维护金融经营者的利益，保证稳健的经营，防范系统性金融风险的发生。其二是实施微观行为的监管，侧重维护金融投资者的利益，防止其受到经营者的侵害，保证经营者合法经营，公平正当地交易。“双峰”理论刚提出时并未受到普遍的重视，更多的国家倾向于维护宏观审慎目标，重视经营者利益的保护，当时只有澳大利亚、荷兰等少数的国家积极地认同“双峰”理论并且将其付诸实践①。

依照“双峰”理论，金融监管的模式即为目标型监管模式，设置两个监管机构，在体制设计上分别承担两个监管目标，即宏观审慎监管与微观行为的监管，负责金融风险监管与防范、金融经营者行为的合法性审查，在此种模式之下既可以保证整个金融体系的稳定，又可以保证投资者的权益不受侵害，有效地缓解了两种不同监管目标间的冲突。在这一监管架构下，金融监管机构各负其责，明确分工，避免监管职能重叠，制定具体监管规则约束金融机构行为，确保金融经营者遵守金融市场规则、保持市场信息透明。当然，这一监管模式也存在一定局限，监管机构目标性、优先性的选择难以克服主观性的影响，在两大目标发生重叠或冲突时，如何同时兼顾是一个挑战，此外同一金融经营者会受到多个监管部门的监管，导致管理成本上升、监管实际效率衰减，但是有学者认为系统性风险与投资者保护之间的关系并不是片面的对立冲突的，长远地看二者反而是一致的。

自从美国发生次贷危机以来，世界各国的金融监管理念开始有新的发展，各国反思自身监管体制的同时，在“双峰”理论的基础上不断倾向于保护投资者的利益，由初期注重经营者权利开始转变为对投资者的“倾斜保护”。如果金融监管仅仅片面地关注金融经营者的经营状况，而缺乏对与之对应的金融投资者的利益的考量，那金融行业的发展必将丧失支撑，难以实现金融监管的目标。金融危机的经验教训也充分说明了应当实现金融行业发展与行业风险防控的适度平衡，实现金融风险防控与金融投资者保护的适度平衡。

三、投资者的特征

对于小微型客户而言，准入资金门槛是限制，而互联网金融整合了传统金融机构与互联网企业二者的优势，将这一限制打破，人们充分地接触互联网金融产品及服务，这种选择权及不断更新的互联网技术打破了互联网金融企业产品推广难、信誉度低的困境。互联网金融的发展不仅让人们认识到其在社会经济活动中所发挥的重大作用，同时也展现了互联网连接人与人、地域和地域的强大的互联

① 澳大利亚按照“双峰”理论设立了两个监管部门：一个是审慎监管局，负责整个金融体系的审慎监管职能；另一个是证券和投资委员会，负责金融消费者保护职能。

性。在互联网金融迅猛发展的势头之下，参与互联网金融交易活动的互联网金融投资者也在分布范围、准入资金限制等方面与传统金融投资者有了本质区别。互联网金融投资者主要有以下几个特点。

1. 互联网金融投资者人数众多，分布范围广

传统金融行业对于营业场所及服务人员的要求相对较高，固定的营业场所和较多数量的服务人员的特点决定了传统金融投资者需要紧密围绕着金融机构所在地，或者位于其周边地区才能获得相应的服务。这种空间距离上的障碍使得传统金融机构发展受到了很大的限制，地域因素带来了一定的局限性。而互联网金融依托互联网的特点，决定了其不需要固定营业场所，只要互联网能够覆盖的地区就可以参与互联网金融的交易活动，购买互联网金融产品或者接受互联网金融服务，从而成为互联网金融投资者，所以互联网金融投资者的分布不存在地域的限制，分布范围广泛。

传统金融行业的金融产品及服务是针对其现已存在或在相关范围内可能发展的潜在客户群的，能够购买或者接受产品或服务的人数量较少，而互联网金融机构所面对的是使用互联网的以亿为计算单位的投资者群体，因此互联网金融更加侧重根据创新性来不断推出新型互联网金融产品及服务，来吸引与其相适应的互联网金融投资者，从而达成互联网金融交易，促成互惠共赢，所以互联网金融投资群体人数相对较多。

2. 互联网金融投资者地位平等，准入资金门槛较低

传统金融机构开展金融活动的运营费用较高，无论是研发、展示金融产品，还是提供金融产品咨询服务，或是购买金融产品时了解收益情况，都需要支出一定的费用来开设金融网点、聘请员工、培训员工等。再者，金融投资者办理相关业务或咨询相关信息还需要亲自到营业网点，投资者在选中适合的金融产品或服务之后，对于该产品的收益情况也需要亲自前往营业网点查询，在高峰时期还需要排队等候，这就严重地耗费了金融投资者的时间和精力，而且由此所产生的高昂的运营费用也需要金融投资者承担，所以传统金融机构的金融产品服务价格起点高，准入资金门槛也高，能够购买或接受金融产品或服务的群体一般为中产阶级，这对于想参与金融交易活动的小微型投资者很不公平。互联网金融的出现弥补了传统金融的不足，互联网金融机构运用互联网技术在其相关网站发布有关互联网金融产品或服务的信息，极大地降低了该行业的门槛，有意愿参与的人都可以了解相关信息，参与相关的互联网金融活动，其中互联网金融项目中的众筹就是最好的例子，互联网金融投资者以“预约＋团购”的形式来参与互联网金融活动，每位参与者的地位都是平等的，而且没有排斥个

别参与者的情况发生。对于互联网金融产品及服务的价格起点可能是一元钱，没有准入资金的限制，给予了更多未曾参与过金融交易活动的潜在客户群体参与的机会，极大地促进了互联网金融在全社会的广泛扩展（潘伟峰，2016）。

3. 互联网金融投资者主体小微型，参与业务小微化

传统金融模式在程序上，金融机构首先对投资者购买能力与机构本身可以获得的收益进行评估，再决定投资者可以购买或接受哪些金融产品或服务，再加上传统金融机构运营费用较高，因此金融产品或金融服务的价格比较高，只有具备一定的经济实力的投资者才能够进入该领域，参与该投资活动，这也就排除了大多数的有意愿做金融交易的低收入消费群体的参与。

然而，互联网金融之所以能够快速发展，一方面是借助了互联网高新技术的优势，另一方面是得益于其广泛的人群参与。互联网金融企业所推出的互联网金融产品或互联网金融服务更多的是以小微型客户与小微型企业为代表的互联网金融投资者为对象。虽然作为互联网金融投资者代表的小微型客户与小微型企业规模较小，资本实力有限，但其包含了在校学生、农民等人数众多的低消费群体，无论是从购买力还是影响力来讲，都是传统金融投资者所无法比拟的，所以互联网金融投资者小微型的特点使互联网金融得以高速发展。互联网金融是在传统金融行业的发展达到了一定程度之后，而衍生出的一种新型金融业态，其继承了传统金融的特点并且吸收了一部分传统金融的投资者群体，而且还吸引了小微型客户及企业成为其投资活动参与者并发展为中坚力量，使得互联网金融投资者群体不仅包括规模可观的金融企业，还包括收入较低群体。参与者众多，小微化业务发展迅速，使得互联网金融在我国扩大内需、实现资金资源的优化配置方面发挥了巨大作用。

4. 互联网金融投资者适应性强，抵御风险能力相对较弱

互联网金融在短短几年之内就占据了中国金融市场的一定比例的份额，并且持续增长的势头强劲，这一切不仅是因为互联网金融基于自身的优势而得到众多互联网金融投资者的青睐，另一个重要原因是互联网金融投资者的适应能力极强。

传统金融模式下，金融机构对其提供的金融产品或金融服务的相关风险等因素进行评估之后，传统金融投资者再购买或接受其提供的产品或服务，以此来确保互联网金融投资者对于此投资没有错误认知，并且在售后给予投资者保证。传统金融投资者自身长期接触金融市场积累了丰富的知识和经验，再加上专业人员的指导，能够对其可能遭受的风险做出预测。然而，互联网金融投资者对于互联网金融这种新兴的产业模式还没有形成基本的认知，对互联网金融产品或服务接触相对较少，这就注定其抵御风险的能力较弱。

从互联网专业知识方面来讲，互联网金融投资者处于先天的弱势地位，与负责互联网技术的专业人员相比，大部分互联网金融投资者在专业知识方面有所欠缺，对于互联网产品或服务的基本概况尚且不能形成正确的认知，加之没有专业人士为其购买或接受的服务提供售后支持，因此所有的风险都由互联网金融投资者自己来承担。从互联网金融投资者所受到的保护来讲，其远不如传统金融投资者受相关法律规范的保护多。至今为止，我国并没有一部真正意义上给予互联网金融投资者全面保护的法律，对互联网金融投资者采取的法律意义上的保护一般都是参照其他相关法律进行的。以上的原因导致互联网金融投资者在受到侵害后，其权益无法得到应有的保障，即便互联网金融投资者具有相对较强的适应能力，但是制度保护的缺失使得互联网金融投资者抵御风险能力极弱。

第二节　互联网金融投资者保护困境

互联网金融起步较晚，我国在互联网金融投资者的保护上存在不足，难以给予其应有的保障来维护其权益，造成了投资者的知情权、信息安全权、资金安全权等权益存在被侵害的隐患。就目前而言，互联网金融市场相关的立法及制度建设并不健全，互联网金融行业的监管制度与法律制度存在一定的滞后性。而且，传统金融领域原有的监管制度与法律制度的天然特性决定其难以适应互联网金融这一金融新业态，因此，很多互联网金融行为引发了一定的金融风险，而投资者难以用法律手段保护自己的合法权益（陆岷峰和虞鹏飞，2015）。

一、互联网金融投资者保护困境的表现

1. 互联网金融投资者的知情权隐患

互联网金融投资者的知情权是指投资者在进行金融产品交易之前、之中、之后所享有的要求金融机构向其全面、准确、及时、透明地披露相关信息的权利。在金融理财产品、P2P 网络借贷和众筹领域，互联网金融经营者对于互联网金融投资者知情权的侵害尤为明显。在金融理财产品领域，互联网金融的虚拟性，使得互联网金融投资者难以接触到实际产品，也无法通过与经营者的直接沟通来了解金融产品或服务，只能从网站的展示信息中筛选有效信息，缺乏专业知识背景、对市场不甚了解的互联网金融投资者极易忽略其中重要的产品和信息。同时，经

营者在宣传的时候，往往以显著、直观的形式宣传产品的高收益率等指标，以此来吸引眼球，但是对于产品特征、风险等问题的披露有所弱化，因此投资者难以客观、真实、全面地了解产品，这在一定程度上损害了投资者的知情权。

例如，P2P 网络借贷和众筹的实质是互联网平台促成资金提供方与资金需求方达成交易而形成的一种居间合同关系。在此居间关系中，互联网平台有责任向双方如实告知对方的有关信息，但是在实践中，大多数的 P2P 网络借贷平台与众筹平台都未能将运营情况、风险状况客观、真实地发布，甚至公布虚假信息，以此来招揽投资人或者归结客户资金，严重地侵害了投资人的知情权（叶明和张亚鹏，2015）。在其他的互联网金融模式下同样存在经营者通过渲染产品的高收益率，在平台上做出诱惑性的宣传，没有履行披露真实情况、进行风险提示责任的情况。

以互联网金融经营者故意披露虚假信息的金玉恒通诈骗案为例，香港一家名为金玉恒通的投资管理公司在销售金融服务中涉嫌虚假宣传，宣传中以高额回报率吸引客户，前后有 2 万多人牵涉其中，涉案金额超过 100 亿元；后公司突然关网，经调查得知该公司的相关信息全部涉嫌造假，香港证券及期货事务监察委员会随后也称该公司是无牌公司，本身没有任何外汇投资和理财资格。金玉恒通公司利用“天天分红”加上网上传销这两种模式的结合，向投资者披露虚假信息，进行虚假宣传，侵害投资者知情权。互联网理财披露信息不全面、余额宝披露信息不及时等信息披露瑕疵案件都反映了信息披露制度及行政监管中存在的问题，我国对互联网金融投资者知情权的保护仍需要进一步完善。

知情权受侵害时举证难度大、事实难以认定，由于互联网金融涉及诸多专业性问题，在司法程序中认证、解决都有一定难度，而互联金融知情权侵权涉及的侵权人信息披露责任方是否存在过失，如何认定案件的侵权事实，主观是过失还是恶意，或者是否存在其他瑕疵，在司法实践上认定比较困难。而且，民事赔偿难以确定，互联网金融投资者的知情权受到侵害，依法应予以被侵权人赔偿，但案件具体的赔偿标准和数额很难被确定。如何认定知情权侵害程度，知情权侵权人的过失或者故意的归责大小如何确定、标准如何界定，信息披露及知情权的认定都是难题。

2. 互联网金融投资者的信息安全隐患

用户在互联网金融平台注册时需留下姓名、住址、身份证号、电话、邮箱、银行卡号及身份证件复印件等信息，而且发生的所有金融交易都会以数据的形式上传、储存在互联网金融企业的数据库中。这些敏感的信息在市场上可以轻易地转化为经济利益，存在巨大的潜在市场需求，这些信息可以用来数据挖掘，深度分析投资者行为特征，还有很多不法分子收购这些信息进行欺诈犯罪、恶意营销等侵犯投资者合法权益的行为，2014 年初就有某支付机构员工私自倒卖客户信息的案件发生，所以必须进行合理的约束和必要的监管，杜绝互联网金融市场主体或其内部员工出售上述信息谋取经济利益的行为发生。

互联网金融平台依托互联网开展业务，但是在互联网领域存在很大的黑客攻击的概率，互联网金融平台保存的客户身份和交易信息蕴含的巨大市场价值，进一步增加了这种概率，进而导致了极高的客户身份与交易信息泄露的风险。近年屡屡发生的 P2P 网络借贷平台、第三方支付平台等互联网金融机构遭黑客攻击而泄露客户信息的事件，也证明了黑客攻击导致的互联网金融投资者信息安全问题比较严重（吴朝平，2015）。

2005 年美国万事达卡信息外泄事件造成了极大的影响，引发了大众对于互联网信息安全的担忧。经营者对数据收集分析之后，数据信息库的盗用滥用风险挑战着互联网金融投资者的信息安全，而且互联网平台的运行安全也会受到相应的影响。例如，2014 年 3 月，携程支付日志漏洞问题遭到披露，携程的安全支付服务器未做较严格的基线安全配置，可能会导致服务器上存储的用户支付记录被黑客读取，进而会造成用户的银行卡信息遭遇泄漏的后果。

3. 互联网金融投资者的资金安全隐患

诸多的互联网金融行业的监管措施、准入门槛都未明确，虽然中国人民银行于 2010 年发布《非金融机构支付服务管理办法》并明确互联网支付业务的许可要求，但诸多无证企业依旧从事互联网支付及相关业务而得不到应有处罚。这导致了互联网行业内充斥着部分资质差、运营不良、风控落后的企业，这些企业增加了互联网金融行业的风险性，使虚拟货币交易平台破产、P2P 网络借贷平台跑路等事件频发，导致了大量客户的资金损失。在互联网金融行业准入门槛低的情况下，很多别有用心地以骗取投资者资金为目的注册的互联网金融平台进入市场，这些平台目的得逞后跑路、被市场淘汰、为了吸引资金而对相关风险不充分提示甚至故意隐瞒或夸大宣传，都导致了投资者的资金受损。

首先，互联网金融的交易模式增大了投资者的资金安全风险，线上交易形式导致犯罪分子只需骗取客户的必要的银行卡账户信息包括卡号、短信验证码即可窃取受害人的账户资金，而且相对于线下的窃取投资者账户资金而言，犯罪成本和门槛也大幅降低，犯罪分子可通过短信群发、集中频繁拨打电话等方式，同时或短期内对多个受害人进行欺诈，这就大大地增加了互联网金融投资者资金被盗的风险。

其次，互联网交易在打破地域限制时，跨地区的属性也增大了打击犯罪的难度，调查、取证的难度增大，增加了执法成本，而且只有在涉案各国均将该行为界定为犯罪时，或相关国际公约框架下有合作基础公安机关才能方便地打击犯罪，这使得互联网金融投资者的保护难度加大，互联网金融投资者被侵害的概率增大。

最后，互联网金融存在的技术风险威胁着互联网金融投资者的资金安全，计算机网络系统和互联网金融平台系统存在技术上的不完善，这些技术风险极易引发资金损失情况的发生。

互联网金融平台运作的不规范、信用审核的不严格，都会引发借款人违约现象的出现，一旦大面积发生违约，平台资金链断裂的可能性极高，严重时平台就会倒闭，因而引发资金安全风险。信息安全易受侵害同时引发资金安全的风险，2021 年第 48 次《中国互联网络发展状况统计报告》显示，截至 2021 年 6 月，40.8%网民遭遇虚拟中奖信息诈骗；31.7%的网民遭遇网络购物诈骗；28.2%的网民遭遇网络兼职诈骗；27.8%的网民遭遇冒充好友诈骗；21.8%的网民遭遇钓鱼网站诈骗。

4. 互联网金融投资者的公平交易和自主选择隐患

格式条款侵害了互联网金融投资者的公平交易权和自主选择权，格式条款是当事人为了重复使用而预先拟定，并在订立合同时未与对方协商的条款。互联网金融交易中会大量出现格式条款，互联网金融服务的提供者会将一些不利于消费者的条款订入合同，以使自己享有较多的权利，承担较少的责任和义务，处于弱势地位的互联网金融投资者面对这种不公平的格式条款时往往别无选择，只能屈从和接受，使自己的合法权益受到侵害。

例如，互联网信托理财平台“信托 100”的协议中有“采用行业标准惯例以保护您的个人资料，但本网站不能确保您的私人通信及个人资料不会通过本协议未列明的途径泄露出去”的规定，这个格式条款实际上减少了互联网理财平台在保护投资者个人信息方面的责任和义务。互联网金融投资者在接受某项金融服务或购买某种金融产品前，往往需要签订一份“服务协议”类型的条款，该条款就是格式条款，而投资者对于该协议内容必须全盘接受，这种协议就是对投资者公平交易权和自主选择权的侵害。

二、互联网金融投资者保护困境的成因

互联网金融投资者对产品和服务的风险、安全问题缺乏相应了解，而金融机构在宣传时重点介绍产品和服务的优点。在互联网网络效应的促使下，互联网金融投资者的“从众心理”被扩大，在互联网金融投资者缺乏对自身承受风险能力判断的情况下，不确定的互联网金融风险导致投资者的投资风险进一步加大。互联网金融交易环境极大的开放性，又使得互联网金融投资者的个人信息、交易信息更易被盗用或滥用。除了上述互联网金融自身特征所造成的原因之外，笔者将

重点分析立法和机制上的不足，进而寻求解决方案。

1. 立法上的缺陷

互联网金融投资者权益保护的立法是缺失的，《中华人民共和国消费者权益保护法》《中华人民共和国证券法》《中华人民共和国保险法》等法律包含了投资者和消费者的权益保护，而 2013 年第二次修正的《中华人民共和国消费者权益保护法》把金融消费者纳入了保护范围，但是金融消费者的法律地位并没有确立，对于金融投资者也没有提及。

金融投资者的概念没有确立，导致其并不是一个法律概念，没有法定的内涵，而且范围也不明确。在保护金融投资者时适用的法律依据是《中华人民共和国消费者权益保护法》，但是适用性不强，对金融投资者所具有的明显的专业性和特殊性没有具体的回应，保护规范具有局限性，仅做出原则性规定，现有直接涉及的方面，操作性并不强。

2. 机制上的不足

目前我国的互联网金融监管机构为“一委一行两会”，这种监管模式因机构之间监督范围、标准、水平存在差异，对于金融投资者的保护仍显不足。而且，互联网金融作为新兴的金融模式，现有的金融监管体系尚无法完全覆盖。

一是监督范围。从监管主体的角度来看，监管部门权界交叉、责任不明确。从监管对象上来分析，一方面是互联网金融本身跨行业组合情况较为复杂，而且往往是三大金融行业（银行、证券和保险）及非金融机构之间的业务交叉，在目前协调机制不健全的情况下极易出现监管盲区；另一方面，互联网金融所具有的跨地域特征存在法律和监管适用上的难题，而且并非所有提供互联网金融服务的机构都在监管范围内。

二是监督标准。对金融机构进行投资者权益保护监督管理的实施细则尚未出台，对互联网金融服务的管理更是缺乏统一的标准。

三是监督水平。互联网金融模式具有技术性特点，随着互联网技术的发展与金融创新的进步，有可能衍生出更多交叉性的金融产品与服务，对监管者提出了更高的要求，尤其是信息技术水平方面，传统的监管体系和手段是无法应对互联网金融所伴随的种种风险和变化的。

因此，我国金融法律制度建设的重点在于加强对金融机构的外部监管与内部结构的优化升级，以此来维护金融市场的秩序。某些金融领域为了解决监管的问题，虽然出台了一些专门的政策，但是依旧存在很多不足。

我国于 2005 年 8 月 30 日成立了中国证券投资者保护基金有限责任公司，但《证券投资者保护基金管理办法》第三条规定“基金主要用于按照国家有关政策规定对债权人予以偿付。”具体而言，《证券投资者保护基金管理办法》第十九条规定“基金的用途为：（一）证券公司被撤销、被关闭、破产或被证监会实施行政接管、托管经营等强制性监管措施时，按照国家有关政策规定对债权人予以偿付；（二）国务院批准的其他用途。”虽然根据《证券投资者保护基金管理办法》第七条，证券投资者保护基金公司的职责包括“监测证券公司风险，参与证券公司风险处置工作”和“发现证券公司经营管理中出现可能危及投资者利益和证券市场安全的重大风险时，向证监会提出监管、处置建议；对证券公司运营中存在的风险隐患会同有关部门建立纠正机制”，但是如何具体履行这种职责则有待于细化。

此外，证券投资者保护基金存在着以下不足：第一，整体上来说，它属于事后救济型，事前的监管职责主要还是中国证券监督管理委员会、交易所、证券业协会来履行；第二，与第一点相联系，中国证券投资者保护基金有限责任公司毕竟只是公司，在履行监管职责的问题上，中国证券投资者保护基金有限责任公司只是处于辅助的位置；第三，证券投资者保护基金只应对证券公司出现问题（包括前述的被撤销、被关闭和破产等情况）时按照国家有关政策规定对证券公司的债权人进行偿付，而如果投资顾问、经纪人、经销商等不是证券公司的，则不能获得证券投资者保护基金的赔偿，也就是说，证券投资者保护基金是在特殊情况下才发挥作用，并且其保护的对象范围非常有限。

我国对于金融投资者的保护不仅缺乏法律体系，而且缺乏法律意识和保护机构。我国目前还没有明确承担和履行金融投资者保护职责的监管机构，对于新兴的互联网金融投资者的保护更是不足。而且，现有的各级投资者协会更侧重于保护投资者非金融性的商品消费和劳务消费，本来就比较复杂的金融产品和金融服务，再融入互联网，使得专业性与风险性更强，这些投资者协在面对风险时往往是无能为力的。

3. 投资者维权困难

1）投资者维权意识淡薄

诸多投资者在发现自身身份及交易信息泄露等问题时，并没有充分地重视此类问题，没有意识到应该拿起法律的武器去维护自己的合法权益。运营商的侵权行为得不到应有惩戒，导致侵权者不但意识不到自己行为的危害，而且侵权带来的利益也在诱惑着侵权者，刺激其进一步实施侵权行为动机的同时，“激励”更多人从事相同或类似侵权行为，导致消费者合法权益进一步被侵害，或更多消费者合法权益被侵害。

2）维权成本较高

在互联网金融克服了地域的空间限制的同时，服务供应商与投资者间的空间距离也增加了侵权后的维权成本，相比线下金融维权经济成本自然要高许多，这就大幅增加了互联网金融消费者维权的难度。

3）制度的缺陷

首先，在互联网金融领域，证据均为电子形式，其法律效力究竟如何、是否被别有用心的互联网金融企业恶意篡改，也尚无定论，这使互联网金融投资者维权更加困难。

其次，犯罪行为发生地和犯罪结果发生地在界定上存在诸多模糊地带，导致案件管辖权诸多情况下模棱两可，使投资者的维权常常陷于尴尬境地。

再次，“谁主张，谁举证”的维权原则加上互联网产品具有虚拟性，使得互联网金融投资者的维权之路变得困难，在举证责任方面，投资者明显处于弱势地位，投资者难以证明某笔交易不是本人操作或互联网金融企业在导致资金损失中存在明显过失。

最后，由于我国法律制度的不足，以虚假陈述为例，此类案件只能由当事人进行民事诉讼，而不能采用集团诉讼的方式，导致受损者只能以个人名义起诉。在中国证券市场，虚假陈述之类的案件层出不穷，中国证券监督管理委员会在处理此类案件的时候，反应速度通常较慢，并经常会受制于种种阻力，缺乏执法的力度及执法的独立性，这也进一步削弱了中国证券监督管理委员会对此类事件的处理，而且互联网金融领域比线下金融处理起来更为复杂。

第三节　互联网金融投资者保护域外经验借鉴

一、美国的互联网金融投资者保护模式

从 20 世纪 60 年代开始，美国陆续出台了《诚实借贷法》等十余部法律法规来保护金融消费者的权益，美国国会及政府部门为此还通过了 130 余项与互联网环境管理相关的法律法规，而且美国联邦和各州也都针对互联网领域及互联网金融消费者保护形成了较为完善的司法判例。

美国对于互联网金融消费者保护的主要特点是“多重监管，相互协调”，对互联网金融企业的监管是在联邦和州两个层面上进行的。联邦层面的互联网金融消费者保护机构有美国消费者金融保护局、联邦存款保险公司、美国证券交易委员会等。美国消费者金融保护局负责受理互联网金融消费者的投诉；联邦存款保险

公司负责监管 P2P 网络借贷平台及其合作银行，保护消费者信息安全；美国证券交易委员会负责监管众筹融资平台。美国各州也都结合本地区实际，开展金融消费者保护工作（郝嵘，2017）。

在法律法规方面，《公平债务催收法案》主要规范债务催收行为，保护金融消费者的正当合法权益。《多德-弗兰克华尔街改革和消费者保护法案》（以下简称《法案》）主要明确金融体系的相关问责制度，促进金融市场的稳定。《金融服务现代化法案》保护金融消费者的数据安全，致力于采取一系列安全措施保护存储及传输的安全性。《工商初创企业推动法》一是对发起人进行限制，明确要求采取备案制及进行财务披露；二是对投资者的限额进行明确，通过年收入及净资产确定投资限额。《公平信用卡支付法案》规定互联网消费者的信用卡被欺诈时，最大损失为 50 美元。

美国对于互联网金融投资者的保护在很多领域也是以消费者保护的相关法律法规为依托，但是美国对于互联网金融投资者的概念有明确的规定，在某些领域已经有专门的投资者保护的制度及法律建设的存在。以证券业为例，1970 年美国颁布了《证券投资者保护法》，旨在建立新机构并以单行法的形式保护证券业投资者。依据该法建立了投资者保护机构——证券投资者保护公司（securities investor protection corporation，SIPC），投资者在证券经纪商和自营商陷入财务危机时或者濒临破产时，可以通过该机构获得赔付。SIPC 用来保护投资者的赔付基金即投资者保护基金的来源是 SIPC 会员所缴纳的会费，这些会员包括依法注册的证券经纪商、自营商和全国性证券交易所。

SIPC 的投资者保护基金的赔付范围包括：证券公司陷入流动性危机或濒临破产所导致的投资者客户的资金偿付和损失赔偿；向托管人支付清算所需要的资金；满足证券公司客户的证券赔偿请求；提起证券公司破产清算申请；参与证券公司的破产程序等。在次贷危机之前，自 1970 年至 2008 年，SIPC 共为超过 76 万名投资者实现了约 16 亿美元的赔付，并在 2008 年在雷曼兄弟破产案和麦道夫案中取得显著的投资者保护工作成效。

至于投资者的概念及保护金融投资者的规定主要在 2010 年美国国会通过的《法案》中①，作为金融危机后的最重要的金融立法，《法案》对于消费者与投资者分章制定了保护规则，将金融活动的个人主体区分为消费者与投资者，分别在第九章、第十章对于保护、监督做出规定。第九章“投资者保护与完善证券监管”调整对象为“零售客户”，即经纪人、交易商或投资顾问。根据《法案》，零售客户是指从经纪人、交易商或投资顾问处接受个人化投资证券建议，主要将这些建

① 2010 年 7 月 21 日，美国总统奥巴马在华盛顿签署了《多德-弗兰克华尔街改革和消费者保护法案》。

议用于个人或家庭用途的自然人或其法定代表人。第十章“消费者金融保护局[①]”调整对象为消费者，是指自然人、代理人、受托人或基于自然人利益的代表人，以及具有关联关系的个人。消费者金融保护的客体是消费者接受的金融产品和服务，具体包括用于个人生活和家庭目的的信用贷款、资产租赁、不动产交易、储蓄业务、预支付工具、支票业务、金融咨询服务、消费者报告信息或账户信息等。

此外，对于投资者与消费者，《法案》规定了不同的监管部门，金融消费者的保护由美国联邦储备系统下新设的消费者金融保护局负责，该局是银行业独立的执行机关，而投资者属于证券业保护范围内，由美国证券交易委员会来执行，而且新设了投资者顾问委员会和投资者维权律师办公室来承担具体职能。投资者咨询委员会是由投资者维权律师、州证券委员会代表、老年人利益的代表、投资者代表作为顾问委员会成员，对美国证券交易委员会的监管重点、证券产品、交易策略、收费结构，以及信息披露、投资者权益保护计划、提升投资者信心和加强证券市场完整性计划等问题向美国证券交易委员会提供咨询意见及立法修订建议。规定投资者顾问委员会每年至少要召开两次会议。

新设的投资者维权律师办公室有雇佣或聘用的独立法律顾问。该部门的功用在于帮助零售客户解决其与美国证券交易委员会或自律组织之间产生的纠纷及问题，并确定美国证券交易委员会的规章或自律组织的规则修订后对投资者的收益产生影响的领域，以及分析该规章或自律组织规则修订草案可能会对投资者产生的影响，然后向美国证券交易委员会提出修改规章或法令的建议及意见，或向国会提供立法、行政、人事方面的建议。

在完善配套法律制度方面，《法案》在第十章中进一步规定了对于投资者保护的基础性制度，具体包括以下内容。

一是加强对信用评级机构的监督，明确了美国证券交易委员会应加强对信用评级机构的监管，以确保其提供准确的评级，维护投资者信心，加强对统计评级组织的监管、问责并提升其透明度。

二是加强中介机构的线索举报职能。明确信用中介机构应当向执法和监管部门提交信息线索，履行报告重大违法行为线索的职责。

三是完善上市公司信息披露。明确了上市公司代理权征集的条件和程序，并加强对董事长和首席执行官的架构披露。

四是加强对高级管理人员薪酬的监督。上市公司应披露薪酬及薪金安排，要求董事会设置薪酬委员会，并向股东披露。股东对高级管理人员薪酬披露情况进行表决。薪酬委员会应保持独立性，并应对高级管理人员的薪酬进行持续披露（陈

① 消费者金融保护局是美国联邦储备系统的一个分支机构，运行费用由美国联邦储备系统专项预算拨付，其主管由总统任命并须经参议院批准。

煜，2015）。

二、欧盟的互联网金融投资者保护模式

欧盟对于互联网金融投资者的保护参照了其对于互联网金融消费者保护的规定和制度，欧盟对互联网金融的监管坚持适度审慎的原则，成员国间实行单一执照原则，该原则即在某一成员国注册的互联网金融机构可以在欧盟范围内开展业务，由注册地所在国负责对该机构的监管，其他成员国的监管部门可以以投资者的权益保护为监管目标，监管其在欧盟层面法律规范的落实情况。

针对第三方支付模式的监管，欧盟采用的是机构监管的方式。首先，对机构性质的界定从立法层面实施监管，要求相关机构应获得电子货币的营业执照，将第三方支付监管纳入电子货币监管范围；其次，监管的目标以投资者保护为主，通过立法形式保证支付体系的安全和高效，保护用户的权益；再次，坚持审慎监管原则，规定市场准入门槛，明确对第三方支付机构的市场准入金额的要求，要求其申请业务许可时应向注册所在国监管机构提交相关申请资料；最后，欧盟规定相关平台需在欧盟中央银行开立专门用于存放沉淀资金的账户，对用途严格限制。

欧盟没有针对 P2P 网络借贷模式制定单行法律，而是在现有法律框架下制定具体的监管措施来保护客户的权益，主要依据《消费者信贷指令》《不公平商业行为指令》等指令实施监管，该类指令对借款合同签订前借贷双方的信息及各方的义务进行了明确规定，借款人需在监管部门进行注册才能进行线上融资活动，融资合同签订前应给予投资人充分的时间考虑合同条款，借款人需对合同相关内容进行专门解释说明等。

欧盟层面上没有关于众筹模式的现有法律，对各种情况的监管适用不同的指令。对于众筹融资中欺诈行为引发的风险，适用《电子商务指令》中关于平台和项目发起人需要提供身份认证信息的规定，同时众筹平台适用互联网信息服务商的善意豁免等相关规定；对于知识产权风险，适用欧盟统一专利一揽子相关协定，专利申请人申请专利后可获得欧盟层面的认可，并适用欧盟统一效力专利保护的规定；对股权众筹融资者一般适用《招股说明书指令》中关于公开发行证券者的规定；而对于股权众筹平台，适用《金融工具市场指令》中关于金融中介机构的注册和保护投资者义务的相关规定（卢珊珊和张晓峰，2016）。

以英国为例，虽然 P2P 网络借贷最早起源于英国，但起初英国的互联网金融主要是由自律行业协会监管。但随着互联网金融的快速发展和互联网金融诈骗案件的频发，英国于 2014 年出台《关于网络众筹和通过其他方式发行不易变现证券

的监管规则》将 P2P 网络借贷纳入英国金融行为监管局进行监管，并且在该规则中确认了互联网金融机构的法律地位和从业资格、业务范围和性质、监管机构和所应适用的法律等。另外，英国的《数据保护法案》是对互联网金融投资者个人信息保护的代表性法律。它从三个方面进行明确规定。一是明确界定了个人数据的概念及内容，规定个人信息包括基本身份信息和信用信息。前者多数国家的规定基本一致，后者包括公共信息、账户信息、查询信息、关联信息和欺诈信息等。二是限制了对个人数据的采集和使用，规定互联网金融机构采集个人信息必须符合事先预定目的且必须经个人同意，而且采集的对象限定在基本身份信息和信用信息，不包括敏感信息。三是通过赋予互联网金融消费者多项权利来保护个人信息的安全，如知情权、控制权、咨询权和补偿权等。对于每项权利，英国规定得都很细致，如对知情权就规定金融消费者有权了解数据采集机构是否在处理或使用个人数据、如何处理数据、处理数据目的、数据披露对象等。

此外，与美国不同的是，英国在其司法部下设立了独立于英国政府的信息专员办公室（Information Commissioner's Office，ICO），对有效监管信息采集机构起到重要的作用。2014 年后，英国多数网络借贷平台在 ICO 进行登记，ICO 借此将互联网金融机构获取收集消费者个人信息的行为纳入监管范围，从而更好地保护了互联网金融消费者的信息安全权（王晓红，2017）。

以 P2P 网络借贷行业而言，2014 年以前英国由金融服务监管局和公平交易办公室开展对 P2P 网络借贷等互联网金融企业的监管。其中，公平交易办公室管理 P2P 网络借贷平台的市场准入，英国金融服务监管局通过金融服务赔偿计划，负责保护金融消费者的资金安全。从 2014 年开始，英国金融行为监管局负责对互联网金融实施统一监管，保护金融消费者合法权益。此外，英国商业、创新和技能部承担保护消费者的职责，依法对 P2P 网络借贷平台等互联网金融企业进行直接检查，受理金融消费者投诉等。

英国的监管框架较为简单，这与其行业协会的自律性强有着密切的关系，英国的行业协会在保护互联网金融消费者权益方面发挥了重要的作用。2011 年，英国三家最大的 P2P 网络借贷公司 Zopa、Funding Circle 和 Rate Setter 从维护借款人利益的角度出发，成立了全球首家 P2P 融资协会，随后英国又成立了众筹协会等，这些协会都结合实际，制定行业规则，要求协会成员遵守各项规则（郝嵘，2017）。

英国 P2P 网络借贷市场中市场风险控制和用户安全保护做得最好的当属 Zopa 公司。Zopa 公司作为全球第一家 P2P 网络借贷公司，其借贷平台主要采用了“供给”“需求”的标准化模式。

具体来说，借款人在注册完成后由与 Zopa 合作的信用评定机构评定个人信用等级，然后核定贷款利率并提出贷款请求。为了更好地分散资金风险，Zopa 平台系统将借出者的借出资金分为若干份分借给不同的借入人。通过这些措施，Zopa公司对市场风险做到了合理的控制，对用户的交易安全做到了有效的保护。英国政府在对互联网金融消费者的保护上也做出了努力，2011 年，英国成立 P2P 金融协会，成立此协会的目的主要是对借款人的保护设立最低标准要求。2013 年，英国设立金融行为监管局，负责监管各类金融机构的业务行为，促进金融市场竞争并保护消费者。

三、日本的互联网金融投资者保护模式

2008 年爆发的金融危机席卷全球，人们开始思考金融体系的发展情况和经济的未来发展出路。虽然，次贷危机造成的影响并没有严重波及日本的金融行业，但是从日本的经济发展历程而言，日本总是不断学习和借鉴其他国家金融发展的经验，并不断总结本国的经验和不足，以作为优化本国金融体系的动力。日本在加强对金融领域投资者利益的法律保护方面，早已走在了世界的前面[①]。

目前，日本的金融投资者保护工作主要由金融厅承担，其主要职责是确保日本金融系统的稳定，保护存款人、保单持有人、有价证券投资者的利益。日本全国银行协会、日本贷金业协会等行业协会也有效保护了金融投资者的合法权益。具体而言，日本金融厅侧重于对网络信息安全和对网络管理金融安全的保护，明令禁止互联网企业提供客户的访问记录及控制相关账号，严惩有碍商务事务进行的行为，严惩非法生产计算机电磁记录系统及使用非法的电磁记录系统的行为。

随着“个人信息控制权”的理论发展，日本对“隐私权”的定义逐渐深化为个人自由地决定在何时、用何种方式、以何种程度向他人传递与自己有关的信息的权利主张，强调保护信息主体人格尊严的同时也要保护该类主体的决定自由，并不排斥个人信息商业化。在 2005 年 4 月，日本《个人信息保护法》全面实施，在传统的隐私权制度基础上增添了信息主体的其他权利，如拒绝权，此举为调和互联网时代消费者信息保护与利用的矛盾提供了新思路。

具体的法规方面，日本以《金融商品交易法》[②]为代表的金融消费者保护法，

① 日本金融消费者保护充分借鉴了英国经验，以金融消费者权益保护的统一立法为先导，逐步构建横向规制的统一化的日本金融服务法。具体可参见曲一帆. 2011. 金融消费者保护法律制度比较研究[D]. 北京：中国政法大学.

② 2006 年，日本制定《金融商品交易法》，该法将“证券”扩展为“金融商品”，最大限度地将具有投资性的金融商品、投资服务纳入法律调整的范畴，进一步加强了对投资类金融商品的金融消费者的保护。具体可参见宣晓影，全先银. 2009. 日本金融监管体制对全球金融危机的反应及原因[J]. 中国金融，(17)：29-31.

打破以前以行业分类为基础条块分割的立法模式，将投资群体划分为专业投资者、可变更专业投资者、可变更的一般投资者与一般投资者。同时，《金融商品交易法》规定，上述的几种分类在满足相应条件的情况下经批准可以互相转换。对于不同类型的投资者，法律规定了不同的行为规范和责任条款，如向缺乏经验的一般投资者销售金融商品时，销售者则负有较向其他类型的投资者更为严格的风险提示责任，禁止有不当劝诱等行为，《金融商品交易法》中要求金融从业人员必须遵守"销售适用性原则"，要求金融产品销售人员不得出于销售金融产品的目的，对一般投资者进行与其知识、经验、财产状况不符的劝诱。在缔结金融产品销售合同时，金融从业人员也必须对金融产品中涉及的风险进行充分的说明，若不进行说明，则违反了"销售适用性原则"。此外，日本还颁布了《金融服务电子交易进展及监督报告书》《银行法执行规则修订案》等，有效保护了网络环境下金融消费者的知情权、投诉权和索赔权等合法权益。

第四节　我国针对互联网金融投资者保护的措施

一、我国互联网金融投资者保护的基本原则

按照《布莱克法律词典》的定义，原则是指"法律的基本原理或准则，一种构成其他规则的基础或根源的总结性原理或准则"，原则在实践运作中发挥着极为重要的作用，极具指导意义。据此，互联网金融投资者保护的基本原则作为构建互联网金融投资者保护制度的指导思想，贯穿在整个互联网金融投资者保护的实践运作的过程中。具体来说，可以参照如下几个原则来指导我国互联网金融投资者权益保护制度的运作和构建。

1. 保障投资者网络账户安全原则

安全权是《中华人民共和国消费者权益保护法》赋予消费者的一个重要的权利，安全权不仅包括人身安全权，还包括财产安全权。财产安全权即保障投资者的资金安全，在互联网金融领域，要保障投资者的资金安全必须保障其网络账户安全。互联网金融可以满足更广大的投资者群体的理财和投资需求，但是投资者投资资金的营利性并不能作为互联网金融投资者权益保护制度的指导原则，因为

实现盈利也是要建立在资金安全基础上的，前提是保护投资者的网络账户安全性，P2P 网络借贷平台跑路事件和余额宝账户资金被盗事件，便引发了投资者的普遍担忧，这足以说明网络账户安全才是互联网金融投资者保护所要解决和重视的首要问题，否则，互联网金融的发展、创新甚至存续都会变得很艰难（胡光志和周强，2014）。

2. 倾斜保护原则

“双峰”理论明确将投资者权利的保护视为金融监管的重要目标之一，对互联网金融监管亦不例外，着力构建保护互联网金融投资者权益的监管制度是我国的当务之急，而且该监管制度要对互联网金融投资者适度倾斜保护。

从我国目前的互联网金融行业交易来看，投资者和经营者对互联网金融信息的掌握程度是有差距的。对于互联网金融投资者而言，其处于弱势地位，这就要求在法律层面，对互联网金融投资者权益的保护进行倾斜，以努力实现互联网金融经营者和投资者两者之间地位与实力的对等，也就是要对互联网金融投资者倾。这里的倾斜保护原则，既包括了对投资者权益的倾斜保护，又包括了在层面上的倾斜。对于后者而言，也只能在立法层面给予倾斜保护，在司法和层面是绝不能进行倾斜保护的。当然，还要给互联网金融投资者和经营者各留出一定的自我治理空间。因此，倾斜保护原则是对互联网金融投资者的公平易权、自主选择权、财产安全权等法定权利进行保护，除此之外的精神权利、经济权利等则交由投资者与经营者以约定方式加以解决。为实现互联网金融投资者权益的倾斜保护，既要有效地保障互联网金融交易中投资方的权利，又须实现对互联网金融经营者法定义务的框定。当然，对互联网金融投资者采取倾斜保护，保护的是其合法的权益。

3. 适度保护原则

如上文所述，互联网金融是互联网金融产品或服务的经营者与投资者之间发生的交易行为，显然，互联网金融产品或服务的设计者和经营者与互联网金融投资者相比较而言，前者占据着更多优势，处于相对有利的位置，所以要对投资者的权益进行有效的保护，这就意味着在某些方面权利要向投资者进行倾斜。在实际中经营者为了保护自身的利益和实现利益最大化，在最初设计产品时，极有可能对自身的义务进行相应的回避。那么，从互联网金融投资者的角度来看，投资者在选择某种产品并做出投资行为时，风险也将随之而来。

但是，如果从整个互联网金融市场进行分析，若是对互联网金融投资者进行倾斜保护，对于经营者而言，他们的经营成本就势必会增加，换言之，此举会造成投资者的相对收益减少。但是如果他们正常交易的利益不能实现平衡，就极有可能导致经营风险的增加，进而可能给整个互联网金融产业带来系统性风险。所以，必须在法律层面上确定某些原则或规则，确保互联网金融投资者和经营者两者在交易中平衡。这样既能保证互联网金融产品或服务的经营者在交易中公平地获取合理合法的利益，又能够达到保护投资者权益的目的，确保互联网金融交易发挥市场经济的自由竞争作用。因此，设定适度保护原则，是基于对互联网金融内在规律的考量，或者说，必须要充分尊重金融市场发展的内在规律，充分考虑各方利益，反之就会给互联网金融行业的发展带来危害。为此，要正确地处理互联网金融业务的发展、创新与投资者权益保护之间的平衡点，不能失之偏颇，若是过度对投资者的权益进行保护，则会对互联网金融行业的发展产生阻碍。

4. *差异化监管保护原则*

面对互联网金融行业的创新，域外模式主要是依赖健全的社会信用体系和完备的法律救济手段来保护互联网金融投资者的合法权益，然而，我国现阶段尚未形成完善的社会信用体系，因此这种模式目前并不适合我国国情，必须探索另外一条保护我国互联网金融投资者利益的有效路径。

适度保护原则还要对不同的互联网金融投资者，进行有差异的保护。由于互联网金融投资者各自在收入水平、风险偏好、金融知识等方面都存在不同，投资者各自所处的地区及经济发展水平也各不相同，其对互联网金融产品或服务的认识也存在着差异。每个互联网金融产品或服务的投资者，对互联网金融的各种产品相关情况的认识也存在着差异。因此，销售互联网金融产品要秉持适当性原则，将适当的互联网金融产品销售给合适的消费者，并基于此，采取差异化的监管保护措施。

互联网金融作为一种“夹缝金融”，其获利的基础就是对当前监管制度的套利，因而在具体构建其监管制度时，还须注意该监管制度与传统金融监管制度之间的区别，尤其在监管制度的构建上，不宜对二者适用完全一致的标准，应采用不同的标准以适应互联网金融发展的要求，即实行差异化的监管原则。

5. *运用互联网思维原则*

互联网金融领域投资交易活动不同于传统的金融交易行为，前者所采用的投资交易方式主要是线上交易，因而对传统的普通投资者的保护方式未必适合于互联网金融投资者。因此，对于互联网金融投资者权益的保护不能只依赖于传统的线下保护方法和手段，应当针对互联网金融投资的特点，完善与之相适应的投资者权益保护措施，如建立互联网金融投资交易纠纷在线解决机制等，对于互联网金融投资者而言，金融投资交易纠纷在线解决机制较好地满足了纠纷解决快捷、简便和低成本的要求，是一种较为理想的互联网金融消费争议的解决方式。类似的线上保护投资者权益的模式也有其优于传统模式的地方。既要重视线下保护，吸取传统的金融投资者保护制度里的精华，又要去构建最优的模式，将线下保护与线上保护相结合，扬长避短。

在互联网金融投资者权益保护制度建设及运行时，要树立大数据理念，大数据是重要因素在当前已经成为共识。《构建基于大数据理念的大金融体系》一文指出：“借助大数据理念与技术的支持，构建稳定均衡的大金融体系。”[①]因此，我国互联网金融行业应充分发挥大数据的优势，在投资者保护的战略层面对金融数据进行规划，建立数据驱动型的互联网金融发展方式，并且要建立适应当前发展要求的网络基础架构，保证基础设施的可控性、安全性，优化服务器、存储和网络资源，从制度和技术层面维护互联网金融投资者的合法权益。

二、完善法律体系

截至目前，我国还没有出台专门针对互联网金融投资者保护的法律文件，通常依据《全国人民代表大会常务委员会关于加强网络信息保护的决定》《中华人民共和国消费者权益保护法》等法律法规，或是依据国务院制定的相关规章制度解决，这种立法上存在缺失的状况严重限制了行业的发展，因此需要参照发达国家的先进经验，结合我国的国情，制定和修订互联网金融领域对于投资者权益保护的专门法律，做到有法可依，明确互联网金融企业的法定义务，切实地保护投资者的身份和交易信息安全、资金安全等权利。

1. 制定专门的互联网金融投资者权益保护法

加快专门立法进程，制定专门的投资者权益保护法律，该立法要明确以下几方面内容。

一是要以立法的形式明确各类交易模式中互联网金融机构的从业资格、市场准入条件、各自的业务范围及法律地位，以及各种互联网金融投资交易活动相对应的监管机构。

二是要明确互联网金融投资者的概念及投资者信息的概念与范围，将互联网金融投资者的个人基本身份信息、金融交易信息等内容列入保护范围内，细化侵权的构成要件和赔偿方式，同时规范征信机构利用信息的程序及公开信息的方式和范围。

---

① 《人民日报：构建基于大数据理念的大金融体系》，http://opinion.people.com.cn/n/2013/1129/c1003-23694825.html[2021-11-01]。

三是要列明互联网金融投资者的信息采集及使用规则，首先限制可采集信息的范围及采集模式，可以通过列举的方式将不能采集的信息列明来反向保护，将敏感的个人信息排除在可采集范围之外。其次限制使用信息的范围，对于互联网金融平台使用投资者信息设置一些条件，如征求用户同意、合目的性等。最后可以借鉴美国监管经验，建立网络隐私认证计划。通过立法赋予中国金融认证中心一定的监管职能，要求获得中国金融认证中心认证的互联网金融机构必须接受中国金融认证中心的监管，同时遵守个人信息收集、使用、储存规则，从而保证互联网投资者的个人信息安全。

四是明确互联网金融机构的义务与互联网金融投资者的权利，要求互联网金融平台披露相关金融产品、服务的客观信息，以及金融产品的风险提示，保障投资者的知情权，打破信息不对称的局面，杜绝虚假宣传及诱导性的宣传，打击诈骗行为；要求互联网金融平台履行在采集信息时的保密义务、信息安全保障义务及不良信息告知义务等，保障投资者的信息采集选择权、信息更新修改权及损害赔偿权等。

2. 制定互联网金融信贷的监管法

监管是促进互联网金融借贷交易规范化和正常化的有力保障。美国对于互联网金融借贷行业的自律提出了较高要求，美国金融业监管局在 2015 年颁布了《互联网金融的监管方法》，对互联网金融借贷交易中的行为，进行了具体规范。英国成立了互联网金融协会，制定了协会运营原则，对互联网金融借贷平台经营者的注册资金、风险管理能力提出了一定的监管要求。两者比较分析，美国侧重于从宏观角度对互联网信贷行业的经营者和投资者进行监管。英国则重视从微观方面对互联网信贷的平台体系进行规范，两者都强调互联网金融信贷监管法律和互联网行业自律。从当前我国的互联网信贷情况来看，我国的互联网金融监管的立法进程已经迈出了第一步，发布了《网络借贷信息中介机构业务活动管理暂行办法》。对互联网金融信贷，特别是信息中介，进行了规范。而且，明确地提出了 12 条红线是互联网信贷不能触碰的，并且对本息承诺、资金托管等方面做出了明确的禁令，这对于互联网金融新的投资者的权益，起到一定的保护作用，中国互联网协会还发布了《互联网金融信息披露规范（初稿）》，明确了 21 条披露信息，其中包括公司的网站、公司治理、重大事项变更及公司概况等信息。目前，我国金融监管部门，对于互联网金融信贷的立法仍不完善，还没有形成一个比较系统的法律体系。因此，当务之急应该迅速制定和完善互联网金融信贷投资者权益保护法。

3. 完善投资者保护的民事立法，完善侵权赔偿机制

互联网金融机构引发的侵权行为就是对投资者权益的侵害，法律应当规定互

联网金融机构的损害赔偿责任。同时，明确侵害互联网金融投资者权益的违法犯罪行为的法律责任和处罚办法。

完善相关的民事赔偿及救济机制，促使互联网企业加强对客户合法权益的保护。以民事法律的形式规范互联网金融机构或其内部员工泄露客户身份和交易信息、互联网金融平台自身系统漏洞或人员疏忽导致客户身份和交易信息泄露、互联网金融平台泄露身份和交易信息直接导致客户资金损失等行为，明确规定由此引发的后果的民事纠纷和民事赔偿机制（吴朝平，2015）。

4. 加强投资者保护的刑事立法，加大对侵权行为的刑事打击

为加大对互联网金融机构侵权行为的打击力度及震慑效果，应该加强刑事立法，出台相关的司法解释或刑法修正案，对互联网金融企业或其员工侵犯投资者合法权益的行为的起刑点、量刑标准等进行明确和细化，加强对互联网金融投资者资金安全、信息安全的保护。同时，在互联网金融平台系统存在明显漏洞导致被黑客恶意攻击，进而导致客户财产损失或信息泄露等情况中，应追究互联网金融企业的过失责任，甚至将互联网金融企业推定为黑客恶意攻击行为的共犯，对于此类问题应明确对企业的量刑标准，通过刑事处罚的手段督促互联网金融企业完善自身系统，提高对黑客攻击的抵抗力，对消极履行维护投资者权益义务的互联网金融企业严格问责，有效地遏制客户信息泄露及资金损失的风险。

三、监管及运行体制建设

监管及运行机制对于互联网金融行业的健康发展具有重要意义，我国目前的监管体系是分业监管的模式，所以需要加强监管的顶层架构设计，对监管主体、监管模式、各监管主体的职责划分等问题做出新的规定，行业的运行机制也需要做出一定的创新，升级监管及运行规则，规范准入门槛，充分发挥市场的作用，以此来降低互联网金融的风险。

1. 行业准入机制

对于新增的互联网金融企业要严格审核，设立准入门槛，从注册资本、软硬件设施、风险控制等方面进行考量，参照传统的金融企业对行业准入门槛的要求，同时针对新兴的互联网金融行业的特性，明确互联网金融行业的产品和服务在各自领域的行业准入门槛，严禁未达到准入门槛的市场主体注册互联网金融企业、未达准入门槛的互联网企业从事互联网金融相关业务，以此来杜绝不法分子、别有用心者或资质略差者注册公司进入互联网金融行业，杜绝欺诈投资者违法行为

的发生，杜绝上述企业因倒闭、跑路而损害投资者利益的风险发生。

2. 监管体系的建立与落实

符合准入门槛的互联网金融企业进入该行业后，除了要参照商业银行、证券公司、资产公司等传统金融企业的风险控制要求和监管措施，还要结合互联网金融特性，制定适应行业特性的合理的风险控制和监管框架，二者充分融合后能够更有效地约束市场行为，防范投资者合法权益被侵犯行为的发生。首先，要建立宏观审慎的监管框架，防止各互联网金融企业以邻为壑的恶性竞争行为，在整个互联网金融市场内滋生蔓延甚至引发系统性风险。其次，要明确微观审慎的监管框架，可以通过行政措施来督促其落实，明确要求互联网金融企业建立起完善的事前客户尽职调查、事中风险监控、事后风险处置及赔付的全方位风险防控体系，并通过行政监管措施督促各项要求的落实，全面提升互联网金融投资者合法权益保护的力度。最后，要充分发挥市场的力量来提升互联网金融投资者权益保护力度。明确风控框架，对达到准入门槛标准的互联网金融企业，在风险可控的总体框架之下，创造能够充分调动和发挥其主观能动性的宏观环境，进而充分发挥市场这只“看不见的手”的作用，调动互联网金融企业保护投资者合法权益的自觉性和主动性，进而全面推进互联网金融的健康发展。

3. 市场退出机制

为规范互联网金融市场，保证行业的健康发展，要及时清理互联网金融领域内的“害群之马”，建立严格的强制性市场退出机制。就强制性市场退出机制而言，一方面，对已开展业务但尚未达到准入门槛的存量互联网金融企业，要求其在规定时间内进行完善，对规定时间内未达到准入门槛要求的，需通过强制行政力量迫使其退出；另一方面，就发生重大投资者信息泄露、大额投资者资金被窃等风险事件的互联网金融企业，建立强制性市场退出机制，以督促相关企业重视投资者信息和资金安全保护问题。

要建立市场退出监管制度，在互联网金融企业自主或被强制终止经营活动，进而消灭市场主体资格时，保障投资者的权益是亟须互联网金融企业重视和解决的问题之一。鉴于互联网金融企业自身既不具备金融机构那样雄厚的实力，也没有国家信用作担保或完善的制度保障，一旦投资者权益遭受侵害，企业可能因破产而偿付能力不足或根本不具备偿付能力，因而，为保障企业退出市场时的投资者利益，设立互联网金融投资者保障基金或许不失为一个有益的尝试，这样不仅可以树立投资者对于互联网金融行业的信心，还能增强互联网金融企业的社会责任感。具体言之，每个互联网金融企业按照一定的比例出资，在行业内成立投资者保障基金，基金由互联网金融行业协会具体管理，当投资者在接受互联网金融企业提供的产品或服务中受到实际损害，却因企业破产倒闭而无法获得赔偿时，可以向基金申请损害赔偿金救济。

4. 产品及销售过程中的监管机制

在互联网金融企业的运行过程中，要加强对金融产品及其销售过程的监管，首先，互联网金融企业作为准金融机构，其金融产品的创新及销售平台要获得监管机构的批准，在销售过程中应注重信息披露，要尽到说明义务，杜绝虚假宣传，为投资者提供必要的客观的信息。其次，零售金融产品应具有适当性，充分考虑投资者的风险承受能力，避免将高风险产品卖给低风险承受能力的投资者，可以考虑建立冷静期制度，即投资者在购买金融产品后享有一定的“反悔期”，以降低投资者承受风险的可能性。保证投资者在对互联网金融企业提供的产品或服务的风险及特征充分了解、理性分析之后做出是否购买的决定，在一定程度上达到保护投资者的目的（叶明和张亚鹏，2015）。

5. 自然人征信制度

互联网金融的风险控制依赖于基础信用制度的建立，我国自然人征信制度建设不足，自然人征信体系的建设将成为今后一段时期内的监管部门工作的重点。在此方面，互联网金融企业应与中国人民银行征信中心密切联系，力争实现信用数据共通，并依据自身的技术、资源等优势打造更加完善的自然人征信系统，从而提升互联网金融活动的安全性、便捷性和规范性。

6. 数据与资金的第三方管理机制

要建立互联网金融数据保护与电子数据第三方存管方面的法律体系，并进行强制性要求。2016 年通过的《网络借贷信息中介机构业务活动管理暂行办法》对于第三方存管等问题没有进行强制性要求。这对互联网金融投资者的保护并不完全到位，因为单方面的数据存管，使投资者面临着电子数据被非法改动的风险。因此，应建立可信的电子数据第三方存管制度，将电子数据交由具有公信力的第三方机构保存，在投资者维权时，可直接向第三方调取相关证据（李勇坚，2016）。

对于资金安全的保护机制，政府相关监管部门可以规定互联网金融企业在资金交易结算时必须通过独立的第三方支付机构进行，同时要求企业降低资金线和业务线的关联度，规定互联网金融企业不能享有第三方账户中资金的支配权。此外，还应要求互联网金融企业使用相对独立的审计机关审计流动性指标等关键性指标，并定期、按时公布审计结果。

四、加强投资者教育

保护互联网金融投资者的合法权益，要重视社会舆论宣传的作用，媒体的舆论监督对互联网金融的健康发展具有重要作用。一方面，媒体舆论对市场信息极其敏锐的特性使政府监管层能够及时了解行业的最新发展动态；另一方面，媒体具有天然的监督和批评职能，可以通过媒体舆论的力量发挥潜移默化的监管作用。而且，社会舆论宣传能够起到教育互联网金融投资者的作用。

在舆论宣传中应该针对互联网金融投资者有以下三个方面的教育：互联网金融知识、网络安全和金融风险防患意识、维权意识，通过这三个方面的宣传和教育，广大投资者能够知道如何防范相关风险，如何判断风险的存在，以及在遇到侵权问题的时候哪些权益受到了侵害，哪些监管部门、哪些相关法律、哪些监管措施和哪些渠道可以维护自身的权益，这些宣传教育可以促使各项互联网金融投资者权益保护举措发挥作用，因为投资者本身水平的提高是整个互联网金融行业的可持续健康发展的必需条件。

通过媒体的舆论宣传可以唤醒投资者的维权意识，提升投资者维权的自觉性。投资者的成功维权，其价值不仅在于挽回自身被侵权的这一两笔交易的损失，还在于长远甚至宏观社会层面的影响。诸多投资者因维权意识淡薄而不及时维权进而导致侵权行为泛滥，改善该局面需通过电视、广播、报纸、互联网等媒介或讲座、宣传栏集中学习等方式，积极向投资者，尤其是落后和农村地区投资者普及侵权行为的危害与维权的基本知识，以加强投资者教育，增强其对侵权行为的免疫力和维权自觉性。同时，可以通过设立奖励基金、表彰先进等方式，积极鼓励投资者维权，发挥榜样作用带动更多的投资者走进维权之列。

五、加强互联网金融企业的自律

当互联网金融投资者与互联网金融机构产生利益的纠纷时，处于劣势的互联网金融投资者往往会有相对更大的损失，而如果相关法规对此没有明确规定或者相关的监管部门没能履行好职能，未及时去解决该事件，此时行业协会就是一个重要的解决渠道，能为互联网金融投资者提供制度上的保障。在实践操作中，一方面要建立和完善服务对象为互联网金融投资者等主体的协会组织，另一方面要建立和完善互联网金融行业的自律机制，为行业的发展创造良性的发展条件，为互联网金融投资者创造更好的投资环境。

具体而言，互联网金融企业要严格自律，承担保护投资者合法权益的责任，互联网金融企业要严格遵守信息披露制度，切实保障投资者的知情权。中国互联网金融协会于 2017 年 10 月发布的《互联网金融信息披露个体网络借贷》，定义并规定了披露指标、强制性披露指标及鼓励性披露指标，要求互联网金融企业按规定披露年度报表、股东高管与资金存管、还款代偿等信息，增强了企业信息披露的刚性约束。自律组织要执行并督促互联网金融企业要严格遵守并履行这些规定。

互联网金融企业要加强技术防护与内部管理，保障投资者信息安全与资金安全。互联网金融平台可通过大数据轻易获得投资者的资产状况、信用等级、个人身份等信息。而且，当系统出现漏洞导致数据泄露或者信息被不法分子利用时，也将会严重损害投资者的信息安全。互联网金融企业必须严格自律，严守保密义务，加强数据库系统的安全配置及内部风险管理，保障敏感数据传输、存储的安全。

第八章　互联网金融纠纷解决机制

互联网金融是传统金融革新的产物，具体革新体现在金融交易技术、交易手段、交易渠道和金融服务对象等方面。互联网金融继承了传统金融的内核，借助互联网和现代化技术发展趋势应运而生，它打破了传统金融产品的局限性，将金融产品的普惠性提升到一个前所未有的高度。从金融历史演进看，互联网金融是金融满足社会需求发展的一个历史阶段。金融发展是金融功能不断扩展和提升的历程。金融的发展不能忽视历史因素，将其视为静态的是违反客观规律和缺乏科学性的，因为任何事物都有一个从低级到高级、由简单到复杂的发展过程。金融的发展同样遵循这一发展规律。金融功能演进史表明金融本身是由简单到复杂的发展过程。互联网金融的兴起和发展是金融发展的一个历史阶段（李爱君，2016）。互联网金融纠纷，是指发生在传统金融领域与互联网新兴技术结合的新兴金融关系中的纠纷，其本质上与传统金融纠纷结构相同，却又带有互联网金融纠纷的时代特点，映射出新时期互联网技术的影子，此类纠纷的解决与传统金融纠纷不同，需要寻求新的途径与视角，在具体的时代背景之下适应新型经济产业发展的要求。因此，笔者首先对我国传统金融纠纷解决的现状及其现有的纠纷解决机制进行理性分析，结合国外同行业的实践经验，分析我国互联网金融纠纷解决中存在的问题，挖掘其他国家和地区实践中可以适用于我国互联网金融纠纷解决的先进经验；同时，阐明我国当下互联网金融纠纷的处理现状，深入分析我国互联网金融纠纷解决的特点与需求，探讨我国互联网金融纠纷解决机制的构建。

第一节 互联网金融纠纷解决背景

一、我国传统金融纠纷解决的现状

1. 传统金融纠纷仍然以诉讼为主要解决方式

我国传统金融领域伴随着改革开放的步伐，发展迅猛，与之配套的法治建设也取得了令人瞩目的成就。除《中华人民共和国物权法》《中华人民共和国合同法》等法律对涉及金融的法律做出原则性规定外，我国相继制定和颁布了《中华人民共和国中国人民银行法》《中华人民共和国银行业监督管理法》《中华人民共和国信托法》《中华人民共和国证券法》《中华人民共和国证券投资基金法》《中华人民共和国票据法》《中华人民共和国保险法》等多部专门性法律，以及《中华人民共和国外资银行管理条例》《期货交易管理条例》等行政法规，《商业银行服务价格管理暂行办法》《短期融资券管理办法》《保险保障基金管理办法》《电子银行业务管理办法》等部门规章，金融法律体系日益健全。伴随着经济发展对法治建设程度的要求，我国的金融法律理念越来越科学，法律制度越来越健全，法律规范越来越齐备，法律教育越来越完善。金融法律法规的日益完善和法治建设的日新月异使得法治观念深入人心。随着人民群众的法律意识和维权意识不断提高及金融参与者数量的增加，诉至法院的金融类案件呈现逐年递增的态势。根据我国最高人民法院 2016 年的工作报告①，2015 年我国各级人民法院妥善审理私募股权投资纠纷、金融衍生品纠纷等新型案件，审结金融案件 105.3 万件；而 2017 年最高人民法院的工作报告显示②，2016 年我国各级法院审结股权、证券、期货、票据、保险等纠纷案件 124.8 万件。单独看上述两个数据并不能得出对我国金融纠纷增长态势高低的结论，但是对比五年前的这一数据，根据 2011 年的最高人民法院工作报告③，2010 年各级法院审结融资、证券、保险、票据、担保等金融纠纷案件仅 578 919 件。根据北大法宝法律数据库，自 2013 年 1 月 1 日至 2018 年 5 月 5 日，共检索到涉及互联网金融的民事纠纷案例 9902 例。其中 2013 年 1 月 1 日至 2015 年 1 月 1 日民事纠纷案例 6 例，2015 年 1 月 1 日至 2017 年 1 月 1 日民

---

① 《最高人民法院工作报告》，http://www.court.gov.cn/zixun-xiangqing-17712.html[2017-12-09]。

② 《〈最高人民法院工作报告〉全文及附件发布》，http://www.court.gov.cn/zixun-xiangqing-37852.html[2017-12-09]。

③ 《最高人民法院工作报告（2011 年）》，http://www.gov.cn/test/2012-11/13/content_2264122.htm[2017-12-09]。

事纠纷案例845例，2017年1月1日至2018年5月5日民事纠纷案例9051例。从上述对比中可以看出，短短几年时间内我国的金融纠纷案件，尤其是互联网金融纠纷案件数量逐年增长。这一方面体现出随着我国社会主义现代化经济建设的高速发展，金融领域作为经济建设的重要组成部分，其发展速度十分迅猛，充分展示了我国社会主义现代化经济建设方面的成果；另一方面也体现出整个社会、公民、企业对金融领域关注度与参与度的提高。但同时，这也体现出了我国当前金融纠纷的解决现状仍然是以诉讼为主导，其他非诉讼的方式所占的比例很小。

2. 非诉讼作为次要的纠纷解决方式发展相对缓慢

非诉讼方式解决纠纷机制的概念起源于20世纪六七十年代的美国，不仅可以大大缓解法院的办案压力，而且随着该项制度的完善，还可以给社会各界解决纠纷提供很多便利。从长远的角度上看，非诉纠纷解决方式可以为国家的长期稳定、经济的持续高速发展提供坚实的基础。

1）我国金融纠纷的非诉解决方式

（1）向消费者保护部门投诉，如中国消费者协会，中国消费者协会受理包括金融消费纠纷投诉在内的各类消费投诉。中国消费者协会侧重于对消费者非金融性商品消费和服务的化解，金融消费是否适用《中华人民共和国消费者权益保护法》还存有很大争议。

（2）向金融行业监管部门投诉，如中国银行保险监督管理委员会等，金融消费者向金融行业监管部门投诉，基于金融行业监管部门的权威性、专业性和独立性，纠纷能被及时、高效地解决。纠纷投诉化解主要通过金融行业监管部门的信访程序。

（3）向行业自律机构寻求调解，金融各行业协会受理会员单位之间及会员单位和客户之间的纠纷。行业协会由于体制制度等原因，对纠纷处理倾向于维护金融机构的利益，对会员之间的纠纷主要以调解为主。

（4）向仲裁机构提起仲裁，仲裁具有自愿性、灵活性、专业性、保密性、法律效力性等特点，部分裁决能在国外法院得到承认和执行。仲裁的前提是金融纠纷双方事前要签订仲裁协议或事后达成仲裁条款。

（5）通过企业内部投诉机制解决纠纷，相较于第三方争议处理机构而言，企业具有明显的信息优势，在解决纠纷方面针对性较强；同时对于企业而言，高效妥善地处理好纠纷有利于维系客户关系和拓展业务。企业内部投诉机制的内核是企业通过自我纠错机制改善消费体验，达到增收的目的，纠纷解决的过程和结果更多依赖企业的制度设计和自觉性。

2）我国金融纠纷的非诉解决方式存在的缺陷

（1）消费者权益保护部门受理投诉范围有限，目前许多互联网金融产品较为复杂，往往是多种性质产品的集合，因此超出了消费者保护部门的管辖范围；同时学界也对“互联网金融消费”这个概念的定义及其内涵和外延存在争议。

（2）监管机构的信访程序在启动时缺乏统一的法定标准，容易出现重复监管或监管真空的状况。

（3）行业自律机构在处理纠纷时存在倾向性明显的问题，如倾向于保护行业协会整体权益而非消费者合法权益，当消费者合法权益与行业协会整体合法权益重叠时，消费者受益；当消费者合法权益与行业协会整体合法权益相悖时，消费者并不总是受益。

（4）仲裁主要存在以下缺陷。相比诉讼，仲裁协议的存在能解决管辖难问题，一裁终局、不公开审理两大制度能在一定程度上提高效率、保证私密性。然而，传统的仲裁机制仍不能满足纠纷解决需求。其具体表现为：①在管辖问题上，有仲裁协议才能管辖的规定，为纠纷解决设立了门槛，并不是所有互联网金融纠纷案件都可以通过仲裁方式解决。②在效率问题上，仍无法解决债务人利用公告送达、申请鉴定等程序恶意拖延时间的问题。③成本问题方面，仲裁程序有一定的特殊性，普通网民对仲裁不熟悉、不了解导致维权的时间成本较高，同时仲裁本身费用较高，导致维权的金钱成本较为高昂。④债务人难确定、电子证据难保全两大问题仍无法解决，而且这两大问题是纠纷解决中的关键问题。⑤基于种种原因，金融机构在交易中约定纠纷解决方式时，往往以格式合同的方式将仲裁予以排除。

（5）企业内部投诉处理机制的缺陷在于消费者在纠纷处理过程中处于非平等或对等地位，消费者往往处于被动接受的地位，另外该机制对企业的管理能力也提出了非常高的要求，对企业的管理成本也是一项重要挑战。

我国的传统价值取向是“有矛盾，找法院”等，非诉讼作为次要解决方式发展相对缓慢，其在我国金融纠纷解决机制中所占比例很小。但是，现阶段正处于我国转型的重要时期，这是一个矛盾较多且矛盾呈现多元化特点的重要时期，伴随着金融业的快速发展，金融产品和业务的创新，互联网金融业的变化日新月异，我们应该寻求多元化的纠纷解决机制，寻求“以互联网金融的方式解决互联网金融纠纷”。

二、中国香港金融纠纷解决的现状

香港金融纠纷调解中心（The Financial Dispute Resolution Centre，FDRC）成立于 2011 年 11 月。此前，金融机构若与客户发生涉及金钱损失的争议，可向相关金融机构或监管机构，如香港金融管理局或证券及期货事务监察委员会进行投诉。监管机构会对金融机构的行为及经营做法进行调查，但不会做出损失赔偿决定，客户只能根据民事诉讼程序索赔。2008 年 12 月，香港证券及期货事务监察委员会提出设立一个独立的金融纠纷解决机制，以便为金融消费纠纷提供简单、快速、友好的服务，并且避免过度恪守烦琐僵化的法律程序。香港金融管理局在 2008 年 12 月的年度报告中指出有必要在投资者和金融机构间建立一个独立的纠纷解决机制，用有效的方式解决争端。香港特别行政区政府于是建议成立 FDRC 来解决消费者与金融机构的金钱纠纷，并于 2010 年 2 月 9 日召开公众咨询会，向社会公开咨询。2010 年 10 月宣布公开咨询结果，显示公众支持，遂决定设立 FDRC。FDRC 是非营利性的担保有限公司，独立于消费者和金融机构，也独立于监管部门和司法体系的外部纠纷解决体制。FDRC 宗旨和目标是为香港提供独立公正、不偏不倚的“先调解，后仲裁”的纠纷解决方案，推动解决消费者和金融机构之间的金钱争议，保护相关方利益，增强消费者对金融市场的信任和信心，巩固香港的国际金融中心地位。FDRC 成立费用及前三年（即 2012 年 1 月 1 日至 2014 年 12 月 31 日）的运营经费由政府、香港金融管理局和证券及期货事务监察委员会提供；2015 年 1 月 1 日起，FDRC 运营经费由金融机构负担，并按公平及公正的方式进行分担。FDRC 设董事局负责监察和运营，其所有运营由《金融纠纷调解中心（调解中心）与金融纠纷调解计划（调解计划）相关的职权范围》（以下简称《职权范围》）规定。《职权范围》明确规定了 FDRC 受理金融消费争议的规则及程序，包括：①提交争议的合格申请人的定义和范围；②可受理的争议类别；③调解中心如何调解争议；④调解中心提供的服务；⑤保密规定；⑥调解中心、合格申请人及金融机构的权责。FDRC 就执行《职权范围》的相关事宜，可不定期发出指引或实务守则，从而适应金融业产品及政策的最新发展和其他变化。FDRC 在处理申请人与金融机构的纠纷过程中严格遵循和执行以下原则。①独立：成立及管理金融纠纷调解计划，并在不受任何外界干预的情况下，为金融机构及其客户提供独立的争议解决服务；②公平：在维持及贯彻执行 FDRC 的程序上，不偏不倚地对待金融机构及其客户；③便捷：制定简单直接、易于理解的争议解决程序，为使用者提供方便、快捷、容易获取的服务；④有效：确保金融争议可尽快有效地获得解决；⑤公开：在处理争议时尽可能维持公开透明并按照有关保密及保障私隐的条例行事，处理争议的过程和依据是透明的，而个案处理的结果严格遵守机密和隐私保护义务。FDRC 仅处理合格申请人递交的合格争议，合格争议应当符合下列条件：第一，争议的一方是调解计划管辖下的金融机构成员。除了只提供信贷评级服务的机构，香港金融管理局和香港证券及期货事务监察委员会监管的所有金融机构都是 FDRC 的成员，2012 年已有超过 1900 家金融机构成为调解计划的成员。第二，有关争议必须是由合格申请人与金融机构在香港境内签订的合约或由该金融机构提供的服务所引起的。合格申请人必须为个人或独资经营者，现在或曾经是调解计划下的金融机构成员的客户或曾经获得过该机构提供的金融服务，包括金融产品、就金融服务或产品提供的建议等。具体的受理或拒绝受理申请的准则由 FDRC 的《个案受理准则指引》明确规定。第三，争议性质必须与金钱有关，申请金额在港币（或等值外币）50 万元或以下。在调解计划下的最高申请赔偿额为 50 万元，香港特别行政区政府估计该赔偿水平可涵盖 80%的股票持有人及金融纠纷个案。第四，必须首先由有关金融机构处理，否则一律不予受理。客户必须首先向金融机构提出投诉，如果收到金融机构最终答复的书面文件，或者提出书面投诉超过 60 天没有收到答复，客户就可以到 FDRC 提出争议解决的申请。如果消费者直接到 FDRC 提出对金融机构的索赔，而未经过金融机构内部的纠纷解决过程，FDRC 会建议消费者先向金融机构提出书面投诉。第五，申请是在购买有关金融服务当日或在合格申请人首次知悉因金融服务而蒙受金钱损失当日起 12 个月内提出。两者以日期较后者为准。

FDRC 按照“先调解，后仲裁”的程序处理金融消费纠纷个案。调解员对纠纷个案首先进行调解，时限为 4 小时。如果需延长调解时间，则需要增加争议双方的费用。如果调解失败，当事人可以决定申请仲裁。仲裁一般采取书面方式进行。但如果仲裁者和当事人都同意，并且缴纳附加费用，可以采取听证会方式。仲裁裁决是最终的决定，对争议双方都有约束力。当事人不服的，只能就法律观点问题向法院提出上诉。与很多国家和地区类似机制不同的是，FDRC 金融纠纷调解计划服务并非免费，消费者（个人或独资经营者）使用这套机制也需要承担一部分费用。FDRC 按照收费表，就所提供的服务向消费者及金融机构分别收取费用，并且所有缴付的费用及收费，FDRC 概不退还。香港新型金融纠纷解决机制至少提供了三点可资借鉴之处：一是金融机构与金融消费者之间就金融服务或者商品引发的纠纷因为其特殊性确有创设专门处理机制的必要。二是纠纷多元化解决机制的创设与金融监管架构之间并不存在必然联系。香港地区在金融监管体制方面采取的是机构型监管模式。根据金融机构的性质来决定对应的监管机构，包括香港金融管理局、香港证券及期货事务监察委员会、保险业监理处及强制性公积金计划管理局等，这些机构根据分业监管原则分别对银行、证券公司、保险公司等进行监管。这种监管体制的设置和内地金融监管架构基本相同，但香港新型金融纠纷解决机制并没有采用类似的制度设计，即根据金融机构的性质适用不同的解决机制，而是在管辖范围方面采用了跨行业的制度设计，香港金融管理局或香港证券及期货事务监察委员会监管或颁发牌照的金融机构均须参加纠纷调解计划，并适用同一规则。三是金融纠纷解决机制的创设在借鉴他国经验的基础上应结合本土资源有所创新。这也就意味着金融纠纷多元化解决机制的设立和完善必然是阶段性的和不断调适的过程（孙天琦，2013）。

三、其他国家金融纠纷解决的现状

尽管各地区的金融消费纠纷专门处理机制在名称及具体模式上各有千秋，但这些机制的目的基本一致，即将银行、保险、证券期货等金融服务领域的纠纷纳入集中化处理的轨道，建立一个集咨询、申诉、调处与裁决等程序为一体的独立的纠纷处理平台，以保障金融消费纠纷投诉处理的独立性、权威性、便捷性和低成本。在此，笔者试对部分国家和地区金融消费纠纷处理机制的制度设计及特点做简要分析。

1. 英国

作为传统金融发达国家，英国开创式的金融纠纷化解机制对众多国家和地区的纠纷解决机制产生了重要影响，其制度设计、运作机制等内容对我们具有重要借鉴意义。此外，英国在互联网金融领域的先驱地位也不容小觑，英国不仅诞生了世界首家 P2P 网络借贷平台 Zopa，也培育了全球公认的发展较为健康、稳健的互联网金融市场，2015 年，英国互联网金融行业的规模达到了 32 亿英镑，虽然受到英国脱欧的影响，其行业规模增幅有所下降，增长数据上呈现收窄趋势，但作为老牌金融国家，其在互联网金融领域的表现仍然可圈可点，其金融纠纷解决机制值得我们借鉴。英国于 1997 年在证券投资委员会的基础上成立了金融服务监管局，下属独立的金融调查服务处，以非正式方法解决消费者纠纷，此外，还推出金融服务赔偿计划，为因金融机构破产而蒙受损失的消费者提供赔偿。这有利于公平、合理、快速非正式地解决金融机构与其客户之间的争端，金融服务监管局要求所有金融机构必须建立客户投诉处理制度，要尽可能地把纠纷在萌芽时期解决掉。作为英国的金融服务监管机构，金融服务监管局的法定目标是制定规则、广泛调查和权利执法，董事会制定了整体政策，但是日常决策和管理工作人员是执行委员会的根本职责。金融服务监管局的力量和目标是通过《金融服务和市场法》，促进建立高效、有序和公平的金融市场和遵循金融服务监管局良好的监管原则。2012 年 1 月 19 日，金融服务监管局被拆分为两个机构，一个为金融行为监管局，另一个为英国审慎监管局，原职能由拆分后的机构分别承担。

2000 年左右，英国通过《金融服务与市场法》完善了金融纠纷处理机制，建立了一站式投诉处理机构，即金融调查服务处[①]，该机构具有独立性，属于公共机

① 金融调查服务处是金融服务监管局根据英国 2000 年《金融服务与市场法》成立的专门解决金融纠纷的金融服务申诉机构，其本身属于公司型机构，但不发行股票，公司董事由金融服务监管局任免。其经费来源为金融服务监管局监管公司交纳的年费及金融调查服务处收取的案件处理费，不向金融消费者收取费用。

构，采取公司组织形式；金融消费者寻求权利救济时无须缴纳费用；在管辖方面，既有强制性管辖案件，也有自愿管辖类案件；在裁决方面，英国金融调查服务处对案件做出裁决后，如果金融消费者接受裁决结果，裁决则对双方当事人发生效力，如果金融消费者不接受裁决结果，则金融消费者有权向法院提起诉讼；如果金融机构不接受裁决结果，消费者可以直接向法院申请执行裁决结果。由此可见，英国的金融调查服务处纠纷处理机制具有明显的统一性、独立性、收费合理性和消费者倾向等特点（徐孟洲和殷华，2015）。

2. 加拿大

加拿大金融业被普遍认为是目前世界上最安全、最健康的金融业之一，其金融业主要由银行、信用联盟、人寿医疗保险、证券、财产和伤害保险、共同基金、风险投资等构成。加拿大宪法为加拿大确立了联邦政府体系，对制定法律的权力和管辖范围在加拿大联邦政府和省政府之间做了划分。联邦政府可以在确定的立法事务权限的范围内制定法律。有些问题可能会因涉及多个不同领域而导致省政府与联邦政府在某些情况下会在某一特定领域共同行使监管权。在金融监管方面，加拿大的金融监管是联邦和省分权、分行业监管的体制：银行业和保险业监管权归联邦，由加拿大金融机构监管署（Office of the Superintendent of Financial Institutions，OSFI）专门负责监管在联邦注册的银行、保险公司、信托和贷款公司及养老金计划。证券业则由省政府主导，并由加拿大证券管理委员会（Canadian Securities Administrators，CSA）负责协调。加拿大将金融类纠纷划分为三个层次：第一，通过金融机构处理，金融机构必须建立起处理客户投诉纠纷的化解制度；第二，通过金融行业金融督查办公室调解的方式化解纠纷；第三，通过金融消费者保护局调解金融消费者与金融机构之间的纠纷。此外，加拿大也效仿英国模式，建立了金融调查服务处。加拿大政府于 2002 年成立了金融服务申诉审查网络中心，与英国、澳大利亚建立的统合型非诉调解机构不同的是，加拿大的非诉调解机构属于准统合型，其纠纷处理系统在形式上统一，但在人员和运营上却是相互独立。

3. 澳大利亚

澳大利亚历史上作为英国殖民地，早期并未形成本国独立的金融体系，直至 18 世纪末 19 世纪初，澳大利亚羊毛加工业的发展带动外贸发展，才引发金融服务的需求。近代以来，澳大利亚的金融纠纷解决机构按照纠纷主体的不同做出了相应的划分，主要分为发生在投资者与机构间的纠纷和发生在机构主体间的纠纷，对于前者，澳大利亚政府仿照英国的制度设计形式，设立了金融调查服务处，为投资者提供特殊的救济；对于数目众多，标的更为庞大的后者，则通过本土的多家专业纠纷解决机构进行处理，这些机构中最具有影响力的是澳大利亚国际商事仲裁中心；另外澳大利亚各类金融纠纷，包括信贷、信托、寿险、财险、支付、存款等，因第三方非诉调解机构，即金融调查服务处的有效运作，得到了妥善解决。据统计，在2013~2014年度，金融调查服务处收到的纠纷总数为31 680件，结案的纠纷总数为33 450件，平均每个工作日处理纠纷100余件。在金融调查服务处300余人的队伍中（其中100人为兼职），平均每个职员一年处理纠纷100余件。澳大利亚的金融调查服务处本质上并非官方监管机构，而是具有公司组织形式的独立纠纷协调机构，纠纷发生后，由纠纷双方自愿选择管辖，首先该机构为金融消费者提供的服务均为免费服务，充分减轻金融消费者的经济负担；其次其独立的属性保证了中立性，容易得到纠纷各方的认可；再次就是金融调查服务处信息公开透明且高效的特点使得其认可度很高，解决金融纠纷的效果也十分明显；最后金融调查服务处通过建议或裁决的方式确定纠纷双方的权利义务关系，金融调查服务处做出的建议经调解双方接受即具有法律约束力，裁决则为终局裁定。

4. 日本

日本经过长期的探索和实践，形成了一套特殊的纠纷解决机制，该制度在性质上属于行业型非诉调解制度，其特点是数量多且分散。费用方面主要由两部分组成，一部分是向金融机构定期征收的费用，另一部分是出现纠纷时，向涉案单方或双方收取。案件管辖方面，根据争议双方实际情况灵活处理。在处理流程方面，分为投诉和纠纷两类。投诉的处理方式是，机构受理消费者的投诉申请后，提出建议或进行调查，并通知金融机构，要求其做出处理。纠纷的处理方式是，机构受理纠纷申请后，纠纷解决委员会作出和解劝告和特别调停案的提示，同时根据双方提交的证据材料听取双方的陈述和意见，先提出和解方案，和解失败后进入特别调停阶段，或略过和解阶段直接进入特别调停阶段。对于特别调停案，机构一旦做出裁决，金融机构必须接受。日本建立的是行业型非诉调解机构，缺乏统一的制度和法律规范，结果导致不同行业的非诉调解机构处理纠纷的能力和效率参差不齐，公信力大打折扣。

四、诉讼纠纷解决的不足

1. 诉讼主导的金融纠纷解决机制

我国现阶段的金融纠纷解决机制仍然以诉讼为主导。伴随着我国金融行业的高速发展，其不适感将越发凸显，不但不利于金融纠纷的妥善解决，反而会对金融行业的未来发展形成阻碍。以诉讼为主导的纠纷解决机制存在诸多弊端：第一，诉讼成本过高。在众多弊端中，最突出的弊端就是诉讼的成本过高。诉讼通常经历漫长的一审、二审程序，还可能经历公告期、管辖权异议期、鉴定期、不同层级法院之间的卷宗传递期等无法预测的期限。金融市场是个钱生钱的市场，市场行情瞬息万变，对快速高效的要求甚至高过公平正义。运用诉讼方式解决金融纠纷，审判时间长，而且审判结果不确定，时间越久，当事人承担的风险就越大。当事人选择通过诉讼解决金融纠纷，花费的代价过高。如果纠纷得到及时处理，资金就可以早日流回回报率最大化的投资渠道，为当事人带来更多的效益（廖昂，2006）。第二，举证难。互联网金融的全部交易行为往往发生在网络上，交易痕迹等电子证据更多地是由金融机构掌握和控制，消费者很难提取。即便消费者有保存相关交易记录，但在证明垫资证据内容的有效性、提取的有效性等方面存在技术障碍和法律困难。第三，执行难。互联网金融具有分散性特征，跨地域性使得可供执行的财产难以寻觅，结果导致执行困难。

2. 现行非诉解决机制存在的缺陷

比较上述国家及地区的经验可以发现，大多数发达国家倾向于使用非诉方式解决金融纠纷，而我国非诉方式发展较为缓慢，且其自身存在一定问题，无法承担起分担诉讼压力的重任。尽管上文所述的几大非诉解决途径在应对金融纠纷时发挥了一定的作用，但也存在很多不足之处。第一，各种非诉解决方式彼此独立，缺乏互动与协作，在面对较为复杂的特别是跨领域、跨行业的金融消费纠纷时存在失效或者互相推诿的情况。第二，缺乏完整性、系统性的程序设计导致非诉讼解决程序的规范性和处理结果的合理性、公正性不足，如金融机构、行业协会的投诉处理规定为其单方面制定，难免偏重自身利益维护，缺乏公信力。金融监管部门的非诉解决方式还处于探索、试点阶段，制度建设不完善、处理机制不健全，且大多数投诉还是被转回金融机构处理，真正通过调解解决的少之又少。而监管部门采取的监管措施也往往只产生金融机构违反金融法规的行为得以制止或纠正的效果，消费者的损失没有得到弥补，金融消费纠纷本身并未得到解决。第三，处理结果缺乏强制执行性。无论是监管部门调解处理还是行业协会协调处理，其结果对纠纷双方均缺乏约束性。如无法律认可或者简单便捷的司法确认程序，第三方调解的功效将大打折扣。

第二节　互联网金融纠纷解决机制现状

随着大数据、社交网络等互联网技术、移动通信技术的突破发展，我国互联网金融快速崛起，已经形成了以第三方支付、P2P网络借贷、众筹、互联网金融平台、网上银行等为主要模式的多元发展格局。目前，我国绝大多数商业银行等正规金融机构均已开展了网上银行业务，持牌第三方支付机构达到近 300家，P2P网络借贷平台数量和交易额度远超英美国家。P2P网络借贷是互联网金融融资的主流模式；众筹行业以股权众筹和产品众筹为主，大机构旗下众筹平台竞争优势凸显；互联网金融平台信用风险值得关注，风控手段有待加强；互联网金融监管行业自律水平较低；互联网金融退出机制、投资者教育和保护机制亟待建立。

一、我国互联网金融纠纷的特点

互联网金融纠纷产生于互联网技术高度运用于金融业务的时代，相较于传统金融纠纷具有新时期的特点，具体表现在以下几点。

1. 纠纷主体的多样性

互联网金融纠纷主体的多样性，源于互联网金融业务的多样性。互联网金融作为独立的新兴金融业态，为满足当下金融参与者及金融市场发展的客观需要，衍生出繁复多样的业务种类，包括借贷、融资、购物、理财、投资等，纠纷往往发生在上述业务的开展过程中，其纠纷主体即多种互联网金融业务中的参与方，大致可以表述为互联网金融机构、互联网金融监管机构、消费者、投资人、融资人及第三方，体现出多元性的特点。

2. 纠纷地域的跨越性

由于互联网技术克服了金融业务的地域障碍，打破了原有客观条件对交易成就的限制，不同区域甚至不同国家的金融公司间可以借助互联网顺利地开展多种金融业务合作，高效便捷地完成资金流转、合同签订、股权转让、融资借贷等事宜。然而，一旦出现互联网金融纠纷，这种互联网技术带来的便利即刻转化为纠纷处理上的不便，纠纷各方无法就各种矛盾面对面沟通交流，容易因沟通不畅导致矛盾激化，同时，如果试图通过诉讼、仲裁途径解决纠纷，由于案件的主要证据皆表现为电子形式，证据的提取、质证都存在技术性困难，为解决纠纷增加难度。另外，在纠纷解决机构的选取上，法律规定存在相应空白，司法实践中缺乏操作指南，导致纠纷各方无法寻求到合适的纠纷解决渠道，无法寻找到合适的有关部门监管和处理，纠纷解决时常陷入僵局而搁置，最终因一方当事人无法承担耗时耗力的高昂纠纷解决成本而选择妥协。

3. 纠纷内容的复杂性

互联网金融作为新的金融形态，相较于传统金融产业，具有很大技术性优势，其为投资者提供成本低廉、快捷便利的金融服务，满足其个性化的需求，可以短时间为大量用户提供差异化服务，使得金融服务更加精细，金融交易更加高效。一旦发生纠纷，则有可能短时间内产生单件金额小，但涉及用户众多的大批量案件，且案件之间还存在个性化差异，如果进入诉讼渠道，从案件当事人的角度考虑，立案、证据保全都存在困难，互联网金融交易证据为电子证据，容易受到破坏，难以事后保全，致使进入诉讼程序后难以还原事实；从法院的角度考虑，管辖法院的确定、适格当事人的确定、诉讼文书的送达等工作烦琐复杂，耗费较长时间，增加了案件的审理难度，基于金融业务的多变性与时效性，相关互联网金融纠纷案件在等待程序进展的过程中往往会发生情势上的变化，为矛盾的解决增加难度。

4. 纠纷解决的多元性

基于上述特点，互联网金融纠纷的解决路径必然表现出多元性的特点。中国人民银行联合各部委在 2015 年发布了《关于促进互联网金融健康发展的指导意见》，其中明确指示："构建在线争议解决、现场接待受理、监管部门受理投诉、第三方调解以及仲裁、诉讼等多元化纠纷解决机制。"细化完善互联网金融个人信息保护的原则、标准和操作流程。可见，在国家宏观调控的背景下，互联网金融纠纷的解决途径将向多元化模式发展，且近年来我国互联网金融纠纷解决实际上也体现出了多元化发展的时代性特点。关于具体的纠纷解决模式构建，笔者将在本章第三节详细阐述。

二、互联网金融纠纷的类型

1. 合同纠纷

互联网金融法律关系的确立多数通过合同实现。在互联网金融交易中，投资者通过网络交易平台购买商品或者接受服务，如参与证券、保险、银行等金融业务时，均需与平台服务商或第三方签订相应内容的合同，作为提供一般服务的平台，会与会员签署注册协议；作为提供中介服务的平台，会与投资人、融资人签署中介服务合同；作为提供增值服务的平台，会与相关方签署支付服务、担保服务、风控服务等合同。合同各方当事人在履约过程中，极易就合同内容产生纠纷。例如，浙江阿里巴巴小额贷款股份有限公司诉郑国华借款合同纠纷案。2011 年 4 月 28 日，该案在杭州市滨江区人民法院开庭。该案系网络小额贷款纠纷的第一例生效判决。经法院查明，原、被告通过互联网在线订立了一份《贷款合同》，合同约定如下：浙江阿里巴巴小额贷款股份有限公司授权郑国华的网络贷款信用额度为人民币35万元；借款人同意将每次申请的贷款划入支付宝公司的结算账户；使用支付宝账号和密码登录阿里贷款网站的所有行为均视为借款人本人行为；还款方式为按月付息、到期还本等。在授信期限内，被告向原告申请支用贷款总计人民币35万元。截至2011年3月9日，被告有7笔贷款到期未清偿。原告随后诉至法院。法院当庭宣判，被告应当5日内归还本金、利息及罚息。

2. 侵权纠纷

互联网金融侵权纠纷种类繁复多样。尽管互联网金融对交易双方的地位做出了相应的平衡，使投资者、消费者在参与金融活动时得以掌握更多信息，然而，一旦相应的纠纷发生，互联网金融服务商与投资者之间仍然存在信息不对称的情况，投资者、消费者仍然处于劣势地位，这对纠纷的解决造成很大的负面影响，不利于有效保护投资者、消费者的合法权益；源于金融产品较高的专业性和较强的特殊性，加之金融消费者自身金融专业素养不足，知识更新不及金融产品推陈出新的速度，在消费过程中实在难以做到消费双方信息获取的公平公正。廖岷曾撰文指出，金融消费者保护问题是由金融业的特殊性带来的市场信息不对称所造成的。中国银行业协会专职副会长杨再平参加2011年两岸金融交流会时也发表过如下观点：金融产品是无形的，是高度专业性的，因此，与其他消费者相比，金融消费者与金融服务提供者之间存在着更多更大的信息不对称。由此可得，这种长期存在的金融活动参与者之间的不对称、不平衡的问题，对纠纷的解决，尤其是互联网金融侵权纠纷，有着非常不利的影响。

同时，由于现阶段我国对于互联网金融领域的监管的相关的政策法规体系还不够健全，投资者、消费者的合法权益会因此受到侵害。比如，一些互联网金融服务平台随意将在其网站上注册为会员的消费者、投资者的个人信息打包出卖给第三方，或在网站后台设置追踪程序，随意窃取客户的互联网浏览历史记录并利用该记录对客户进行不实宣传及捆绑销售；部分P2P网络借贷平台安全保障措施不到位，导致受到黑客攻击，关键数据泄露，影响平台正常的网络服务；一些平台服务商为了获取更多的利益，采取不正当竞争手段和策略，对消费者、投资者的权益造成侵害。

另外，在互联网金融领域，还存在的着知识产权侵权的现象，如P2P商标侵权第一案，2014年12月，合肥伍伍壹网络科技服务有限公司（以下简称伍伍壹公司）与拍拍贷侵害商标权纠纷案由上海市第一中级人民法院审结。伍伍壹公司诉称，其系第XX号注册商标专用权人，拍拍贷未经许可在其运营的网站使用与注册商标相同的标识，属于在相同服务上使用与注册商标相同的商标，侵害了其注册商标专用权，且拍拍贷还使用含“拍拍贷”字样的企业名称亦侵害了前述注册商标专用权为由，故伍伍壹请求法院判令拍拍贷停止在其网站及公司名称中使用“拍拍贷”“PPDAI”字样。

3. 合规纠纷

由于互联网金融监管法律、法规与政策还未完全构建起一个严密的体系，互联网金融服务平台的部分金融行为缺乏具体行动指南，多采用事后救济的方式，对纠纷予以解决，而无法在事前对该类纠纷及时进行预判与预防；同时，监管部门也在不断优化其监管措施，因而平台必须相应地不断调整节奏，与政府监管机构保持适时沟通，并对监管部门提出的针对性意见积极予以回应。

三、互联网金融纠纷解决需求

1. 快速高效

由于互联网金融交易中时间因素的影响力高于其他行业，当纠纷发生时，其解决必须快速高效，从而保证纠纷双方短时间内得到一个确定性结果，及时止损，不过多占用当事人的时间和金钱成本，不影响双方当事人的正常金融活动。同时，由于互联网金融纠纷的证据往往为电子证据，其取证必须把握时机，一旦错过时机，侵权方销毁证据，对后续的纠纷解决有着致命性影响。所以，快速高效不仅是解决传统金融纠纷的重要需求，还是解决互联网金融纠纷的首要需求。

2. 简单便捷

由于互联网金融投资对参与者的知识构成、业务水准、专业领域等方面没有限制和要求，进入门槛较低，投资者的水平参差不齐。这一方面增加了发生纠纷的概率，另一方面也对纠纷解决带来了很大挑战，这就要求互联网金融纠纷解决方式必须简单易懂、明确便捷，最好能够给投资者提供一个程序性、通道式的纠纷解决途径，消费者能够按照格式化流程迅速解决纠纷，从而满足广泛的投资者和经营者的需要，高效率地解决大部分纠纷。对于少部分优质金融活动参与者或者纠纷标的额相对较大的投资者，则应当合理考虑其主体差异和个性化需求，给予其充分的处分权，由其自主选择适合的纠纷解决方式，构建自定义式的纠纷解决途径选择体系，通过上述两种方式有机结合，形成完整的纠纷解决体系，从而高效地解决互联网金融纠纷。

3. 隐私保护

在现行法律体系下，由于我们的金融监管还未体系化，法律制定存在部分空白，公权力的职能没有得到完全发挥，因此，大部分互联网金融产品存在“打擦边球”的现象，通过法律的灰色地带规避监管，以便获取更高的利益，所以作为一个阶段化的现象，投资者对纠纷解决非公开性的需求应该得到满足。另外，互联网金融纠纷通常涉及投资者个人信息及企业的重要商业信息，解决纠纷的同时需要保守当事人的商业秘密，维护当事人的商业信誉。一旦泄露不仅会给投资者个人带来困扰，严重的还会影响一个企业的后续经营。比如，一个上市公司股东的负面个人隐私泄露，必然会导致其股价波动，影响公司市值；一个企业赖以生存的商业秘密泄露，企业直接面临破产危机等。再比如说，套路贷在借款人注册App 软件信息时，非法获取借款人手机联系人、内存信息等，当借款人无法偿还本息时，贷款人往往会联系其亲朋好友。把贷款人头像移植到裸照、灵堂等场景下，通过各种不正当的“软暴力”行为催收债款，对借款人及其关系人造成严重困扰，严重影响其正常生活，所以实践中，这部分需求旺盛且强烈，亟待法律及相应规章制度进行调整。

四、目前我国互联网金融纠纷分布态势

我国的互联网金融虽然起步较晚，但我国互联网消费金融发展模式与欧美等发达国家也基本一致，都是将小微信贷和消费信贷作为互联网金融的主要业务。将业态之间的内在联系作为划分标准，当前我国互联网消费金融运营模式可以划分为电商互联网消费金融、信贷互联网消费金融和 P2P 网络借贷互联网金融三种模式。在上述三种模式中，电商互联网消费金融运营模式是以电商平台为基础，通过向客户提供商品的分期服务方式在平台上进行金融消费，并提供相应的理财服务；信贷互联网消费金融形式则是采取手机应用配合场景的运营模式，金融客户可以通过手机应用客户端填写个人资料并申请贷款，得到现金后用于日常生活消费，但是该种运营形式存在的问题较为凸显，即资金的具体用途难以掌控，且后续资金返还等问题容易滋生违法现象，具有一定的负面社会影响；而 P2P 网络借贷互联网金融运营方式与传统商业银行的借贷业务相通，都是通过平台对资金供求双方进行匹配。

近年来，互联网金融纠纷的数据也逐年上涨且种类繁多。根据 2017 年上半年的全国核心互联网金融平台用户满意度榜单，中国电子商务投诉与维权公共服务平台的用户维权案例显示，2017 年上半年，平台所受理的各类互联网金融案件中，

反馈的满意度相对较高；融 e 购、拍拍贷、支付宝、易宝支付、来分期、京金融、趣分期、翼支付、优分期、中国银行聪明购在受理平台通报移交的投诉馈率、受理时效性、用户反馈满意度方面较差，用户满意度综合排名靠后。在榜单中，支付宝、易宝支付、来分期、京东金融、翼支付为新上榜企业，其中来分期投诉占比为最多。上述数据表明：我国的互联网金融纠纷主要呈现出以下集中态势。

（1）分期消费纠纷在互联网金融纠纷中所占比例较大，分期消费平台占榜单四席，投诉占比总量达 62.24%，其中新上榜的来分期投诉占比达 28.57%，受理平台移交的投诉较为不积极，主要问题为商品质量问题多、退换货难、疑似售假、信息被盗、借款等。

（2）银行电商成为互联网金融领域第二大投诉热点，融 e 购、中国银行聪明购两家投诉占比为 12.24%。因银行本身的问题，银行在涉水电商业务时中存在较多问题，主要表现在基本服务的方面，如不发货、不退款、商品质量问题多等。

（3）第三方支付：第三方支付作为买卖双方在缺乏信用保障或法律支持的情况下的资金支付“中间平台”，成为互联网金融领域第三大投诉热点，投诉占比为 10.2%，总体呈上升趋势，支付宝、易宝支付、翼支付均为新上榜的第三方支付平台。

（4）P2P 网络贷款：P2P 网络借贷一直是互联网金融领域的高危区，而随着国家对 P2P 网络借贷行业监管的加强，行业正在走向合规的路上，仅拍拍贷一家入选榜单，这与拍拍贷在行业内市场份额有直接关系。消费投诉统计显示：P2P 网络借贷主要问题为收取高额手续费、误操作贷款无法取消等。

第三节　构筑我国多元化互联网金融纠纷解决机制

在传统金融市场中，投资者与融资者按照意思自治原则平等地开展金融市场业务，但是，由于市场中不可避免地存在信息不对称，金融消费者往往处于弱势地位，因此，产生大量金融机构利用其优势地位损害金融消费者权利的纠纷。传统的诉讼、仲裁具有高门槛、耗时长、成本高、程序性、专业性等特点，并不符合小额、数量大、跨地域的金融纠纷特性，因此，我国有必要建立替代性纠纷解决机制（alternative dispute resolution，ADR[①]）来满足金融纠纷解决的需求。ADR 作为对传统的诉讼方式解决争议的有效补充，具有快捷、高效、灵活、成本低的特征优势，与金融消费者希望尽快维护其合法权益的心理需求具有内在一致性。2019 年 11 月 19 日，最高人民法院、中国人民银行、中国银行保险监督管理委员会三家联合发布了《关于全面推进金融纠纷多元化解机制建设的意见》，其对规范金融纠纷多元化解机制工作流程、金融纠纷多元化解机制的案件范围、调解协议的司法确认制度做出了规定。而早在 2015 年国务院就发布了《推进普惠金融发展规划（2016—2020 年）》，明确提到要畅通金融机构、行业协会、监管部门、仲裁、诉讼等金融消费争议解决渠道，试点建立非诉第三方纠纷解决机制，逐步建立适合我国国情的多元化金融消费纠纷解决机制。之后，2018 年最高人民法院也联合中国证券监督管理委员会发布《关于全面推进证券期货纠纷多元化解机制建设的意见》。

在互联网金融领域中，金融创新带来了更多复杂的金融产品和服务，而互联网金融的虚拟性和信息不对称突出，更是加剧了金融机构与金融消费者的不平等地位（杨东，2013），为金融机构损害金融消费者权利提供了便利，金融纠纷的大量增加，使得仅依靠传统的纠纷处理机制已经不符合金融创新与互联网金融特性的要求，因此，应当发挥 ADR 快捷、高效地解决互联网金融纠纷的优势，充分运用和解、调解、仲裁等非诉解决方式来应对金融创新和金融消费者权益受损的现实境况。本书认为，互联网金融领域 ADR 制度的构建应当与传统金融纠纷处理方式相衔接，逐步构建起以金融消费者保护为核心的多元化纠纷解决机制。

一、构建畅通的投诉调解处理机制

在多元化互联网金融纠纷解决方式中，投诉处理方式无疑是高效、快捷的一种方式，应当处于互联网金融多元化纠纷解决机制的第一层级。金融纠纷投诉调解处理机制是指在金融市场中，金融消费者采用书信、电子邮件、电话、走访等形式对金融机构损害金融消费者权利的行为进行建议、举报、请求，以求得金融纠纷彻底处理的制度（杨东，2013）。在实际中，金融消费者的权益受到侵犯后，往往会最先向金融机构内部、行政监管部门或者行业协会投诉调解处理，但目前，我国互联网金融领域的投诉调解处理制度并未成统一体系，难以通过投诉调解处理彻底解决纠纷，并未真正发挥投诉处理制度的有效性，因此，应当着力构建和

① ADR 又称选择性争议解决方法，即通过法院以外的方式解决金融纠纷的方法，如通过双方当事人友好协商或者谈判，或者双方同意第三人进行调解或者仲裁。

完善投诉调解处理机制，发挥保护金融消费者第一道防线的堡垒作用。

首先，金融机构内部投诉处理是解决纠纷的关键环节，纠纷双方当事人对纠纷的事实情况都有全面的了解，这决定了双方是可以通过有效协商达成和解的。英国金融服务监管局要求所有金融机构必须建立客户投诉调解处理制度，要尽可能地将纠纷解决在萌芽时期，金融机构的内部投诉处理制度遵循的是“无条件受理”的原则，无论投诉理由是否正当，均一律受理，并且其客户投诉调解处理制度已经形成了完善的程序体系，包括对投诉的调查、评估、提出赔偿或补救的措施、告知消费者及消费者不接受投诉调解处理结果的后续救济方式等，并有其他配套措施，如投诉快速处理制度、投诉处理时限制度、投诉处理的责任制度及后续的投诉处理报告的留存制度，完善的内部投诉处理制度对于英国金融纠纷的解决起到非常重要的作用。据统计，在英国的金融纠纷处理机制中，约有 6/7 的投诉纠纷案件由金融机构内部初步受理后被成功解决，仅有 1/7 会向英国金融调查服务处提出投诉。在我国，阿里巴巴的 B2B 交易平台在其《交易争议处理规则》中针对发货、收货、退货、定制类商品、价格优惠及赠品等事项中交易双方的权利义务做出了具体的规定（赵宪明，2015）。因此，我国互联网金融监管部门可以参考电子商务平台的投诉处理机制，要求金融机构建立比较完善的内部投诉处理制度，并参照英国客户投诉调解处理制度，逐步建立起完善的争议解决程序及争议解决后的信息披露机制，金融机构应当定期向监管部门及行业协会汇报纠纷处理情况，以此形成金融机构内部投诉处理的长效机制。

其次，我国对金融实行“一委一行两会”的行政监管模式，但这一模式并不能契合互联网金融纠纷的混业化和多元化的特征，在目前我国“一委一行两会”的多头监管体系之下，行政投诉调解处理制度需要统合（杨东，2013）。因此，构建行政监管机构调解机制受理纠纷双方的投诉，应当成为互联网金融纠纷多元化解决方式的重要一环，这种方式同样具有直接、高效的优势。相较而言，监管部门对于互联网金融企业的意义远比一纸仲裁或判决深远，但作为纠纷的调解方，其调解结果可能更容易获得认可与信服，同时，在调解的过程中，监管机构也能侧面了解其所监管的业务中存在的问题和隐患，对可能出现的风险进行预判，可在后续制定相关规章和规范性文件时纳入考虑，从而在源头上尽可能地避免同类纠纷的再次发生。另外，监管部门及时依法秉公处理，可大大提升消费者信心，有效化解互联网金融纠纷。从域外来看，美国金融消费者发生金融纠纷，美国法律要求金融消费者先寻求金融机构解决问题，如果消费者不接受解决措施，可向监管部门提出投诉，而监管部门在受理投诉过程中，发现金融机构的违规行为可直接依法进行处罚。美国联邦储备系统还建立了消费者投诉信息数据库，该数据库会根据消费者投诉的次数和涉及金额进行分类、调查、核实、调解，并通过定期的信息分析，识别潜在的消费者保护问题，为规章政策的制定提供参考（杨悦，

2010)。而英国金融服务监管局主要是要求金融机构对投诉处理报告进行信息披露，要求金融机构每年向其提交投诉处理报告，并将其向社会公开，以公开促进金融机构投诉调解处理机制的改善。可以借鉴的是，我国监管部门不仅要发挥权威监管部门高效处理争议的作用，更重要的是要转换监管理念，利用监管权力和及时的信息披露促使金融机构逐步改善其内部纠纷处理机制，尽可能将纠纷消化在金融机构内部，以节约社会成本和监管成本。

最后，作为对监管机构调解的补充，金融消费者向行业自律机构投诉，行业自律机构进行调解也成为互联网金融纠纷解决的重要手段之一，而且其所占比重日益上升。就互联网金融纠纷而言，行业自律机构调解对于纠纷各方当事人来说都是利大于弊的。对于金融企业而言，因行业自律机构精通金融业务，其调解结果更有利于维护企业合法权益。对于消费者而言，由行业自律机构出面调解，相较于其他第三方具有一定的公信力。同时由于行业自律机构的组织特性，其调解效率高于监管机构，能够最大限度地保护消费者的时效性利益。另外，从处理金融纠纷的法律渊源来看，自律公约、交易规则等民间软法已成为互联网金融软法治理的主要载体(王怀勇和钟颖，2017)，这些自律公约、交易规则已经成为行业组织进行调解的重要依据。但是，实践中因为我国互联网金融行业缺乏受调解约束的救济习惯，行业自律机构调解这一渠道在我国并未有效开通，而随着互联网金融的发展，金融企业对这种渠道的需求与日俱增。所以，为响应这一需求，2015年7月，中国互联网金融协会成立。按照由中国人民银行等十部委联合发布的《关于促进互联网金融健康发展的指导意见》(银发〔2015〕221号)要求，由中国人民银行会同国家有关部委组织建立起这一国家级互联网金融行业自律组织。2016年3月25日，中国互联网金融协会在上海黄浦区召开成立会议暨第一次全体会员代表大会。该协会的首批会员单位有400多家，包括银行、证券、基金、期货、保险公司、信托机构、资产管理公司、消费金融公司等金融机构，也包括其他互联网金融从业机构，以及一些从事第三方服务的机构。

中国互联网金融协会作为行业自律的一部分，将会发挥重要作用。行业自律机构是对监管的补充，是对行政监管的有益补充和有力支撑，也是创新监管的重要内容。如果行业自律机构能够充分发挥作用，行业发展有序规范，从业机构审慎合规经营程度高，就有利于营造效率更高、方式更灵活的监管环境，提高监管的弹性和有效性。目前互联网金融监管的格局是，“一行三会”出文件监管已发支付牌照的机构，地方金融办按照这套规则去监管地方上注册的非传统互联网金融机构。中国互联网金融协会的成立，重在自律监管。

自律监管的理论基础就是俱乐部理论，每个会员能得到好处，但不能违背规则，否则就要被处罚，甚至出局。协会要有一套技术框架，为会员服务；对于不遵守协会章程和自律公约的会员单位，协会将依据相应规章制度采取惩戒措施。

协会的自律惩戒管理办法将在适当时机公布。此外，由于《关于促进互联网金融健康发展的指导意见》赋予协会“制订经营管理规则和行业标准”的职能，协会的相应自律规范在适当时机有望上升为行业标准。中国互联网金融协会将更多地参与行业法规、制度和标准的制定工作，而地方的行业协会更了解当地实际情况，也能更好地督促企业落实相关规定。

二、互联网金融纠纷解决服务平台的构建

从形式上来看，我国互联网金融纠纷多元化解决机制已经初步建立，现行机制在制度设计方面仍存在不足：第一，现行制度规定来看，金融调解、金融仲裁还是金融诉讼，在应对此类纠纷时与传统机制相比并无本质区别，只是机械地增加了互联网方式的解决途径，并未关注金融消费者的弱势地位和金融消费纠纷的特殊性。第二，金融消费纠纷缺乏统一受理渠道。实践中，金融消费纠纷被分散并划分为各种类型的金融纠纷，并在不同领域被不同受理机构管辖，如证券业、银行业及保险业等均有各自行业性质的纠纷调解机构，可能适用不同法律依据来处理类似纠纷，很容易出现各机构重复管辖的现象，导致类似案件出现不同处理结果，也可能出现管辖真空的尴尬局面，导致权利得不到有效救济。第三，现行法律的制定和实施是以传统金融为对象，而对混业化、技术化的互联网金融难以做出有效回应，导致法纠纷解决出现重叠和真空的问题。不难看出，我国现阶段对于互联网金融纠纷解决虽然已经开始广泛尝试，相继构建了网上仲裁、网上诉讼、监管机构和行业自律机构调解等多种纠纷解决模式，呈现出多元化态势，但是缺乏一套成体系的有机的纠纷解决机制和一个统筹协调的综合服务机构，对不同特点的互联网金融纠纷案件缺乏个性化解决模式。因此笔者建议构建一个专业的互联网金融纠纷解决机构——互联网金融纠纷解决服务平台，由互联网金融数据库、互联网金融风险管理、互联网金融纠纷处理几部分构成，作为纠纷处理的前置服务机构，通过该平台成体系化地对解决纠纷进行分类引导，逐步处理，简捷高效地解决互联网金融纠纷，逐步建立监管协调、纠纷处理机制，探索适应我国互联网金融发展态势、能够合理解决现阶段及将来互联网金融纠纷的机制构建。

该服务平台的权利来源，可以先从行政法规层面确立，待条件成熟后再从法律层面对该制度进行确定。在组织形式方面，可以采取股份公司制，如国有控股形式，依据《中华人民共和国公司法》的相关规定建立其法人治理结构但需要保持一定的独立性。在费用方面，各个参与互联网金融活动的金融机构必须在该平台上注册备案，该服务平台的行政费用主要来源于会员缴纳的管理费用。同时为

了避免滥诉，还应向消费者收取少量案件受理费。在管辖方面，可以考虑采用强制性管辖原则。强制性管辖的依据可以参考 2011 年《民事案件案由规定》：如果商事纠纷中某一方或双方当事人是金融机构，那就将该类案件归入金融案件。当发生纠纷时，由该机构引导消费者和企业解决，主持金融消费者与金融机构先行协商调解，协商不成或对调解结果不满意的，引导双方进入下一步的解决程序。具体地讲，主要由以下几个大的部分构成。

1. 建立互联网金融用户数据库

通过后台软件抓取互联网金融平台参与金融活动时的用户数据，结合大数据理论及技术对参与互联网金融活动的公司的金融能力及风控能力预估形成参考数据，对投资者、消费者的历次投资完成档案化管理，对初次参与互联网金融活动的用户完善各项信息登记，从而充分建立起一个完整的互联网金融用户数据库，并对不同的登录用户授予不同层次的权限，其中监管机构和行业自律机构授予管理员权限，可以查看最高权限级别的信息并进行管理，一般金融活动者仅开放查看其相关金融交易的交易方及历次交易的相关信息。数据库的作用主要有以下几点。第一，商誉良好的金融活动双方参与者，通过确认对方的档案信息，可以建立起合作信心；反之，如果金融活动的双方或一方此前曾有未解决的纠纷，系统可以将之前的纠纷做成备忘录附在其档案中，当发生新的金融业务时，及时向对方提示，以便投资者增强风险意识，从源头上避免纠纷的发生，或降低纠纷造成的损失。第二，监管机构和行业自律机构通过管理核查数据库，也能及时把握互联网金融的运行和发展，对风险进行预判和防范；一旦纠纷发生，根据数据库的记载对相应纠纷的事前把握，可以更有效率地完成后续调解工作。同时，通过对数据库发生的纠纷进行统计分析，可以定期得出各类纠纷的数量、所占比例及涉及的金额和人数等关键数据，为监管机构和行业自律机构对金融活动进行宏观指导和管理提供第一手的可靠数据，使其后续制定规章制度及办法时有据可依。第三，通过互联网金融交易数据库查询交易相对方的相关活动，利于改善投资者与金融平台之间信息不对称的现状，便于履行信息披露义务和实现信息共享。信息不对称是现代银行业兴起至今仍未有效解决的一个问题，其实也是金融业存在的基础，存在的意义在于支持实体经济发展。可也正是信息不对称和企业的趋利性，导致金融业出现违背初衷的现象。为此，金融业只有充分利用互联网技术消除信息不对称性带来的问题，才能回归本源，在追求自身利益的同时承担更多的社会责任，与实体经济形成良性循环。从投资者角度而言，通过查询交易对方的信息档案，了解对方的商誉及业务水平，对双方交易的进行及后续潜在合作的促成都有积极意义。

2. 构建风险预警机制

对互联网风险进行管理，是互联网金融纠纷解决服务平台的重要内容之一。风险管理应贯穿金融业务的事前、事中及事后的全过程，我们重点强调下互联网金融风险的事前管理。风险发现得越早，采取的措施越及时，那么风险管理的成本就越小，造成的损失也相应较低，长期坚持风险管理会给企业带来可观的利益。在构建互联网金融纠纷解决服务平台的工作中，我们主要强调风险管理的计划性和预测性，这种风险管理需要强大的技术支持和丰富的互联网金融活动经验，如对金融市场的宏观监控、对具体金融产品发展势态的跟踪观察、对风险发生的预判及分析等。根据参与互联网金融活动的用户的特点，通过收集相关的资料信息，监控风险因素的变动趋势，并评价各种风险状态偏离预警线的强弱程度，向平台发出预警信号并提前采取相应风险控制对策，做好事前预防工作。风险管理的事前作用较大，应当在平台中好好利用。从源头上降低纠纷发生的概率，对交易双方尽到最大可能的提示义务，对监管机构提供监管侧重点，同时也提高事后纠纷解决的效率。2016 年 4 月，国务院办公厅公布《互联网金融风险专项整治工作实施方案》，开展互联网金融风险专项整治，通过规范各类互联网金融业态，形成良好的市场竞争环境，促进行业健康可持续发展；旨在更好发挥互联网金融在推动普惠金融发展和支持大众创业、万众创新等方面的积极作用，防范化解风险，保护投资者合法权益，维护金融稳定。各省（区、市）为了完成互联网金融风险专项整治任务，也纷纷成立专项小组，在本地区系统开展深入推进互联网金融风险专项整治工作，切实让互联网金融在提高金融资源配置效率和金融服务普惠性等方面发挥作用。以腾讯打造的灵鲲金融安全大数据平台为例，通过数据化、可视化的方法，搭建了从数据源管理到风险展示的系统架构，并通过实时监测、实现止损、实时展示数据链接建立全时态、全流程的监管模式，让善于藏匿的网络黑产无处遁形。该平台自 2018 年 7 月 2 日上线以来，与国家市场监督管理总局、广东省地方金融监督管理局、深圳市地方金融监督管理局等单位和机构合作，累计识别风险平台破万家。

3. 互联网金融纠纷解决服务平台

首先，阐明笔者提出构建互联网金融纠纷解决服务平台的目的。上文中分析了目前我国互联网金融纠纷的几种主要的解决途径，但上述几种途径之间缺乏有机配合，缺乏良性互动，何种解决措施的适用取决于金融纠纷当事人的选择，政府等公权力机构及行业自律机构等在解决纠纷的层面缺乏主动性，长此以往被动应对纠纷，一方面不利于我国互联网金融产业的健康发展，另一方面不利于提高纠纷解决的效率，徒增当事人解决纠纷的成本和负担。诉讼作为主要的解决方式承担了过多的压力，其他几种方式作为新兴产物还需要长期的磨合和发展，因此，为了协调司法资源的有限和金融纠纷的无限之矛盾，改变传统纠纷解决主要通过诉讼的“单兵作战”解决模式，寻求多元的救济机制，改变原有化解金融纠纷的思维定式，我国应借鉴国际通行惯例及西方发达国家在处理互联网金融纠纷时的成熟体系和经验，在与金融消费者签订合同时应尽力选择或引导消费者选择多种方式化解日后可能发生的纠纷，构建互联网金融纠纷多元解决机制。在注重不同救济措施之间的层次与阶序的前提下，通过非诉讼的手段先行解决，非诉途径解决不了的时候再诉诸法院，因为纠纷解决首先应该是社会之事，只有在社会途经解决不了之时，才可以诉诸国家（范忠信，2008），应当充分发挥将纠纷放于社会中解决的智慧，充分尊重当事人私权利的处分权，当事人可以事前或事后通过协议约定纠纷解决方式，从而提高纠纷解决效率。可以全面发挥各种 ADR 手段的优势，进行多层次的程序设计，包括诉讼、调解、仲裁、投诉等多种方式，形成完整的服务体系，全方位无死角地解决各类互联网金融纠纷。

其次，具体来说互联网金融纠纷解决可以按照如下流程进行。第一，互联网金融纠纷发生后，根据管辖约定，互联网金融服务平台先行介入引导双方进行协商，鼓励金融机构和消费者友好协商解决矛盾。为了不影响双方的利益，保障纠纷解决的时效性，减少纠纷带来的连带损失，应该对该调解程序进行时间限制。如果双方在互联网金融服务平台的主持下达成和解，则可在互联网金融服务平台的监督与引导下完成下一步的赔偿、补偿事宜，这一阶段的工作可以是互联网金融服务平台免费提供的，也可根据服务的具体内容相应收取少部分费用。第二，如果纠纷未能通过互联网金融服务平台的引导先行解决，那么纠纷处理即刻进入下一阶段，在这个阶段，互联网金融服务平台的工作主要分为分流、引导、配合、备案四个部分。

（1）分流。依据不同的标准，分流会出现多种可能，如按照纠纷类型分流，可分为互联网金融合同纠纷、互联网金融侵权纠纷等；按照标的额大小，可以划分为不同层级的纠纷等。另外，用户在登录互联网金融服务平台参与金融交易时，需要事先选择如果发生纠纷，需要通过何种方式解决，如果没有选择，即按照默认的途径依次适用，直至纠纷解决为止；如果用户选择了某种特定的纠纷解决方式，纠纷一旦发生，则直接采用该种方式处理。这种做法具有很大的时效性优势，可以在纠纷发生的第一时间确定纠纷解决方式，提高纠纷解决效率，解决纠纷各方的负担。根据消费者和金融机构是否进行预先选择纠纷处理方式而对纠纷进行预分类，已经选择了纠纷解决方式的，按照选择的方式进行档案的处理和移送，送至选定的纠纷处理机构进行处理；未选择纠纷解决方式的，按照平台预设的纠纷处理程序依次适用各项纠纷解决程序，如先调解，后仲裁或诉讼等，从而达到定分止争的目的。

（2）引导。在这一阶段的工作中，互联网金融服务平台主要充当向导，其需要配合纠纷双方当事人，引导其进入纠纷处理的下一流程。首先，按照当事人在注册时预先选择的纠纷解决方式，将双方登录注册时填写的基础资料传送给纠纷解决的部门，如当事人选择通过网上仲裁的方式解决纠纷，互联网金融服务平台需引导当事人在网上仲裁平台填写该纠纷的相关信息进行立案，并选择双方合意的仲裁员，及时履行仲裁程序，解决纠纷。如果当事人在注册之初协议选择的纠纷处理方式不适合个案的解决，可以从技术角度上向双方当事人提出合理化建议，由其参考后做出是否更改最初选择的纠纷解决方式，改选更加适合的途径解决。在这一部分，随着该项服务的发展，可以适当引入大数据技术手段，对不同的纠纷解决方式纠纷解决的效果进行技术性预估，将每一种纠纷处理途径在针对该项纠纷处理时的优劣逐一说明，并由当事人选择具体适合的方式解决，凸显人性化的特征。

（3）配合。由于互联网金融所有交易都基于互联网技术进行，其交易过程中产生的协议等资料多体现出电子化的特征，这种特征虽然在交易中具有简洁明了的优势，但也存在一定的弊端，如交易方可以随时在网上更改相关信息，因没有纸质存档，一旦纠纷发生，取证将存在很大难度。互联网金融服务平台的设置，将从这一点上加强互联网金融纠纷证据的保存与固定，最大程度上配合纠纷解决机构及时解决矛盾。互联网金融服务平台在互联网金融交易的进行过程中，需要及时固定电子证据。交易双方在每一次决策、每一次沟通中，如果产生了相应事项的变动，互联网金融服务平台将会及时将变动数据存档，备份保存在专用网络服务器中，一旦纠纷发生，经过平台初步核实，该笔交易全过程中的存档立即封存，用户没有权限更改或删除，相关文件将留作纠纷解决时参考使用，直接发送给用户选择的纠纷解决机构，从而解决取证难的问题。在纠纷处理的途中，如果主导纠纷解决的机构需要调取其他与该案解决有关的证据，互联网金融服务平台也应当全力配合，为当事人的纠纷解决提供辅助。

（4）备案。备案指的是每一个经由互联网金融纠纷解决服务平台介入并获得妥善解决的金融纠纷案件，都应该将完整的档案信息留存在该平台。备案的作用主要有以下几点：第一，通过备案丰富前述数据库的信息量，提高数据库的参考价值，一方面为监管机构的监管工作提供便利，另一方面为之后构建智慧型纠纷解决风险预估系统提供第一手数据，此外，互联网金融活动的参与者也可以通过浏览数据库中潜在交易对象的相关信息确定交易意向。第二，通过备案可以为该服务平台提升服务水平提供反馈信息，通过定期检视数据库中新增案件的类型、处理方式等信息，在服务工作中查缺补漏，确保逐步提高服务平台的专业化水平。

4. 注重互联网金融专业教育，储备金融专业人才，提高行业内专业素质

由于我国的互联网消费金融产业还处于起步阶段，虽然发展速度较快，但是相应的人员配备严重失衡，尤其是在金融方面人才匮乏。作为互联网行业和金融业的交叉，互联网金融领域需持续引入具备相关业务能力的人才，尤其是金融从业背景和互联网背景的技术人员和运营人员。比如，一方面需要具有互联网思维能设计互联网消费金融产品与营销的技术人员，另一方面需要对消费、运营、后台、风控等环节进行把控的运营人员，两种人才缺一不可。而反观我国互联网金融领域的从业现状，相应人才的数量与互联网消费金融企业的高速增长不成正比，构建互联网金融纠纷解决服务平台，需要大量的专业化人才，因此必须通过多种方式解决当下这种人才需求与行业发展速度不匹配的问题。

（1）做好现有人才转化。目前我国从事互联网金融行业的人员主要是从传统金融业或互联网行业转入的，这部分人员具有相关专业领域的从业经验和技术，相对新进入的互联网金融专业人员具有很大的优势，但是在交叉领域面对新的问题和挑战，其实际操作中仍存在壁垒，故如何做好现有人才转化，提高人才利用效率是首要问题。

（2）与高校开展广泛合作。人才的培养需要相应的周期，专业化程度要求高、知识储备要求高的行业，其人才的培养往往需要更长的时间。现阶段可以通过与金融专业、互联网技术专业在全国排名靠前的高校广泛开展合作，设立奖学金和专项培养计划、就业计划等，针对互联网消费金融领域进行培养，根据行业的人才需求情况，进行相应的课程的设计，并且可以根据学生的兴趣和擅长的领域，进行分类安排实习，培养专业性人才。

（3）注重社会再教育。该方面教育主要是针对已经从事互联网消费金融行业的工作人员的就业后提升，对员工互联网消费金融知识储备不断进行更新，对不同的岗位进行不同的培训课程与授课方法。同时，通过多种灵活方式开展培训，如将学习软件安装于手机客户端作为教育学习的重要资源，使在职员工可以通过手机客户端随时进行学习并获得教育资源，而不受时间地点的限制，同时可以在工作中遇到问题时及时运用手机客户端进行查询。另外，还可以定期邀请相关专家对互联网消费金融的产品研发、营销体系设计、个性化服务进行现场指导教学，提升在职员工的工作效率和质量。

（4）加紧专业人才引进。人才引进作为补充优秀人才、改善人才队伍结构的重要途径，在支撑互联网金融领域长效发展中起着重要作用。通过构建人才引进配套设施，设立灵活的人才引进机制，引进海外专业化互联网金融人才从事互联网金融纠纷咨询、讲学、创业和技术合作或其他专业工作。此外，尤其注重海外华人人才回流，完善引才配套政策，为引进人才在任职、住房、医疗、社会保障、

户籍、子女教育方面提供保障服务，解决其后顾之忧，促使其全身心投身于我国互联网金融事业。

三、构建符合互联网金融纠纷特性的 ODR 制度

ODR（online dispute resolution，在线消费纠纷解决机制）是从 ADR 演化而来的，ADR 和 ODR 都是诉讼外纠纷解决方式，二者价值理念相似，功能作用相同，都具有成本低廉、灵活便捷等优点，是两种相互包容、互相补充的纠纷解决方法（任建谋和张锋，2014）。ODR 最初是因电子商务的发展而逐渐在互联网上发展起来的，公众以电脑、移动手机为载体将争议提交至网上纠纷解决机构，解决机构通过在线的方式进行调解或裁决。以美国为代表，其 ODR 机制包括诊断、谈判、调解、评估四个环节，前两个环节由软件完成，后两个环节由人工完成。该机制不只局限于处理线上纠纷，还能处理诸如房屋租赁、小额赔偿等线下纠纷。而互联网金融纠纷是很契合 ODR 的，互联网金融纠纷经常涉及跨地域的案件，而通过 ODR 来解决这类纠纷是再适合不过的。

1. 网上仲裁

网上仲裁是指包括签订仲裁协议、提起仲裁申请、答辩或者反请求、仲裁庭的组成、仲裁审理和做出裁决等仲裁程序均在互联网上进行的仲裁活动。其具体构建思路如下。

第一，通过签订备忘录，解决管辖门槛问题。仲裁机构与互联网金融平台签订备忘录，要求平台在用户协议中，加入网上仲裁管辖的约定。这样，新用户在注册时，便已同意将纠纷提交网上仲裁，成功解决管辖问题。

第二，建立电子送达与书面审理制度，提高纠纷解决效率。对此，可参考中国国际经济贸易仲裁委员会网上争议解决中心于2015年1月1日施行的新仲裁规则。根据该规则，网上仲裁的送达以“网络电子方式发送”为主，当材料第一次到达当事人的计算机系统时，即视为已送达；网上仲裁的审理以书面审理为主，如有特殊理由不能书面审理的，也是以视频审理为主、现场开庭为辅。应该说，上述规则是具有可行性的。一方面，仲裁的双方当事人均为网络用户，熟悉网络操作，通过电子送达收发材料不会带来不利影响；另一方面，大部分的金融纠纷事实比较清晰，书面审理可以满足需求。电子送达与书面审理制度，可以避免当事人运用程序恶意拖延，全面提升效率。

第三，通过程序指引，降低纠纷解决成本。网上仲裁机构可以运用预先设定的计算机程序，设定步骤与期限，自动化地指引当事人完成整个仲裁流程；同时，

网上仲裁机构还可以提供固定格式表格与有关文书的模板，指引当事人填写，对纠纷进行陈述，实现轻松维权。解决纠纷的成本大大降低，效率也有显著提高。

第四，将交易日志推送至指定平台保全，解决债务人难确定、电子证据难保全两大难题。其实现主要在于仲裁机构在与互联网金融平台签订备忘录时，要求其将即时的交易日志同步至指定平台保全。这样，一旦进入仲裁程序时，仲裁庭便能获取原始交易数据进行审理。同理，在新用户注册时，仲裁机构就能直接获得用户身份信息。只要债权人对有关交易申请仲裁，仲裁机构将自动锁定债务人身份。

近年来，相比诉讼而言，越来越多的企业更倾向于用仲裁形式解决合同类纠纷，这是基于仲裁相较于诉讼的几个特点而言的。第一，仲裁具有非公开性。这很好地契合了投资者的重要需求。《中华人民共和国仲裁法》第四十条规定："仲裁不公开进行。当事人协议公开的，可以公开进行，但涉及国家秘密的除外。"这一规定肯定了仲裁方式以不公开审理为原则，以公开审理为例外。不公开审理是指仲裁庭在审理案件时不对社会公开，不允许公众旁听，也不允许新闻记者采访和报道，其目的在于保守当事人的商业秘密，维护当事人的商业信誉。同时仲裁最大的特点在于尊重当事人的意愿，所以《中华人民共和国仲裁法》将当事人协议公开审理的，可以公开审理作为不公开审理原则的补充。但涉及国家秘密的则不允许当事人协议公开，必须以不公开审理的方式进行审理。第二，纠纷解决效率。《中华人民共和国仲裁法》第九条规定："仲裁实行的一裁终局制度。裁决作出后，当事人就同一纠纷再申请仲裁或者向人民法院起诉的，仲裁委员会或者人民法院不予受理。"相比诉讼的二审终审制，仲裁结束后短时间内当事人就可以得到一个确定性的结果，既节省了当事人的时间，又节省了纠纷解决成本，而且部分合同案件的仲裁费用是低于诉讼的，所以综合考虑仲裁的性价比高于诉讼。第三，仲裁中当事人享有更广泛的处分权，除了像诉讼一样享有各项权利外，仲裁当事人双方可以协议选择仲裁员和仲裁机构，不同于诉讼，不用受到地域管辖和级别管辖的限制，享有更多的处分权，体现出了仲裁不同于诉讼的另一特点。

互联网金融的业务特点，更加决定了其纠纷解决机制应当带有互联网色彩，网络仲裁与互联网金融合同纠纷解决之间天然匹配。第一，互联网金融平台涉及的合同均为电子化合同，只要通过一定的技术如电子商务认证授权机构认证、时间戳等证明，文件原件就能直接在互联网上快速、便捷传送，这些合同在纠纷发生时将会是责任认定的主要证据，采取网上仲裁，方便及时固定证据。第二，网络仲裁对于仲裁双方当事人没有地域性要求，只要双方在约定时间登录统一的仲裁平台，参与相应的仲裁活动，即可解决两者的纠纷，对纠纷解决的地域性要求不高，合理化解互联网金融纠纷的参与者众多且分布广泛的问题。第三，网上仲裁简明便捷、创新高效，符合现代化社会矛盾处理的基本要求，同时满足互联网金融业务发展的需要。伴随着我国互联网金融业务的发展，已经出现了网上仲裁这种尝试，并取得了一定实效。2016 年，衡水仲裁委员会开发了互联网借贷纠纷网络仲裁平台，试运行期间已仲裁互联网借贷纠纷案 76 件。据介绍，该平台只受理互联网借贷纠纷，相应的仲裁规则是根据互联网借贷纠纷的特点专门制定的。衡水仲裁委员会作为全国仲裁“两化”（即：案件受理多样化、纠纷处理多元化）试点单位，率先开展了网上仲裁的尝试，打破传统的解决争议方法，开启在经济新常态下网络仲裁互联网借贷纠纷的新模式。网上仲裁，指仲裁程序的各个主要环节都在互联网上进行，包括签订仲裁协议、提起仲裁申请、答辩或者反请求、仲裁庭的组成、仲裁审理和做出裁决等仲裁活动。网上仲裁机制的构建，能突破传统机制的缺陷。网络仲裁平台在解决互联网借贷纠纷方面具有无可比拟的优势。首先是专业性。在衡水仲裁委员会互联网借贷纠纷网络仲裁平台承办案件的仲裁员是经过严格考核选聘的，是熟悉互联网金融业务的专家，仲裁专家办案的优势在互联网借贷纠纷网络仲裁平台上能够充分体现。其次是方便快捷。衡水仲裁委员会专门制定的《互联网借贷纠纷网络仲裁程序的特别规定》使程序实现了方便、快捷最大化：从申请立案到送达裁决书，所有程序全部在线上进行，当事人无须到庭就能完成全部仲裁活动，能够节省大量的精力和费用；如果当事人递交的相关材料完备有效，从组庭到结案仅需 7 个工作日，为当事人节省了大量时间。随着网络仲裁平台在技术上不断升级改造，办案效率也会越来越高。尤其是简化相应程序后的小额速裁程序，能够大大提高纠纷解决的效率，为双方当事人省时省事，做到经济高效，减少损失。

然而，网上仲裁成为广为接受的解决互联网金融纠纷解决机制，还有一段距离。第一，网上仲裁的宣传力度不够大，广大互联网金融业务的参与者并未认识到网上仲裁较之于其他纠纷解决方式所具有的优势，而且对网络仲裁的纠纷解决方式存在陌生感，信任度与参与度都相对较低；第二，网上仲裁机构必须构建一个运行良好的在线仲裁系统，既能满足仲裁程序公正、公平的要求，又能有良好的“客户体验”，在技术上保证可以实现网上仲裁活动；第三，如果网上仲裁的申请人与被申请人在获得有效仲裁后，仍然要像传统仲裁一样在义务方不履行时，去法院申请强制执行，经历漫长的立案、裁决、执行过程，那么我们构建的网上仲裁制度就不具备实施的价值，因为其高效经济得到的书面结果并未高效经济的落实，所以应该配套构建一个独立的仲裁结果执行机构，确保仲裁结果不只是一纸文书。

2. 网上审判

诉讼是传统金融纠纷的主要解决手段，且目前互联网金融平台选择最多的也是这种纠纷解决机制。诉讼与仲裁相比，具有如下几个优点：①更具权威性。我国现阶段的诉讼都是双方当事人在法院的主导下完成，通过诉讼形成的法院判决书、裁定书及调解书，具有国家公权力保证，当事人可以通过申请执行的方式得到救济，在几种纠纷解决机制中最具权威性。②程序性与规范性。由于诉讼的程序通过国家法律法规严格规定，双方当事人的实体权利和程序权利具有国家法律保障，在实现程序正义的前提下追求实体正义，更具程序性与规范性。③保障当事人的权利，通过诉讼的方式解决互联网金融纠纷，当事人的权利可以获得更加全面和切实的保护，当事人的权利救济也有很大程度地提高。此外，诉讼方式还具有执行效率高等特点。但是，互联网金融纠纷诉讼如果通过传统法院来解决，其成本相对其他解决方式较大，不符合经济高效的诉求。由于互联网金融纠纷往往涉及人数多、地域分布广，金额差距大，且当事人在立案、取证方面存在困难，诉讼的花费相对较高，同时，法院也存在管辖权的问题。北京、杭州、广州等地相继成立互联网法院。2017 年 8 月，我国首家互联网法院——杭州互联网法院揭牌成立，探索用互联网方式审理互联网案件。该院自 2017 年 5 月 1 日集中管辖 5 类涉网案件，至 2017 年 8 月 15 日，共立案 2605 件，审结 1444 件，平均开庭时间仅 25 分钟，平均审限 32 天。杭州互联网法院的管辖范围主要包括辖区内各个基层人民法院审理的互联网购物、服务、小额金融借款等合同纠纷；互联网著作权权属、侵权纠纷；利用互联网侵害他人人格权纠纷；互联网购物产品责任侵权纠纷；互联网域名纠纷；因互联网行政管理引发的行政纠纷等一审案件，以及上级人民法院指定杭州互联网法院管辖其他涉互联网民事、行政案件。这几类案件证据电子化程度高，适宜通过网络审判，能够体现网络审判的专业性和优势，杭州互联网法院的最大特点就是当事人足不出户，只需点击“杭州互联网法院诉讼平台”，就能获得“网购”般便利的诉讼服务，起诉、立案、送达、举证、开庭、裁判，每个环节全流程在线，诉讼参与人的任何步骤即时连续记录留痕，当事人“零在途时间”“零差旅费用支出”完成诉讼。有了互联网法院，当事人不仅不用舟车劳顿应诉，庭审时间也大大缩短。杭州互联网法院汇编了多篇诉讼规则。其中，《杭州互联网法院诉讼平台审理规程》就如下要点做了详细阐述：网上起诉、网上受理、网上应诉与答辩、当事人变更、权利义务告知与文书送达、网上举证与质证、网上庭前准备、网上庭审、裁判文书制作、网上宣判、网上执行、卷宗归档。

互联网法院的设置，是中国司法史上的一个里程碑。中国法院的信息化，从远程视频审判、科技法庭发展到智慧法院。杭州互联网法院的设立，是中国法院设置制度和司法模式的重大制度创新，是为世界司法模式创新提供的中国样本，领跑世界各国[①]。

① 《互联网法院的历史意义和时代价值》，http://www.chinacourt.org/article/detail/2017/08/id/2969716.shtml [2021-07-12]。

最高人民法院于 2017 年 8 月 4 日印发《关于进一步加强金融审判工作的若干意见》，就人民法院加强金融审判工作，保障经济和金融良性循环健康发展提出了 30 项意见。强调依法认定互联网金融所涉具体法律关系，据此确定各方当事人之间的权利义务。依法严厉打击涉互联网金融或者以互联网金融名义进行的违法犯罪行为，规范和保障互联网金融健康发展。提出要以服务实体经济作为出发点和落脚点，引导和规范金融交易。要遵循金融规律，依法审理金融案件。以金融服务实体经济为价值本源，依法审理各类金融案件。对于能够实际降低交易成本，实现普惠金融，合法合规的金融交易模式依法予以保护。对以金融创新为名掩盖金融风险、规避金融监管、进行制度套利的金融违规行为，要以其实际构成的法律关系确定其效力和权利义务。对于以金融创新名义非法吸收公众存款或者集资诈骗，构成犯罪的，依法追究刑事责任。在降低实体经济成本、解决实体经济融资难的问题上，提出严格依法规制高利贷，对超过民间借贷利率司法保护上限的利息不予保护，以降低实体经济融资成本。

参考文献

巴曙松，杨彪. 2012. 第三方支付国际监管研究及借鉴[J]. 财政研究，（4）：72-75.

包啟宏，沈柏锋. 2016. 中国式股权：股权合伙、股权众筹、股权激励一本通[M]. 北京：中国铁道出版社.

保燕琴. 2017. P2P 网贷平台客户资金第三方存管制度研究[J]. 淮北职业技术学院学报，16（1）：92-95.

边志良，李伟平，曹增和，等. 2015. 第三方支付机构的发展[J]. 中国金融，（16）：91-93.

陈宝卫. 2014. 互联网基金发展现状、影响及监管对策[J]. 金融会计，（6）：27-31.

陈瑾. 2016. 互联网金融 P2P：江西实证研究[J]. 企业经济，（10）：171-176.

陈敬民. 2013. 关于互联网金融的若干思考[J]. 金融纵横，（9）：13-15.

陈森. 2015. 股权众筹合格投资者制度的国际比较与启示[J]. 金融与经济，（8）：56-58，10.

陈勇. 2015. 中国互联网金融研究报告（2015）[M]. 北京：中国经济出版社.

陈煜. 2015. 美国证券市场强制退市决策权理论研究[J]. 证券市场导报，（5）：10-15.

陈正祥. 2014. 美国互联网金融的监管经验及借鉴[J]. 现代经济信息，（8）：108-109.

陈祖华. 2012. 金融中介理论的发展：一个综述[J]. 金融发展研究，（8）：24-27.

邓建鹏. 2014. 互联网金融时代众筹模式的法律风险分析[J]. 江苏行政学院学报，（3）：115-121.

邓建鹏. 2015. 互联网金融创新引领金融领域创新潮流[J]. 银行家，（6）：51-52.

邓建鹏. 2016. 互联网金融专项整治[J]. 中国金融，（16）：44-45.

邓舒仁. 2015. 互联网金融监管的国际比较及其启示[J]. 新金融，（6）：56-60.

樊云慧. 2015. 股权众筹平台监管的国际比较[J]. 法学，（4）：84-91.

范忠信. 2008. 纠纷解决是和谐社会的第一要义——关于全方位解纷模式的初步思考[J]. 湖北大学学报（哲学社会科学版），（6）：45-51.

封北麟. 2017. 中国互联网金融：发展、风险与监管[M].北京：中国财政经济出版社.

付淑换. 2017. 互联网金融模式及其风险类型[J]. 金融教育研究，（2）：19-26,58.

傅穹，杨硕. 2016. 股权众筹信息披露制度悖论下的投资者保护路径构建[J]. 社会科学研究，（2）：77-83.

傅芸. 2015. 私募股权众筹合格投资者制度探析[J]. 互联网金融法律评论，（1）：102-112.

宫晓林. 2013. 互联网金融模式及对传统银行业的影响[J]. 南方金融，（5）：86-88.

宫羽. 2009. 我国交易结算资金第三方存管的法律问题研究[D]. 上海：华东政法大学.

关伟，蒋逸. 2014. 互联网金融的理论解释与中国现实[J]. 金融理论与实践，（12）：8-11.

管清友，高伟刚. 2015. 互联网金融：概念、要素与生态[M]. 杭州：浙江大学出版社.
郭海云. 2016. 互联网金融消费者权益保护的法律问题研究[J]. 中国商论，(10)：101-103.
郭华. 2016. 非法集资的认定逻辑与处置策略[M]. 北京：经济科学出版社.
郭勤贵. 2015. 股权众筹:创业融资模式颠覆与重构[M]. 北京：机械工业出版社.
韩国强. 2015. 农行甘肃省分行服务三农“四融”平台理论与实践探析[J]. 农村金融研究，(2)：43-48.
郝嵘. 2017. 互联网金融消费者权益保护探析[J]. 西部金融，(1)：70-72.
何剑锋. 2015. 论众筹监管国际前沿及对我国的启示[J]. 理论月刊，(10)：183-188.
何文虎，杨云龙. 2014. 我国互联网金融风险监管研究——基于制度因素和非制度因素的视角[J]. 金融发展研究，(8)：48-54.
何欣奕. 2015. 股权众筹监管制度的本土化法律思考——以股权众筹平台为中心的观察[J]. 法律适用，(3)：97-101.
洪娟，曹彬，李鑫. 2014. 互联网金融风险的特殊性及其监管策略研究[J]. 中央财经大学学报，(9)：42-46.
胡光志，周强. 2014. 论我国互联网金融创新中的消费者权益保护[J]. 法学评论，32(6)：135-143.
胡剑波，丁子格. 2014. 互联网金融监管的国际经验及启示[J]. 经济纵横，(8)：92-96.
皇甫秀颜.2006.我国商业银行信用风险的识别与评价研究[D]. 厦门：厦门大学.
黄海龙. 2013. 基于以电商平台为核心的互联网金融研究[J]. 上海金融，(8)：18-23，116.
黄震. 2014. 金融监管的思维变革与制度创新——如何构建有效的互联网金融法律框架[J]. 人民论坛 · 学术前沿，(12)：12-16.
黄震. 2014-02-25. 互联网金融创新应以金融消费者为中心[N]. 证券日报，(A03).
黄震. 2016. 互联网金融风险整治的逻辑[J]. 中国党政干部论坛，(11)：72-73.
黄震，邓建鹏. 2014. 互联网金融风险与法律控制[M]. 北京：机械工业出版社.
黄震，邓建鹏. 2016. 英美 P2P 监管体系比较及启示[J]. 中国农村金融，(15)：84-86.
黄震，何璇. 2013. P2P 网络借贷平台的法律风险及防范[J]. 金融电子化，(2)：56-59.
黄震，蒋松成. 2017. 监管沙盒与互联网金融监管[J]. 中国金融，(2)：70-71.
贾春新. 2000. 金融深化:理论与中国的经验[J]. 中国社会科学，(3)：50-59，204.
江曙霞. 1994. 银行监督管理与资本充足性管制[M]. 北京：中国发展出版社.
江曙霞. 2017. 互联网金融以及 P2P 融资模式在厦门发展的现状与前景研究[J]. 中国发展，17(1)：24-30.
姜涛. 2014. 互联网金融所涉犯罪的刑事政策分析[J]. 华东政法大学学报，(5)：10-19.
姜岩. 2014. P2P 网络信贷中借款人的信用风险评估研究[D]. 南京：南京理工大学.
科斯 R H.1990.企业、市场与法律[M].盛洪，陈郁，译.上海：三联书店上海分店.
柯湘. 2017. 互联网公益众筹：现状、挑战及应对——基于《慈善法》背景下的分析[J]. 贵州财经大学学报，(6)：53-60.
李爱君. 2015. 互联网金融法律与实务[M]. 北京：机械工业出版社.
李爱君. 2016. 互联网金融的法治路径[J]. 法学杂志，37(2)：49-54.
李丹. 2016. 将黄土地变成聚宝盆——建设银行甘肃分行精准扶贫纪实[J]. 中国金融家，(6)：107-109.

李莉莎. 2012. 论第三方支付的洗钱风险及其法律监管[J]. 金融与经济，（1）：93-95.
李莉莎. 2014. 第三方电子支付法律问题研究[M]. 北京：法律出版社.
李平，陈林，李强，等. 2015. 互联网金融的发展与研究综述[J]. 电子科技大学学报，44（2）：245-253.
李涛，张伟. 2016. 第三方支付平台隐含的洗钱风险及防控对策[J]. 中国人民公安大学学报（社会科学版），32（1）：12-18.
李文华，邝星. 2011. 中国证券监管与证券投资者保护有关法律问题研究——以美国金融改革与投资者保护法案为镜鉴[J]. 甘肃社会科学，（2）：137-140.
李晓明. 2015. P2P 网络借贷的刑法控制[J]. 法学，（6）：93-102.
李耀东. 2015. 北京地区 P2P 借贷行业数据分析[J]. 金融博览，（6）：58-59.
李勇坚. 2016. 互联网金融视野下的金融消费者权益保护[J]. 经济与管理研究，37（9）：54-61.
李有星，陈飞，金幼芳. 2014. 互联网金融监管的探析[J]. 浙江大学学报（人文社会科学版），44（4）：87-97.
李有星，范俊浩. 2011. 非法集资中的不特定对象标准探析——证券私募视角的全新解读[J]. 浙江大学学报（人文社会科学版），41（5）：127-137.
李育林. 2009. 第三方支付作用机理的经济学分析[J]. 商业经济与管理，（4）：11-17.
梁清华. 2015. 论我国合格投资者法律制度的完善——从法定条件到操作标准[J]. 证券市场导报，（2）：72-78.
廖昂. 2006. 证券仲裁制度研究[D]. 长沙：湖南大学.
廖凡. 2012. 金融消费者的概念和范围：一个比较法的视角[J]. 环球法律评论，34（4）：95-104.
廖理. 2014. 互联网金融需按业态监管 P2P 和众筹是金融监管的最大挑战[J]. 中国经济周刊，（20）：27.
廖理，李梦然，王正位. 2014a. 聪明的投资者：非完全市场化利率与风险识别——来自 P2P 网络借贷的证据[J]. 经济研究，49（7）：125-137.
廖理，李梦然，王正位. 2014b. 中国互联网金融的地域歧视研究[J]. 数量经济技术经济研究，31（5）：54-70.
廖理，李梦然，王正位，等. 2015. 观察中学习：P2P 网络投资中信息传递与羊群行为[J]. 清华大学学报（哲学社会科学版），30（1）：156-165，184.
零壹研究院. 2015. 众筹服务行业年度报告 2015[M]. 北京：东方出版社.
零壹研究院. 2016. 中国 P2P 借贷服务行业发展报告 2016[M]. 北京：中国经济出版社.
刘飞宇. 2016. 互联网金融法律风险防范与监管[M]. 北京：中国人民大学出版社.
刘绘，沈庆劼. 2015. 我国 P2P 网络借贷的风险与监管研究[J]. 财经问题研究，（1）：52-59.
刘俊奇，陈冉. 2008. 欧美网络金融监管模式的借鉴与启示[J]. 社会科学辑刊，（1）：96-98.
刘丽丽. 2013. 我国 P2P 网络借贷的风险和监管问题探讨[J]. 征信，31（11）：29-32.
刘新海. 2016. 征信与大数据：移动互联时代如何重塑“信用体系”[M]. 北京：中信出版社.
刘志洋，汤珂. 2014. 互联网金融的风险本质与风险管理[J]. 探索与争鸣，（11）：65-69.
卢珊珊，张晓峰. 2016. 国际比较：互联网金融监管对策分析[J]. 牡丹江师范学院学报（哲学社会科学版），（3）：43-47.
卢馨，李慧敏. 2015. P2P 网络借贷的运行模式与风险管控[J]. 改革，（2）：60-68.

陆岷峰，虞鹏飞. 2015. 互联网金融道德建设研究——基于P2P平台消费者权益保护问题的分析[J]. 金陵科技学院学报（社会科学版），29（4）：11-15.
罗开位，连建辉. 2004. 风险配置、资本配置与商业银行风险管理[J]. 华南金融研究，（2）：59-65.
罗思 L，赛里格曼 J. 2008. 美国证券监管法基础[M]. 张路，等译. 北京：法律出版社.
苗文龙，刘海二. 2014. 互联网众筹融资及其激励约束与风险管理——基于金融市场分层的视角[J]. 金融监管研究，（7）：1-22.
苗晓宇. 2012. "人人贷" 风险与防范[J]. 中国国情国力，（1）：24-26.
莫易娴. 2011. P2P 网络借贷国内外理论与实践研究文献综述[J]. 金融理论与实践，（12）：101-104.
年志远，贾楠. 2017. 互联网金融监管与传统金融监管比较[J]. 学术交流，（1）：117-122.
潘伟峰. 2016. 互联网金融消费者权益保护制度研究[D]. 海口：海南大学.
潘迎，刘志云. 2015. 论我国P2P网络借贷平台法律监管制度的完善[J]. 互联网金融法律评论，（2）：31-43.
彭冰. 2011. 非法集资行为的界定——评最高人民法院关于非法集资的司法解释[J]. 法学家，（6）：38-53，175.
彭真明，曹晓路. 2017. 论股权众筹融资的法律规制——兼评《私募股权众筹融资管理办法（试行）》（征求意见稿）[J]. 法律科学（西北政法大学学报），35（3）：169-176.
皮天雷，赵铁. 2014. 互联网金融：范畴、革新与展望[J]. 财经科学，（6），22-30.
乔海曙，吕慧敏. 2014. 中国互联网金融理论研究最新进展[J]. 金融论坛，19（7）：24-29.
邱勋，陈月波. 2014. 股权众筹：融资模式、价值与风险监管[J]. 新金融，（9）：58-62.
任建谋，张锋. 2014. 金融消费多元纠纷解决机制构建——基于ODR视角的研究[J]. 金融发展评论，（9）：149-158.
芮晓武，刘烈宏. 2014. 中国互联网金融发展报告（2014）[M]. 北京：社会科学文献出版社.
芮晓武，刘烈宏. 2018. 中国互联网金融发展报告（2018）[M]. 北京：社会科学文献出版社.
沈佳辉. 2016. 我国权益众筹市场发展现状分析[J]. 中国经贸，（22）：1-5.
沈晓倩，于庆生. 2002. 浅谈产品欺诈及其法律责任[J]. 山西经济管理干部学院学报，（4）：64-65.
斯蒂格利茨 J E. 1994. 社会主义向何处去——经济体制转型的理论与依据[M]. 周立群，韩亮，余文波，译. 长春：吉林人民出版社：5.
斯金纳 C. 2015. 互联网银行：数字化新金融时代[M]. 张建敏，译. 北京：中信出版社.
斯金纳 C. 2016. Fin Tech，金融科技时代的来临[M]. 杨巍，张之材，黄亚丽，译. 北京：中信出版社.
宋坤，李永清. 2016. 基于众筹平台角度的众筹融资模式风险分析研究[J]. 经济问题，（12）：47-51.
孙国茂. 2015. 互联网金融：本质、现状与趋势[J]. 理论学刊，（3）：44-57.
孙梦超，黄琳. 2015. 国外股权众筹的发展及监管对我国的启示[J]. 金融与经济，（11）：39-43.
孙天琦. 2013. 港台加拿大金融消费纠纷第三方调解机制及启示[J]. 西部金融，（8）：23-28.
陶光辉. 2016. 浅议互联网金融的纠纷解决机制[J]. 清华金融评论，（3）：94-96.
田建孝. 2018. 中国经济转型背景下资本市场的投资者适当性研究[J]. 当代经济，（11）：12-17.
万国华，张崇胜，孙婷. 2016. 论我国股权众筹豁免法律制度的构建[J]. 南方金融，（11）：54-59.

万志尧. 2015. P2P 借贷的行政监管需求与刑法审视[J]. 东方法学，(2)：99-110.
汪振江，张驰. 2014. 互联网金融创新与法律监管[J]. 兰州大学学报（社会科学版），42（5）：112-121.
汪振江. 2017. 股权众筹的证券属性与风险监管[J]. 甘肃社会科学，(5)：155-161.
王怀勇，钟颖. 2017. 论互联网金融的软法之治[J]. 现代法学，39（6）：94-105.
王金龙，乔成云. 2014. 互联网金融、传统金融与普惠金融的互动发展[J]. 新视野，(5)：14-16.
王炯. 2018. 商业银行的数字化转型[J]. 中国金融，(22)：48-50.
王仁祥，喻平. 2004. 金融创新理论研究综述[J]. 经济学动态，(5)：90-94.
王晓红. 2017. 互联网金融消费者个人信息安全权法律保护问题探讨[J]. 北方金融，(2)：63-66.
王雅龄，郭宏宇. 2011. 基于功能视角的第三方支付平台监管研究[J]. 北京工商大学学报（社会科学版），26（1）：91-95.
韦颜秋，黄旭，张炜.2017. 大数据时代商业银行数字化转型[J]. 银行家，(2)：128-131.
魏鹏. 2014. 中国互联网金融的风险与监管研究[J]. 金融论坛，19（7）：3-9，16.
吴朝平. 2015. 互联网金融领域消费者权益保护问题探讨[J]. 征信，33（2）：84-87.
吴韬，郭华，李永壮，等. 2016. 个体网络借贷（P2P）监督管理办法（学者建议稿）及论证[M]. 北京：法律出版社.
吴卫明. 2015. 互联网金融知识读本 [M]. 北京：中国人民大学出版社.
吴晓求. 2014a. 互联网金融的逻辑[J]. 中国金融，(3)：29-31.
吴晓求. 2014b. 中国资本市场研究报告（2014）——互联网金融:理论与现实[M]. 北京：北京大学出版社.
吴晓求. 2015. 互联网金融：成长的逻辑[C]// 中国人民大学国际货币研究所. 2015 年国际货币金融每日综述选编. 北京：中国人民大学国际货币研究所：2637-2646.
吴星. 2012. 我国互联网第三方支付相关法律责任问题研究[D]. 上海：复旦大学.
吴艳梅，李敏. 2017. 互联网金融投资者准入制度的经济分析[J]. 理论与改革，(1)：142-147.
武长海，涂晟. 2016. 互联网金融监管基础理论研究[M]. 北京：中国政法大学出版社.
武长海. 2016. P2P 网络借贷法律规制研究[M]. 北京：中国政法大学出版社.
夏露. 2011. 电子商务法规[M]. 北京：清华大学出版社.
肖 A. 2015. 经济发展中的金融深化[M]. 邵伏军，许晓明，宋先平，译. 上海：格致出版社，上海三联书店，上海人民出版社.
肖凯. 2014. 论众筹融资的法律属性及其与非法集资的关系[J]. 华东政法大学学报，(5)：29-36.
谢平，邹传伟. 2012. 互联网金融模式研究[J]. 金融研究，(12)：11-22.
谢平，邹传伟，刘海二. 2014a. 互联网金融监管的必要性与核心原则[J]. 国际金融研究，(8)：3-9.
谢平，邹传伟，刘海二. 2014b. 互联网金融手册[M]. 北京：中国人民大学出版社.
谢平，邹传伟，刘海二. 2015. 互联网金融的基础理论[J]. 金融研究，(8)：1-12.
邢会强. 2018. 互联网金融风险防范法律问题研究[M]. 北京：中国金融出版社.
徐会志. 2016. 互联网金融消费者保护研究[D]. 北京：对外经济贸易大学.
徐孟洲，殷华. 2015. 论我国互联网金融消费者纠纷解决机制的构建[J]. 财经法学，(5)：48-58.
徐鹏. 2016. 从 JOBS 法案中的众筹投资限额看投资者保护[J]. 中南大学学报（社会科学版），

22（5）：52-59.
徐勇，刘金弟. 2010.第三方支付信用风险分析及监管机制研究[J]. 科技管理研究，30（10）：167-169.
许多奇. 2016. 互联网金融法律评论[M]. 北京：法律出版社.
杨爱萍. 2014. 第三方网络支付主要法律问题研究[D]. 上海：上海交通大学.
杨东. 2013. 论金融服务统合法体系的构建——从投资者保护到金融消费者保护[J]. 中国人民大学学报，27（3）：118-127.
杨东. 2014a. 互联网金融监管体制探析[J]. 中国金融，（8）：45-46.
杨东. 2014b. 论金融消费者概念界定[J]. 法学家，（5）：64-76，177-178.
杨东，刘翔. 2014. 互联网金融视阀下我国股权众筹法律规制的完善[J]. 贵州民族大学学报（哲学社会科学版），（2）：93-97.
杨东，苏伦嘎. 2014. 股权众筹平台的运营模式及风险防范[J]. 国家检察官学院学报，22（4）：157-168.
杨东. 2015a. 互联网金融的法律规制——基于信息工具的视角[J]. 中国社会科学，（4）：107-126，206.
杨东. 2015b. 互联网金融风险规制路径[J]. 中国法学，（3）：80-97.
杨群华. 2013. 我国互联网金融的特殊风险及防范研究[J]. 金融科技时代，21（7）：100-103.
杨睿宇，马箫. 2017. 网络公益众筹的现状及风险防范研究[J]. 学习与实践，（2）：81-88.
杨涛. 2016. 真实的 P2P 网贷：创新、风险与监管[M]. 北京：经济管理出版社.
杨勇，韩树杰. 2015. 中国式众筹：互联网革命的下半场[M]. 北京：中信出版社.
杨悦. 2010. 金融消费者权益保护的国际经验与制度借鉴[J]. 现代管理科学，（2）：115-117.
杨再平. 2014. 互联网金融的基因结合与风险管控[J]. 西部金融，（2）：17-19,28.
叶明，张亚鹏. 2015. 我国互联网金融消费者权益保护探析[J]. 金融理论与实践，（9）：73-76.
叶荣祖. 2016. 众筹重构商业[M]. 北京：企业管理出版社.
佚名. "互联网+普惠金融"的甘肃实践[J]. 农业工程技术，2016，（36）：66-69.
易燕，徐会志. 2015. 网络借贷法律监管比较研究[J]. 河北法学，33（3）：82-92.
于子芮. 2016. 论我国 P2P 借贷平台的监管问题研究[J]. 商，（20）：165.
余涛. 2015. 众筹规制探究——一个规范分析的路径[J]. 证券市场导报，（3）：12-19.
虞磊珉. 2015. 网络借贷资金存管模式介绍与法律监管分析[J]. 互联网金融法律评论，（3）：163-170.
袁康. 2013. 互联网时代公众小额集资的构造与监管——以美国 JOBS 法案为借鉴[J]. 证券市场导报，（6）：4-13,20.
袁康. 2014. 资本形成、投资者保护与股权众筹的制度供给——论我国股权众筹相关制度设计的路径[J]. 证券市场导报，（12）：4-11.
张春燕. 2011. 第三方支付平台沉淀资金及利息之法律权属初探——以支付宝为样本[J]. 河北法学，29（3）：78-84.
张焕军. 2015.五板资本市场：众创空间+孵化+股权众筹[M]. 北京：中国商业出版社.
张婷婷. 2017. 北上广互联网金融发展影响因素对比研究[J]. 金融教育研究，30（1）：50-55.
张晓朴. 2014. 互联网金融监管的原则：探索新金融监管范式[J]. 金融监管研究，（2）：6-17.

张晓朴. 2014-01-20. 互联网金融监管十二原则[N]. 第一财经日报，（B06）.
张禹. 2014. 浅析第三方支付沉淀资金孳息所有权的争议[J]. 商，（43）：245，211.
张原，朱梦昕. 2015. 开放条件下金融风险传导：条件、路径与机制[J]. 财会通讯，（2）：113-115.
章连标，杨小渊. 2013. 互联网金融对我国商业银行的影响及应对策略研究[J]. 浙江金融，（10）：31-33.
赵南岳. 2013. 互联网金融对银行业的冲击与机遇[J]. 西部金融，（10）：30-34.
赵宪明. 2015. 新形势下 ADR 的运用与发展[J]. 法人，（2）：76-78.
赵颖，蔡俊英，刘鑫然. 2016. 众筹研究综述[J]. 重庆工商大学学报（社会科学版），33（4）：45-55.
赵治辉，金雪军. 2007. 金融功能理论研究述评[J]. 金融理论与实践，（9）：16-18.
中国人民银行、银监会、证监会、保监会联合调研组. 2013. 英国金融申诉专员制度[J]. 中国金融，（8）：78-80.
中国人民银行内江市中心支行课题组，罗红威. 2014. 互联网金融监管国际比较与启示[J]. 西南金融，（9）：40-41.
钟维，王毅纯. 2015. 中国式股权众筹：法律规制与投资者保护[J]. 西南政法大学学报，17（2）：19-26.
周华. 2013. 互联网金融对传统金融业的影响[J]. 南方金融，（11）：96-98.
周正庆. 2006. 证券知识读本[M]. 北京：中国金融出版社.
Acemoglu D, Ozdaglar A, Tahbaz-Salehi A. 2015. Systemic risk and stability in financial networks[J]. American Economic Review，105（2）:564-608.
Allen F，Santomero A M. 1997. The theory of financial intermediation[J]. Journal of Banking & Finance，21（11\12）：1461-1485.
Bodie Z，Merton R C. 1999. Finance[M]. Upper Saddle River：Prentice Hall.
Bradford C S. 1996.Transactions exemptions in the Securities Act of 1933：an economic analysis[J]. Emory Law Journal，45：591-622.
Gai P, Haldane A, Kapadia S, 2011. Complexity, concentration and contagion[J]. Journal of Monetary Economics. 58（5）：453-470.
Hazen T L. 2012. Crowdfunding or fraudfunding?Social networks and the securities laws：why the specially tailored exemption must be conditioned on meaningful disclosure[J]. North Carolina Law Review，90（5）：1735-1769.
Merton R C. 1995. A functional perspective of financial intermediation[J]. Financial Management，24（2）：23-41.
Scholtens B，Wensveen D. 2000. A critique on the theory of financial intermediation[J]. Journal of Banking & Finance，24（8）：1243-1251.
van Wensveen D M N，Scholtens B. 2000. A critique on the theory of financial intermediation[J]. Journal of Banking & Finance，24（8）：1243-1251.

中国行为法学会金融法律行为研究分会文库（三）
西南政法大学中国金融刑法研究中心文库（一）

金融安全与法治建设研究

主　编：朱小黄　李永升　刘　建
副主编：王长胜　张　楚　刘咏梅

中国法制出版社
CHINA LEGAL PUBLISHING HOUSE